历史的暗线

艾公子 著

人民东方出版传媒
People's Oriental Publishing & Media

东方出版社
The Oriental Press

目录
c o n t e n t s

·
·
·

第一章

王朝末世

·
·
·

天翻地覆，王朝转换，历史总是转弯又转弯。 ◇

西汉末年：一个大帝国说没就没

1

汉元帝刘奭即位前，正逢昭宣中兴，大汉帝国本是一片繁荣。

刘奭的父亲汉宣帝刘询来自市井，深知民间疾苦，深恨贪官污吏。他在位时，严明执法，大力惩治不法官吏和豪强地主。当时尚为太子的刘奭天生一副好心肠，反对父亲的严刑峻法。有一次，他对其父进言："陛下任用酷吏，刑罚太重，应该多重用儒生啊！"

汉宣帝听完这番话，十分不满，正色道："汉家自有制度，本来就是礼法并用的，怎么能像周朝那样，单纯用仁德呢？" 随后又说，腐儒不合时宜，动不动就厚古薄今，只知道忽悠人，怎么能重用？

刘奭惹得他爹动怒，只好悻悻然退下。他走后，汉宣帝叹道："乱我家者，太子也！"

汉宣帝不幸言中，西汉王朝正是从柔仁好儒、优柔寡断的汉元帝开始，不断走下坡路。汉宣帝之后，元、成、哀、平四帝在位时，上至朝堂，下至民间，日渐萎靡不振。

汉元帝时，西汉社会已经危机重重，朝中外戚、士大夫、宦官互相倾轧。

汉元帝不亲政事，朝政日益混乱。刚正不阿的帝师萧望之被诬告下狱，悲愤自杀，奸佞宠臣石显却被"赏赐及赂遗訾一万万"，气焰熏天。

当时，农民常受当地官吏无端勒索，尽管有政府赐给的土地，也无力耕作，不得不贱卖从商。无数穷困潦倒的百姓走投无路，改当"盗贼"。

根据竺可桢先生的研究，西汉末年正是中国历史气候，由温暖期向寒冷期过渡的一个阶段。据史书记载，这一时期天灾频发，常见的有旱、涝、蝗、瘟疫等。

有一天，大学者京房问汉元帝，当今是治世还是乱世？

汉元帝倒有几分自知之明，无奈地承认现在依然是乱世。

为此，汉元帝采取一系列措施来缓和危机，包括减免赋税、乐府减员、罢盐铁官、常平仓，等等。他甚至大胆地打破惯例，削减宗庙。这在当时看来，可是冒犯祖宗、无视神明的举动。但这些举措都流于表面，收效甚微。

大汉，危矣！

2

翻开史籍，我们不难看出，西汉末年的社会危机下老百姓的恐慌与焦虑。

汉成帝建始三年（前30年）七月，正值关中地区雨季。

一天，一则"闹洪水"的传言迅速成为长安城的"头条新闻"。消息传来，不知真假，京城上下一时舆论哗然。百姓以为即将大水漫城，"奔走相蹂躏，老弱号呼，长安中大乱"。

吊诡的是，当时居住在长安城外的一个年仅九岁的女童，居然为了避难，擅自从宫城横门溜进来。她一路跑到了长安城内地势最高的未央宫。未央宫是西汉诸帝日常起居与办公理政之所，如此重要的地方出现闯入者。宫门守卫一开始居然毫无察觉，可见朝中安逸懈怠的状态。

长安动乱的消息很快传到汉成帝耳中，他紧急召集大臣们议事。

皇帝的舅舅大将军王凤建议宫中太后、皇上及嫔妃先乘船避难，京中官吏则迅速组织民众，到长安城的高地躲洪水。

众臣都顾着拍王凤马屁。左将军王商坐不住了，只有他针对这则消息提出疑问："自古以来，就算是无道之国，洪水也不能随便淹没城墙。何况现在是太平盛世，'政治和平，世无兵革，上下相安'，怎可能会有大水一日之间汹涌而至？这一定是谣言，贸然让民众避难，只会让他们更恐慌。"

过一阵子，长安城稍微安定。宫中派人询问情况，才知道果然是讹言。

偌大的长安城，之所以会闹出这样的乌龙，其中一个缘由是当时灾害不断，国家无力应付。民众对政府防洪能力失去信心，一听说天灾降临，自然是保命要紧。在西汉朝廷的统治下，老百姓整日惴惴不安，这便是"闹洪水"事件出现的直接原因所在。

3

当生活的压迫感让人喘不过气来，老百姓只能通过宗教寻求慰藉。无独有偶，哀帝时又发生了一次流言事件，而且比"闹洪水"传播得更为广泛。

汉哀帝建平四年（前3年），关东大旱，朝廷再一次无力应付灾情。

关东民众顿感生活无望，遂以祭拜西王母相号召，发起"传行诏筹"的宗教运动。

自正月起，民众就开始行动了，他们手持草茎、庄稼秆，一直往西走。半路如果遇到同伴，就聚集在一起，有时候一个群体人数多达上千。

他们或披头赤脚，或夜间闯关，或越墙入城，或乘车奔驰，运动波及二十六郡国，全国四分之一的地方都有这些狂热分子的身影。

到达长安后，老百姓们在里巷阡陌呼号、歌舞，集体祭祀西王母。

一时间，成千上万的民众"会聚""惊动""奔走"。这场神秘主义的民间运动，从春天闹腾到秋天，距离大规模的变乱不过一步之遥，既是狂热的宗教崇拜，也是对这个腐朽王朝的抗议。

4

与此同时，西汉末世，盗贼并起。"盗贼"，成为当时诏书、文告中常见的字眼。

汉成帝河平三年（前26年），东郡侯母辟兄弟五人，带领一帮流民，烧毁官府，抓捕县官，夺取印绶，自封为将军。

阳朔三年（前22年），颍川铁官徒（从事冶铁生产的刑徒）申屠圣率众起义，杀长吏，劫府库，自称将军，所过之地，多达九郡。

永始三年（前14年），尉氏人樊并等发动流民暴动，杀陈留太守，同年，山阳铁官徒苏令等起义，杀了太守和都尉，夺武库兵器，波及十九郡。

同时，一些武装分子在关中南山起义，依山阻击，断绝交通，已经直接威胁到都城长安，如南山群盗偹宗等数百人和鄂县盗贼梁子政所率流民。

哀、平时期，关中民众暴动，日益频繁，不胜枚举。他们纵横京畿、三辅，还曾纵火焚烧汉武帝茂陵，当时在未央宫都能看到浓烟滚滚。

来自各地的起义民众跨州连郡，相互串连。朝廷派兵镇压，下诏抓捕贼首，连年不获。

5

那么，西汉末年这些流民到底是怎么来的？

其中一大原因，便是土地兼并日益加剧。

如此情形，导致"强者规田以千数，弱者曾无立锥之居"。大批农民破产，或流亡为寇，或沦为奴婢。

史载，汉成帝本人就"置私田于民间"。在土地兼并的道路上，皇帝一马当先，广置田产，起"模范带头作用"，大大助长土地兼并之风。外戚、宠臣大受鼓舞，公然对土地进行掠夺，更加肆无忌惮。

汉成帝的舅舅王立，曾经勾结南郡太守李尚，强占"草田数百顷"。

这些"草田"原是陂泽荒地，属于少府的公有地，因借给农民耕种，大多已被开垦为耕地。王立眼见这片土地肥沃，当即决定强取豪夺，作为私用，不顾百姓死活。

一些出身穷苦家庭的高官，一旦身居高位，反而利欲熏心，以权谋私。

著名经学家匡衡，年轻时凿壁偷光、勤学苦读，其父靠给人帮工，供其读书。后来，匡衡官至丞相，封安乐侯，竟然贪得无厌，利用郡图的错漏，非法侵占公田 400 顷。

另一个当过丞相的权臣张禹，更是饕餮之徒。

他不但在朝中享受着高官厚禄，还"内殖货财"，私下里经营工商业，财力雄厚。为将生意做大，张禹依靠权势，肆意兼并土地，"多买田至四百顷"，还都是关中泾水、渭水附近的良田。一次，张禹看中了平陵肥牛亭的一处良田，成帝为满足他的要求，竟下令将亭所迁到别处，而把这块地赐给他。

官亭公田都抵挡不住官僚地主的强取豪夺，贫民的私田更不在话下。

张禹一人集官僚、豪商、地主于一身。这也是西汉末年高层官僚的一个发展趋势，官僚地主对于土地的掠夺，数量庞大，令人发指。

另一方面，西汉末年，又相继出现一批富商大贾，他们遍布于京师及各郡国。

其中比较著名的，如成都的罗裒，在巴蜀、京师之间来往贸易，数年间获利千万，又以获利的半数贿赂当朝权贵，放高利贷，独占盐井之利，一年之间获利一倍。

临淄的姓伟（此人姓姓，名伟），以鱼盐致富，家资数千万，闻名于齐地，当地官员都得给他几分面子。

另外，还有洛阳的张长叔、薛子仲，长安的樊嘉、挚网、如氏、苴氏、王君房、樊少翁等。这些商贾，富甲一方，资产少的也有数千万，多的达巨万（万万）。他们"以财养士，与雄桀交"，或勾结权贵，独霸工商业。

这些大商贾利用资产"多规良田，役使贫民"。比如，南阳的樊重经营田庄，坐拥土地三百余顷，还有一个五十里的陂塘，雇用的都是"童隶"。

土地集中的严重后果，是大量农民丧失土地。

一些人出卖廉价劳动力，充当佃户，忍受"十税五"的剥削。

一些人被迫卖妻鬻子，充当奴婢，如乐昌侯王商独自一人养有私奴上千，而元帝年间统计的官奴隶，仅无事可干的闲奴就有十几万。

还有一些人，被迫背井离乡，沦为流民，他们相枕席于道路，大多死于饥荒与疾病，甚至"人或相食"。最终，他们奋起反抗，于是有了前文所提及的诸多起义。

大汉的子民，在自己的土地上流浪。或许，对于平民百姓来说，就像乔治·奥威尔在《一九八四》中所描写的那样："整个社会的气氛就是一个围墙的气氛，谁有一块马肉就可以显示出贫富的差异。"

6

天下老百姓生活在水深火热之中。宫中，汉成帝与汉哀帝却彻底放飞自我，整日醉生梦死，花天酒地。

汉成帝平生最大乐趣，就是花钱建宫殿，供自己享乐。而且他的后宫生活极富传奇性。

早年，出身名门的许皇后备受成帝专宠，遗憾的是，20 年间，他们生下的儿女都夭折。后来皇后色衰爱弛，成帝又移情别恋，先后宠爱知书达礼的班婕妤和侍女出身的李婕妤。

"宫中只数赵家妆，败雨残云误汉王。惟有知情一片月，曾窥飞燕入昭阳。"

当来自贫民之家的绝色美人赵飞燕、赵合德姐妹出现在眼前，成帝又把此前的感情全都抛到九霄云外。汉成帝人生的最后一段时光，多与赵氏姐妹缠绵，赵飞燕更是一跃成为皇后。酒色伤身的汉成帝，最终因中风死于赵合德的怀抱中。

讽刺的是，汉成帝一世风流，连一个亲生的继承人都没留下。

汉哀帝是成帝的侄子。此君更加荒淫无道，而且他宠幸的不是美女，而是男宠。

小郎官董贤，因相貌俊美而深得哀帝宠爱。有一次，两人同床而卧，董贤的头枕到了汉哀帝的衣袖。汉哀帝先醒，想起身，看到衣袖被压住，又不忍直接抽出来，惊动他的小男宠，便用剑将衣袖截断后才起来。于是，有了"断袖之癖"这个典故，专门形容男同性恋。

为表示对董贤的宠爱，汉哀帝封其为大司马、高安侯。年方二十二、身无寸功的董贤竟得以位列三公。

汉哀帝还曾一次性赏赐董贤田地 2000 顷，赐其父亲、妻子等亲戚高官显位，并为董贤筑豪宅、修坟墓，规模堪比皇宫、皇陵，"费以万万计，国家为空虚"。

史载，汉哀帝去世后，董贤败亡，家产被抄没，数额高达四十三亿钱。

7

皇帝们这么折腾，朝中一些有识之士实在看不下去了。

谏大夫鲍宣曾上书哀帝，以"七亡""七死"陈述民间苦状。

所谓"七亡"，包括：阴阳不和，水旱为灾；县官重责，更赋租税；贪吏并公，受取不已；豪强大姓，蚕食亡厌；苛吏徭役，失农桑时；部落鼓鸣，男女遮列；盗贼劫掠，取民财物等。

"七死"是：酷吏殴杀，治狱深刻，冤陷无辜，盗贼横发，怨仇相残，岁恶饥饿，时气疾疫等。

鲍宣认为，当时会出现"民有七亡而无一得，有七死而无一生"的惨状，都是因为官官勾结，贪污严重，直截了当地说，就是你们皇亲国戚、达官显贵惹的祸。

鲍宣其人，忠于职守，也是一个不怕事的诤臣。

有一回，丞相孔光外出视察，随从的官吏不行旁道，皆驱车在中央驰道奔驰。这一行为是犯法的，正巧鲍宣看到了。他命左右将孔光的随从拘捕，车马都充公。

鲍宣如此不顾情面，孔光耿耿于怀，回去后千方百计排挤鲍宣，向哀帝进谗言。汉哀帝不知事情的来龙去脉，便派人到司隶府抓鲍宣。鲍宣见状，居然闭门拒命。

这下皇帝生气了。朝廷以"无人臣礼，大不敬之道"的罪名将鲍宣逮捕下狱，定为死罪，后来才改判髡钳刑，流放上党。鲍宣这人倒很是乐观。到了上党后，他发现这里宜农宜牧，盗贼又少，是个好地方，便举家搬来定居。

8

汉哀帝这人再荒唐，也还是要点儿面子的。"经为世儒宗，德为国黄耇"的元老大臣师丹，在哀帝朝曾任大司马、大司空。

相较于鲍宣只是反馈情况，师丹直接提出了限田限奴的改革内容：

"诸侯王、列侯、公主、吏民占田不得超过三十顷；诸侯王的奴婢以二百人为限，列侯、公主一百人，吏民三十人；商人不得占有土地，不许做官。超过以上限量的，田蓄、奴婢一律没收入官府。"

师丹的建议是对官僚、豪强私人占有田地和奴婢数量都进行严格的限制。当时，户均占田不过六七十亩，30顷已经是平均占田数的几十倍，可见是充分考虑到了官僚地主的利益，但朝中掌权的外戚和权臣仍极力反对这一建议。

汉哀帝一挥手就赏赐男宠两千顷田地，自然也没有把改革太当回事，以"且须后"将其搁置。

为了解决社会问题，一些方士儒生提出了更加不靠谱的建议。他们根据五德终始说，编造出"汉运将终，应更受命"的言论，认为改元易号就可解决问题，从而延续国祚。

汉哀帝还真信了。建平二年（前5年），哀帝改元"太初元将"，自号"陈圣刘太平皇帝"。

汉朝被视为唐尧之后，陈为虞舜之后。尧舜相承，正好顺应天命。

然而，这场"再受命"的骗局根本没有改变社会现状，甚至都没能让皇帝延年益寿。四年后，汉哀帝就一命呜呼了。

9

汉哀帝一死，最大的受益者是"隔壁老王"。

外戚王氏家族发迹于汉元帝时期。汉元帝刘奭当太子时，太子妃突然病逝。皇后在后宫选了五位女子，让太子挑选。

刘奭妻子才刚去世，正郁闷着，哪里有心情选妃。他神情恍惚，挥了挥手，指着离他座位最近的，一个身着大红大绿衣裙的女子，就她吧。

这女子正是王政君。被选入太子宫中后，王政君很快为他生下了嫡长子刘骜，在之后数十年里，这位传奇女子，由太子妃一路升为皇后、皇太后、太皇太后，亲眼见证西汉走向灭亡。

汉成帝刘骜在位时，太后王政君的七个兄弟都被封侯，身居高位。

皇室肆意挥霍，臣下竞相仿效，王家这几个兄弟，"互相攀比，到处敛财搜罗珠宝，送礼的人接二连三。他们的府上装潢华丽，妻妾成群，歌姬、舞女不断，夜夜笙歌"，极尽奢华荒淫。

与此同时，王政君的侄子王莽崭露头角。

汉哀帝时，皇帝重用祖母傅氏家族与其母丁氏家族，王氏一度遭到打压。

因此，太皇太后王政君一得知哀帝死讯，当机立断，赶往未央宫收取皇帝印绶，急召王莽入宫主持大局。

元寿二年（前1年），年幼的汉平帝即位，属于王莽的时代到来了。

王莽接过统治权后，针对当时的社会弊端采取一些措施，确实是对症下药。譬如为抗灾救灾，他执行六大政策：

一、发动全体民众捕蝗，打了一场灭蝗的"人民战争"。派使者前往受灾严重的地区指导工作。老百姓捕得蝗虫后，可以石、斗为单位交到官府去领赏。

二、若遇天灾，天下家财不足2万钱与受灾地区资产不满10万钱的百姓，免除当年赋税。

三、患病的老百姓，全部集中到当地官府提供的安置点，统一医治，可说是落实了"医保"。

四、因灾害或传染病而丧命者，官府给予抚恤金。发放标准为：一家死6人以上者发丧葬费5000钱，死4人以上者发3000钱，死2人以上者发2000钱。

五、就地安置逃荒难民。由官府提供耕地、住房和生活用具，借给他们耕牛、犁具、种子和口粮，鼓励他们恢复耕作。

六、在长安城建设5里共200区的新住房，供无家可归的流民居住。

据《汉书·地理志》中的统计数据，当时全国共有1200多万户，人口接近6000万，而这200区的"经济适用房"能解决的仅是首都附近少数人口的住房问题，可说是杯水车薪。

王莽代汉后，一心走有西周特色的托古改制道路，继续进行一系列改革。但在当时，通过政策上的弥缝补苴以赈民之急，也不过是南柯一梦。

天灾肆虐、土地兼并、流民遍地等社会问题并未得到改善，新莽政权很快就淹没在绿林赤眉起义的浪潮中。

当一个国家病入膏肓，人为的努力便已微不足道，无法阻止历史的惯性。

隋末大变局：平民与贵族的较量

《隋书》由魏征主持编修，作为一部官修正史，自然要解答隋朝为何失天下的问题。

魏征早年参加过瓦岗军起义，因文才出众而受到瓦岗军领袖李密赏识。瓦岗军失败后，他辗转归唐，辅佐太子李建成，之后的故事我们就更熟悉了。

然而，魏征对自己曾经参与其中的"革命队伍"却漠然置之，甚至颇有微词：

"彼山东之群盗，多出厮役之中，无尺土之资，十家之产，岂有陈涉亡秦之志，张角乱汉之谋哉！皆苦于上欲无厌，下不堪命，饥寒交切，救死萑蒲。

莫识旌旗什伍之容，安知行师用兵之势！但人自为战，众怒难犯，故攻无完城，野无横阵，星罗棋布，以千百数。豪杰因其机以动之，乘其势而用之，虽有勇敢之士，明智之将，连踵复没，莫之能御。"

魏征认为，在隋末这场群雄逐鹿的争斗中，农民起义军根本就不是主角，甚至还不如秦朝陈胜、东汉张角。

有学者提出，隋唐改朝换代，本质上是一场关陇集团内部的权力交接。最后的胜利者唐高祖李渊，论关系还是隋炀帝杨广的表哥，同样出自关陇贵族。

压垮隋朝的最后一根稻草，究竟是贵族，还是百姓？

1

大业七年（611年），邹平人王薄在长白山（在今山东章丘、邹平境内）率先举起反隋义旗。山东百姓群起响应，起义军迅速发展到数万人，屯驻于泰山脚下。王薄给自己取了一个响亮的称号——"知世郎"。

王薄本是一介平民，若无隋末农民起义，未必会在史册留下姓名。知世郎的振臂一呼，并非不可一世的英雄气概，而是被暴政压垮的无数普通民众的心声。

王薄起义最初的宗旨，不过是反抗隋朝繁重的兵役，号召老百姓以死相争，不要为出征高句丽做无谓的牺牲。他所向往的只是一个逃避征役的理想生活。

为此，王薄还作了一首《无向辽东浪死歌》作为起义宣言：

长白山前知世郎，纯着红罗锦背裆。

长槊侵天半，轮刀耀日光。

上山吃獐鹿，下山吃牛羊。

忽闻官军至，提刀向前荡。

譬如辽东死，斩头何所伤。

在王薄起义后，平原人刘霸道，漳南人孙安祖、窦建德，蓨县人高士达在华北各地纷纷掀起反抗浪潮，浩浩荡荡的隋末农民大起义就此展开。

王薄起义的诱因是兵役，可在杨广看来，镇压起义甚至没有出征高句丽重要，起义军不过是一群盗匪而已，只需下令郡县官吏追捕即可。

正如魏征后来的评价，农民起义军目光短浅，战力低下，不足为惧。杨广根本没有必要回去镇压这帮乌合之众。隋将张须陀进军泰山，一战就将王薄十余万的起义军打得四散奔逃。

直到大业九年（613 年），隋炀帝第二次征高句丽时，一个叛乱的消息传来，杨广才"惧见于色"，赶紧下诏"六军即日并还"，从辽东回师镇压。

这个谋反的人，是杨玄感。

2

杨玄感是隋朝重臣杨素的长子，因其父之功被授予上柱国，升任礼部尚书，可谓家世显赫、前途无量。

杨素不仅曾与杨广一同担任统帅南下灭陈，还对杨广有拥立之功，在其夺嫡之争中屡屡相助。夺得皇位后，杨广却有意疏远杨素。大业二年（606年），杨素病重时，杨广表面上还派名医为其医治，赏赐良药，暗地里却时常询问杨素的病情，唯恐他不死。杨素知道杨广的心思，忧虑地对家人说：“我哪里还能多活啊！”不久就病逝。

史书记载，杨素死后，杨广日甚一日的猜忌让杨玄感内不自安，他才心生反意，谋立秦王杨浩为帝。

当杨广再征高句丽时，负责督运粮草的杨玄感把握良机，在黎阳（今河南浚县）起兵反叛。杨玄感骁勇力大，身先士卒，时人比之项羽，手下将士都愿为其拼死效力，各地百姓也被其深深吸引，“一呼而从者十万”，“众皆踊跃，称万岁”。

杨玄感反复宣传自己起兵是正义之举，鼓动众人说：“我身为上柱国，家里黄金巨万，既富且贵，我一无所求。如今我不顾家破族灭，只是想为天下人解倒悬之急，拯救黎民百姓。”

事情没有那么简单。历史学者韩国磐先生认为，杨玄感起兵，实际上“是统治集团的大分裂”。

杨玄感叛乱后，响应其号召的就有韩擒虎之子韩世谔、观王杨雄之子杨恭道、裴蕴之子裴爽、郑善果之子郑俨以及来护儿之子来渊等40余人，一个个都是衣食无忧、前途光明的勋贵子弟。前吏部尚书李子雄甚至杀了杨广的使者，大老远跑来加入杨玄感的队伍。杨玄感的好友、蒲山公李宽之子李密更是被召到黎阳，拜为军师。

杨玄感明确指出，杨广是昏君，宣布要将其推翻。杨玄感一家为隋朝开国功臣，响应其起兵的达官子弟也都是正儿八经的贵族，他们一起向关陇贵族的老大哥杨广挥刀未必是为了老百姓，而是因为杨广动了他们的蛋糕。

“世胄蹑高位，英俊沉下僚。地势使之然，由来非一朝。”这是魏晋以来门阀政治形成的局面。

杨广的政策却触及了贵族的利益。他推行科举制，用更为公平的选拔人才方式打破门阀政治。为了削弱魏晋南北朝以来门阀贵族的危害，更是下令"制魏周官不得为荫"，将贵族子弟以门荫取得官爵的大门狠狠关上。

在关陇贵族看来，杨广兴建洛阳城、修大运河的举措，也有促成政治、经济重心东移南下的趋势，更何况其出征高句丽等激进措施早已让人离心离德。

杨玄感叛乱给杨广带来的恐惧，甚于王薄的起义，更甚于高句丽坚不可摧的城池。这场叛变虽然仅过两个月就宣告失败，却从根本上动摇了隋朝的统治。

此后，各地贵族纷纷加入反隋大军，起义军的口号不再是王薄喊出的"譬如辽东死，斩头何所伤"，而是推翻隋朝，建立新王朝。

3

杨玄感的失败，实在是不作不死。

李密来到军中后，为老友提出上、中、下三策：长驱蓟门，北据幽州，使杨广进退失据，此为上策；轻装西进，控制潼关，奇袭长安，此为中策；就近攻打洛阳，胜负难测，此为下策。

杨玄感偏偏就选了下策，在洛阳和隋朝大军死磕，贻误战机，频频败北，最后兵败身死，被分尸示众。

平定叛乱后，怒气冲冲的隋炀帝大动杀机，将杨玄感的追随者3万多人处死，判处流徙者6000余人，就连接受过杨玄感开仓赈济的普通百姓也被活活坑杀，从此"百姓怨嗟，天下大溃"。李密幸运地逃过一劫，在一路逃亡后投靠在黄河东南岸起事的瓦岗军。

李密与瓦岗军本是风马牛不相及。他是北周八柱国之一李弼的曾孙，也是关陇贵族，与隋朝皇室同气连枝。

关陇贵族，是陈寅恪先生等历史学者提出的概念。该集团发源于宇文泰创立的八柱国和十二大将军，由代北武川的鲜卑贵族和关陇、河东一带世家大族组成，北周、隋、唐皇室都源于关陇贵族。

李密家族因功世袭蒲山公，他早年在宫中担任宿卫，与杨广有过"亲密接触"，但杨广看他不顺眼，把他给赶回家，李密从此事业受挫，才跟着好友杨玄感造反。

在李密到来之前，瓦岗军只是一支在河南保全一方的农民武装，由东郡人翟让率领。翟让原来是基层公务员，出身底层，其创业团队中的单雄信、徐世勣、王伯当等将领也非贵族。

一入瓦岗，李密就帮瓦岗军打了几场大胜仗，用计打败隋军名将张须陀，收降隋将裴仁基。瓦岗军的弟兄们眼睛瞬间就亮了，这李密是人才啊，又是贵族，颇有名望。

在翟让的牵头下，瓦岗军一致推举李密为首领，号称"魏公"。

通过一次看似和平的权力交接，李密坐上瓦岗军的头把交椅，起义军在这一刻发生本质变化。如果瓦岗军得天下，最后的赢家，依旧是关陇贵族。

在攻下兴洛仓、回洛仓等几大粮仓后，瓦岗军开仓放粮，得到中原百姓拥戴。据记载，隋朝仅兴洛仓储粮就多达 2400 万石，一时间携老扶幼前来投靠瓦岗军的老百姓多达数十万。

瓦岗军兵临洛阳城下，成为当时最强大的反隋起义军，李密一度是最接近皇位的争夺者。

李密却变得骄傲自满，甚至得了失忆症，走上杨玄感的老路。正如他自己当年所说的，"引兵攻战（洛阳），必延岁月，胜负殊未可知"，他就在洛阳周围与隋军僵持日久，不顾前车之鉴。

在称霸中原后不久，瓦岗军将领柴孝和就劝说过李密，直取关中，天下可定。

关中历来是兵家必争之地，更是隋唐时期的政治中心，出自关陇集团的李密当然心知肚明。

可李密跟柴孝和一本正经地胡说八道："你说的，我也早有考虑，确实是上策。但是昏君尚在，隋军兵力尚强。我军所部都是山东人，既然未能攻下洛阳，哪敢随我西入关中？"

李密的意思是担心后方不稳，人心不齐，才放弃进军关中。

当他有所顾虑时，另一位关陇贵族出身的竞争者却凭借着远弱于瓦岗军的兵力率先进入关中，成就帝业。

此人，正是李渊。

4

大业十三年（617年），南下江都（今江苏扬州）的杨广正享受着生命中最后的狂欢，恃才傲物的他曾引镜自照，对萧皇后感慨道："好头颈，谁当斫之！"

最后夺取他性命的，并不是某个饱受暴政压迫的义军将士，也不是某个遭受压榨多年的穷苦百姓，而是一直跟随在他身边的开国功臣宇文述之子宇文化及。

在生命结束之前，杨广或许已经感觉到末日一步步接近的恐慌。杨玄感叛乱后，他最担心的局面一触即发，在一波又一波起义浪潮下，各地豪强纷纷造反，而他们比农民起义军更具威胁。

凉州豪望李轨，占据河西，建立凉国；萧梁后裔萧铣，雄踞江南，自称梁王；马邑富豪刘武周，依附突厥，占据河东；陇西豪右梁师都，自称丞相，割据称帝；江都通守王世充，入据洛阳，图谋不轨；还有唐国公李渊，在太原起兵，进军关中。

李渊和杨广是表兄弟。关陇贵族，通过联姻形成一个庞大的关系网。譬如经常被戏称为"中国第一岳父"的独孤信，七个女儿有三个成了"皇后"：长女嫁给北周明帝；四女嫁给陇西郡公李虎之子李昞，生唐高祖李渊；七女嫁给隋文帝杨坚，生隋炀帝杨广。

李渊深谋远虑，早想着挖表弟的墙脚。他与宇文化及的弟弟宇文士及关系密切。后来宇文化及兵败，宇文士及投唐，李渊毫不避讳地对身旁的心腹裴寂说："此人与我言天下事，至今已六七年矣，公辈皆在其后。"

宇文士及投唐是在太原起兵两年后，李渊说自己六七年前就经常和他暗中议论"天下事"，那个时间正是杨玄感起兵前后。一些记载说李渊此前毫无起兵打算，甚至在李世民和裴寂从晋阳宫找了几个美女来"三陪"，逼迫他起兵后还大吃一惊，这显然不符合实情。

李渊做太原留守时，朝中已经有不少人慕名前来投靠他，如隋右勋卫长孙顺德、右勋侍刘弘基都为了躲避出征高句丽之役，逃亡到太原，藏匿于李渊家中。长孙顺德是唐太宗长孙皇后的族叔，刘弘基年少时放荡不羁，完全是依赖父亲的名声为官，这两人都是贵族，后来名列凌烟阁二十四功臣。

大业十三年（617年），李渊趁乱起兵，留下四子李元吉镇守太原，自己与长子李建成、次子李世民率领精兵强将西取长安，进据关陇集团的大本营关中。

李渊进军关中时，有人担心李密会派兵阻击。

李世民向父亲进言，断定"李密顾恋仓粟，未遑远略"。意思是说，李密守着堆积如山的粮食和潮水般涌来追随他的百姓，早就被眼前利益冲昏头脑，根本不会先攻取关中。

为了麻痹李密，李渊特意命人写了一封信对他大肆吹捧，说"天生蒸民，必有司牧，当今为牧，非子而谁？老夫年逾知命，愿不及此"，又说明自己没有取隋而代之的打算。李密读后，更加得意忘形，同样是关陇贵族，他却将进兵关中的机会轻易让给李渊，专心攻打洛阳，直至走向覆灭。

瓦岗起义军，最终沦为关陇集团重新洗牌的工具，什么好处也没捞到。李渊对其部下说："（我）得入关，据蒲津而屯永丰，阻崤函而临伊洛，东看群贼鹬蚌之势，吾然后为秦人之渔父矣！"这是以鹬蚌相争中的渔夫自比。

杨广不得人心，关中官僚早已做好准备迎接关陇集团新的领导者。

当李渊兵临黄河东岸时，关中的冯翊太守萧造、华阴县令李孝常望风而降，并献上位于华阴的粮库永丰仓作为礼物。京兆万年、礼泉等地的官吏也相继派人向李渊示好。

李渊率军渡河，手下大军已有20多万，"三秦士庶，衣冠子弟，郡县长吏，豪族弟兄，老幼相携，来者如市"。攻克长安后，李渊打着"尊隋"的旗号，迎立代王杨侑为傀儡皇帝，遥尊隋炀帝为太上皇，自己却"假黄钺，使持节，大都督内外诸军事、尚书令、大丞相，进封唐王"。

等到第二年，宇文化及在江都缢杀杨广的消息传来，李渊接受杨侑禅位，顺理成章地改朝换代，关中士民都已心悦诚服。

5

唐朝立足关中后，踏上统一之路，开始攻灭各地豪强和各路农民起义军。

隋末三大农民起义军中，河南的瓦岗军因李密的战略失误而葬送，河北军窦建德之后在虎牢关被李世民一战击溃，送到长安斩首，杜伏威、辅公祏领导的江淮军早在武德二年（619年）就宣布归降唐朝。声势浩大的农民起义，到头来都是竹篮打水一场空。

最先点燃隋末起义这把大火的"知世郎"王薄，也许能代表普通老百姓参与这场权力游戏的处境。当初，长白山十余万起义军被隋朝官兵打得大败后，王薄率领残部转战于山东各地，过着有上顿没下顿的流亡生活。

隋朝灭亡后，他率众投奔宇文化及，毕竟宇文化及帮他们杀了"仇人"杨广。

宇文化及败亡后，他又机智地转投唐朝，被任命为齐州总管。

天下之大，一介草民，求得一官半职，安然度日足矣，正如《无向辽东浪死歌》中唱道："上山吃獐鹿，下山吃牛羊。"可惜王薄无福享受，在降唐不久后就死于仇家之手。

长白山前知世郎，虽知世，却不知命。

隋唐天下的棋局，仍是贵族的游戏，一个贵族灭亡，另一个贵族崛起，仅此而已。

大唐终局之战：英雄败于小人？

时势造英雄。

中和元年（881年），大唐长安又一次陷落。

当盐商出身的黄巢率军入城，自称大齐皇帝时，他还"谓宝命之在我"，却不知这场浩浩荡荡的农民起义已逐渐由盛转衰。

冲天香阵透长安，满城尽带黄金甲，到头来都是为他人做嫁衣裳。

起义军攻占长安后，黄巢派任命手下朱温为同州（今陕西大荔）防御使，可自主军事行动，以拱卫长安。朱温四出攻略，所至皆立功，堪称黄巢的左右臂膀。关键时刻，他带给黄巢的将是一次致命叛变。

同年十一月，唐朝河东监军陈景思征发沙陀、吐谷浑兵南下救援京师，行至半路，沙陀军不听指挥，在当地掠夺一番后北归。

陈景思处境尴尬，考虑到能让这些番兵服气的人，只有当时因罪避祸鞑靼的沙陀贵族李克用，便请朝廷召李克用南下。郁郁不得志的李克用，终于等来建功立业的机会。

朱温和李克用在乱世中不期而遇，由此拉开了长达40年的梁晋争霸之序幕。

1

朱温的父亲是宋州砀山（今安徽砀山）午沟里的一个穷苦教书先生。

虽是出身农民知识分子家庭，但朱温比后世的洪秀全现实一点儿，从小就知道自己不是读书的料，只爱舞枪弄棒，在乡里横行霸道。唐僖宗乾符年间，关东闹饥荒，各地义军蜂起，不务正业的朱温一拍脑门就参加了黄巢起义军。26岁的他作战勇猛，屡立战功。

小公司也有大梦想，朱温很走运，跟了个好老板。

攻下广州后，黄巢本来只想占据岭南作为反唐根据地，不曾想那一年疫病流行，不少将士染病，死者十之三四。

手下劝他，这地方没法住了，不如铤而走险，带兵北上，以图大利。黄巢见广州形势不妙，决意杀回中原，从岭南转战荆、浙，之后北渡淮河，一路打到了长安，唐朝皇帝又跑了。

黄巢攻克长安，各地藩镇慌了。他们对李唐王朝的尊重早已荡然无存，可人家好歹是名义上的皇帝，现在农民军和唐王朝二虎相争，都不知该帮谁。正在此时，唐朝宰相郑畋四处活动，组织平叛，发布檄文号召诸藩镇勤王，连危害朝廷多年的宦官集团也喊出口号："岂有舍十八叶天子而北面臣贼之理？"

到中和二年（882 年），各地藩镇已对黄巢形成包围网。在长安外围活动的朱温，带兵与河中节度使王重荣对峙，屡战屡败，向黄巢乞求援军。起义军中的其他干部对军功显赫的朱温十分忌惮，起义军将领孟楷将朱温的求援书信屡次扣下，就是不呈给黄巢。

起义尚未成功，将帅早已离心。

2

李克用是沙陀人。

沙陀是擅长骑射的游牧部落，原居西域，早在初唐就已被纳入唐王朝的羁縻统治之下，隶属北庭都护府。

贞元六年（790 年），沙陀人为吐蕃所征服。吐蕃每与唐军交战，都以沙陀人为先锋，又对他们横征暴敛、百般猜疑，导致其死伤众多，备受屈辱。

沙陀人不愿为奴，更念念不忘大唐。他们摆脱吐蕃，离开世代居住的西域，东迁归唐，投靠灵州（今宁夏灵武）节度使范希朝。之后随其迁往河东，成为一支重要的军事力量，"其部落万骑，皆骁勇善骑射，号沙陀军"。到唐朝末年，沙陀军中不仅包括沙陀人，还有鞑靼、吐谷浑等代北兵。

李克用的父亲原名朱邪赤心，因镇压庞勋起义有功，被赐名"李国昌"，授予振武军节度使。李国昌被赐予李唐国姓，是李克用家族重要的政治资本，在此后发挥了关键作用。

早在李克用的祖、父时期，沙陀军已威震天下。李国昌打仗只任前锋，从不殿后，人称"赤马将军"。在征讨庞勋时，李国昌曾以区区数千沙陀军为先锋，斩杀起义军两万余首，伏尸50里，又曾趁着大风，四面纵火，逼迫起义军弃寨而走，又派骑手追杀，直到杀光为止。

陈寅恪先生曾对此评价道："沙陀军殆以骑军见长，故当时中原无敌手也。"

自古英雄出少年。李克用从小就继承了沙陀人的军事天赋，年少善骑射，身怀百步穿杨之射术，同辈中无出其右；年仅15岁随父出征，因军功授云中牙将，江湖人称"飞虎子"。他一目失明，更显得格外凶悍，一看就是个狠角色。

当时，代北地区连年饥荒，漕运不继，大同防御使段文楚克扣军粮，用法严峻，引起军民怨声载道。乾符五年（878年），李克用在沙陀将士的拥戴下，杀死段文楚，取而代之。

李克用擅杀地方将帅，这下可闯祸了。唐朝虽然虎落平阳，可也咽不下这口气，立马发动河东、幽州、昭义诸镇调兵讨伐，还杀掉了李克用两个在长安任职的叔叔。

在唐军的讨伐下，李克用势单力薄，一时难以招架，部众皆溃，李氏父子在代北经营数十年的家产接连败光。他只好和上了年纪的父亲北逃，投靠与沙陀关系密切的鞑靼（今内蒙古中部）。

昔日的地方豪强，如今寄人篱下。李克用整日郁郁寡欢，为避免鞑靼人猜疑，也为排解忧闷，常与群豪到野外射猎。

一次，李克用在酒酣之际吐露心声，说："我们父子被贼臣所诬陷，报国无门。今闻黄巢北渡江、淮，必为中原之患。他日天子若有诏征兵，我与诸位当南向而定天下。人生世间，光景几何，曷能终老沙堆中哉！"他不甘心就这样流亡一辈子。

黄巢起义，让朱温迎来了事业的转机，也给了李克用东山再起的机会。

3

唐朝有个传统，每遇内乱，常会起用一些少数民族将士平叛，如平定安史之乱的功臣中，李光弼是契丹人，仆固怀恩是铁勒人，都是少数民族将领。

此次镇压黄巢起义也不例外，唐僖宗一边仓皇逃到蜀地，一边听从建议，在北方征调了包括沙陀兵在内的 3 万大军，素有威名的李克用成为统率这支军队的不二人选。

中和二年（882 年），唐朝任命李克用为雁门节度使，赦免其罪，命其带兵勤王。李克用从叛乱分子摇身一变，成为平叛主力军。沙陀军南下，一举打破了起义军与唐军在长安的僵持局面。

黄巢军中的将帅听说沙陀军进军中原，纷纷惊呼："鸦儿军至，当避其锋！"沙陀军都穿着黑衣，故被称作"鸦儿军"。

李克用在与黄巢军的交战中连战连捷。《资治通鉴》中说："克用时年二十八，于诸将最少，而破黄巢，复长安，功第一，兵势最强，诸将皆畏之。"

中和三年二月，李克用赢下决定胜负的关键一战——梁田陂之战，黄巢部将尚让率领的 15 万大军大败而逃，被沙陀军"俘斩数万，伏尸三十里"。四月，唐军收复长安，黄巢败走，逃至泰山狼虎谷，他的首级最后落入沙陀人手中（关于黄巢之死，史籍有不同说法）。

李克用打跑黄巢，这下风光了，两年前还在大草原喝西北风，如今因镇压起义有功，被任命为河东节度使，进爵陇西郡公，出镇太原。

河东节度使是唐朝在安史之乱前设置的十大节度经略使之一，安禄山曾经出任的老牌藩镇，辖区大体相当于山西中部地区，太原又是军事重镇，以及唐朝的龙兴之地。

一场战争，不仅让家道中落的李克用成功逆袭，还助他夺取了一块至关重要的根据地。

机遇，有时比实力重要。

4

黄巢在长安被围攻的时候，朱温在干吗呢？

李克用南下之时，朱温与唐朝的河中节度使王重荣几次交锋，都大败而归，陷入唐军的包围，一度矢尽粮绝。

一天，唐军派了数十艘船组成的运粮队经过，朱温派人中途把粮食劫下来。王重荣派3万精兵前来争抢，朱温不敌，又舍不得粮食落入唐军手里，只好忍痛把船只凿沉，而此时援军仍然迟迟不见踪影。

黄巢自顾不暇，手下又挑拨离间，愣是没发兵救朱温。朱温不禁心存芥蒂，在作战之余开始与其部下商议去留之事，他一怒之下杀掉黄巢派来的监军，向对手王重荣投降。因朱温母亲姓王，他就以舅父称王重荣，打了一年仗的冤家对头，转眼间就成了舅舅与外甥。

此处不留爷，自有留爷处，我是无赖我怕谁！

唐僖宗在成都看到朱温投降的奏表，心里乐开了花，大呼："是天赐予也。"赐其名为朱全忠。

这个名字就像是一出黑色幽默喜剧，朱温一生既不忠于大齐皇帝，也不忠于大唐天子，叫朱不忠可能更合适。

朱温背叛起义军后，黄巢痛失臂膀，长安东面屏障尽失，军心大受动摇，可说是助李克用等唐军主力一臂之力。

黄巢撤出长安后，叛徒朱温因镇压起义有功，被封为宣武节度使。他踏着起义军兄弟的鲜血，凭借此次背叛，终于跨进了统治阶级上层的大门。

宣武节度使，又称汴宋节度使，领有汴（治今河南开封）、宋（治今河南商丘）、亳（治今安徽亳州）三州，地处中原腹地，四通八达。在这样一个四战之地求生存，老奸巨猾的朱温掩藏不住自己的野心。

5

中和四年（884年），朱温与李克用，一个在河东，一个在河南。这两个镇压黄巢起义的既得利益者，终于有机会见面。

当年五月，朱温的根据地汴州遭到黄巢军残余势力进攻，形势万分危急。

朱温举目四望，第一个想到的帮手，就是当时军事实力最强的李克用。

一封求援信寄过去，李克用快马加鞭，带兵前来，大破起义军，杀万余人，汴州之围遂解。

李克用仗义相助，恰恰证明他的政治目光远不如朱温深远，不懂一山不容二虎的道理，更没有想到，此时朱温被起义军歼灭，或许对他更有利。

朱温得援军相助，欠了这么大一份人情，自然要好好感谢，便请李克用入城，在上源驿大摆筵席，请来美女轻歌曼舞，各路英雄把酒言欢。

上源驿宴会上究竟发生什么，真相早已不得而知，毕竟后梁和后唐两朝史官给出了不同答案。

后梁史官说，酒席上，朱温礼貌甚恭，但是李克用"乘酒使气，语颇侵之"。就是说李克用喝醉后，当众辱骂了朱温一番，可能讽刺他是三姓家奴，或是"亲切"问候了朱温家里的长辈。

因此，朱温出于"一时之忿"，而起杀心。

后唐史官却说，李克用并没有当众羞辱朱温，不过是在酒过三巡后调戏身边的侍妓，又握着朱温的手笑谈破贼乐事，场面相当和谐。可是，朱温"素忌武皇（李克用）"，早想着借这场鸿门宴刺杀李克用。

无论如何，之后发生的事，朱温肯定脱不了干系。

酒宴过后，宾客皆散，只剩下李克用一行人，朱温部下杨彦洪与其密谋，封堵周围通路，发兵围攻上源驿。李克用喝得烂醉如泥，不知门外呼声动地。他的亲兵眼疾手快，操起武器就与朱温军厮杀。

李克用的侍者赶紧熄灭蜡烛，遮蔽对方弓手的视线，然后把喝醉的主子拉到床下避难，朝他脸泼了几盆冷水，才把李克用叫醒。

李克用酒醒后，愤而起身，张弓搭箭，与手下亲兵射杀数十人。刹那间，雷声大作，大雨倾盆，李克用率领左右数人，在雷雨掩护下突围，逃出城外。

杨彦洪见李克用逃走，跟朱温说："胡人急了就会骑马逃跑，一看到前面骑马的，咱就放箭。"

随后，朱温率军追击，杨彦洪正好骑马跑在他前面，朱温一箭就把杨彦洪给射死了。也有人认为，杨彦洪是此次行动的唯一知情者，其实是被朱温杀人灭口。

黎明破晓前，李克用历经九死一生，终于逃回军营，发现除他之外，其他人几乎都未能逃脱，包括当初向唐朝建议起用沙陀军的监军陈景思在内，300余人全部为朱温所杀。

这就是上源驿之变。

6

李克用回到营中，当即决定发兵攻打朱温。

其妻刘夫人劝说道，汴人不讲道义，竟然谋害你，我们还是先上告朝廷。如果贸然举兵相攻，天下人难辨是非曲折，可能会被人家落下口实。

刘夫人并非等闲之辈。上源驿之变时，李克用尚未逃出，有探子迅速将此事禀告刘夫人。刘夫人不动声色，立即将这人斩了。然后秘密召集将领商议对策，以稳定军心，打算一旦李克用遭遇不测，就保住全军撤回太原。

她的话，不无道理。

李克用暂时撤军，回到河东后向朝廷八次上表，声称朱全忠"妒功疾能，阴狡祸贼，异日必为国患"，请求朝廷削夺朱温的官爵，允许其发兵讨伐，同时派弟弟克勤领兵万骑在河中待命。

朱温则装无辜，写信告诉李克用："之前的兵变，我一无所知，是朝廷派人与杨彦洪合谋。如今杨彦洪已经伏法，望公谅察。"

朱、李交恶，天下为之震惊，对刚刚平定黄巢起义的唐王朝更是雪上加霜。史书载，朝廷"得克用表，大恐，但遣中使赐优诏和解之"。朝廷早已虚弱不堪，唐僖宗唯一能做的，也只有当和事佬，这俩大哥要是打起来，他可能又得逃去四川观赏大熊猫。

性急如火的李克用在这件事上充分表示对朝廷的尊重，得到朝廷诏书后，放过实力还远弱于自己的朱温。

在大唐朝廷看来，"非我族类，其心必异"，表面上对双方都很客气，实际上对李克用心存猜忌，甚至有意培植朱温势力，以牵制李克用的发展。清初，王夫之曾说："朱温，贼也；李克用，狄也。"在唐末乱世，即便朝廷明知朱温贼心不死，也不愿夷狄坐大，这就像一个无解的难题。

7

上源驿之变后，李克用一方面仍为尽忠唐室奔走，一方面又处处受到掣肘。

光启元年（885 年），邠宁节度使朱玫图谋废立，扶持襄王李煴为帝，另立朝廷，还遣使到河东请李克用相助。李克用不从，发檄文号召天下共讨反贼，声称自己已发蕃汉兵 3 万"进讨凶逆"。最终，朱玫与襄王都被藩镇所杀。

同年，一直忠于唐室的易定节度使遭到卢龙、成德两个藩镇围攻，即将被吞并。

李克用亲率大军赴援，保住了这个唐朝末年少有的仍向朝廷表示效忠的藩镇。

乾宁二年（895 年），邠宁王行瑜、凤翔李茂贞和华州韩建等三镇节度使，以河中内乱为由，同时拥兵入朝，擅杀宰相，欲挟天子以令诸侯。唐昭宗只好逃入终南山。

李克用听闻三帅谋废昭宗，立马发兵南下讨伐，指责三帅"称兵诣阙之罪"。三帅得知李克用起兵，吓得从长安逃回本镇，之后被李克用一一击溃。

李克用还曾"收燕蓟则还其故将，入蒲坂而不负前言"。在发兵救援河北、河中等地后没有乘人之危，将其置于自己直接统治之下，而是遵守约定撤回河东，将其地归还原主，不像朱温一样"好兼并为永谋"。

即便如此，朝廷始终没有放下对李克用的猜忌。

大顺元年（890 年），在宰相张濬的主张下，唐朝下诏削去李克用的官爵，联合朱温等藩镇大举讨伐河东。值得一提的是，此次唐昭宗议论讨伐河东之事，朝中反对者十之有七，只有与朱温相勾结的大臣赞同，可唐军还是以朝廷的名义对李克用挥刀。

尽管这次战争最后以唐军失败、李克用恢复官爵草草收场，双方的关系也没有因此恶化，但这场信任危机始终无法消弭。这给了朱温可乘之机。

8

李克用四处勤王时，朱温坐收渔翁之利。

朱温在汴州接收大批黄巢起义军的残兵败将，包括葛从周、张归霸等在内的黄巢旧将都向他投降，秦宗权、时溥等河南地方势力也先后被其吞并。

小人朱温终于以一弹丸之地，一跃成为一方霸主。

朱温除了拼事业，还广泛延揽人才，勾结朝中大臣，极其善于笼络人心。有一次，朱温手下的谋士敬翔刚丧妻，朱温就把自己宠爱的姬妾刘氏赐给敬翔为妻。这位刘氏原本是黄巢的部下尚让之妻，后来因貌美为朱温所得，得宠一时，被称为"国夫人"。就是这么一个美女，朱温说送就送。他虽出身行伍，却更为深知人心的作用。

相比之下，李克用"性惇固，少它肠"，只知忙于事业，却不知安抚人心。

李克用的堂弟昭义节度使李克修，在任期间为人节俭，深得民心，当地百姓称颂其"简正"。

李克用到潞州（今山西长治）时，却因李克修准备的酒席太过简陋，大为不满。李克用非但没有表扬弟弟简朴的生活作风，还责备其轻视自己，将他鞭笞一顿。李克修因此忧愤而死，之后代替其为昭义节度使的另一个兄弟李克恭，性格截然相反，骄横不法，恣意妄为，潞州军民逐渐心怀不满。

李克用的义子李存孝是当时首屈一指的骁将，为李克用的霸业立下汗马功劳。

可当李存孝与另一个元老康君立争夺节度使之位时，李克用不知从中调解，站在了康君立这一边，又在李存孝与另一个义子李存信闹矛盾时，多次偏袒李存信。

李存孝怨愤难平，内心惊惧，最终起兵叛乱。他被李克用大军围困时，还说："儿蒙义父的大恩，位至将帅，难道愿弃父子关系而背叛？这都是由于别人多次诬陷，才让我走到这种地步。"李克用无法解决内部矛盾，也没有挽回义子的性命。一代猛将李存孝，最终被自己人处以极刑，车裂而死。

李克用本就因夷狄身份而遭到猜忌，因多次举兵而四面树敌，甚至有震主之威，政治情商如此堪忧，更加为人诟病。在李存孝叛变后，昭义诸州、河中诸镇也先后叛晋投汴，投靠朱温。

时过境迁，在失去这些地盘后，李克用势力被完全堵截在山西，只能在河东迎击朱温的全线进攻。当朱温势力达到顶峰，进军关中与李茂贞争夺唐昭宗时，李克用已经鞭长莫及。

到天复二年（902年），朱温坐拥数镇节度使，再次进攻河东，李克用早已不复当年勇，被围城七日，到了生死存亡的境地。

其义子李存信甚至进言："今事态紧急，不如暂且逃到北方，再做打算。"

李克用辛辛苦苦大半辈子，差点儿一夜回到解放前，又得奔向大草原。所幸，河东在李克用手下诸将的奋力作战下保住了。但李克用元气大伤，此后几年内不敢再与朱温相争。

9

天祐元年（904年），朱温逼迫唐昭宗迁于洛阳。

诏书传到太原，李克用哭泣着对部下说："乘舆不复西矣！"

三年后，朱温代唐称帝，建立后梁，同时派大军攻打潞州，与争夺二十余年的老对手李克用做最后决战。

正在这一关键时刻，李克用病危，将未成的霸业托付给儿子李存勖。弥留之际，李克用将三支箭赠予李存勖，留下遗言，一矢讨刘仁恭（幽州），一矢击契丹，一矢灭朱温。

"汝能成吾志，死无憾矣！"

二十年前，正值壮年的李克用，率领刚刚取胜的沙陀军队驻扎于上党三垂冈。他曾指着年幼的李存勖，满怀憧憬地感慨道："我快要老了，我这儿子，将来必是奇才，二十年后能像我一样在此征战吗？"

后来，李存勖高举复唐大旗，率领沙陀军打响复仇之战，李克用却无法亲眼得见。

上源驿的雨夜后，两位霸主走上不同的人生之路，最终，英雄壮志未酬，小人得偿所愿。

金国陨落：从巅峰到衰亡不过30年

1206 年，南宋权臣韩侂胄发起开禧北伐。这是南宋时隔近半个世纪后再一次兴兵北伐，本来是一件振奋人心的好事，却成了一出悲剧。

这一战，金人相机而动，转守为攻，宋军败得惨兮兮。

负责中路攻打蔡州的南宋将领皇甫斌被金人包抄，一战即溃，死了两万多人。

南路大军营帐被大水冲走，粮草也被金兵烧尽，不战自溃。

西路的吴曦贪图封赏而与金人暗中勾结。要知道，这位吴将军可是南宋开国名将吴璘的孙子。

东路由韩侂胄任命的京洛招抚使郭倪一向以诸葛亮自居，可在兵败如山倒时束手无策，只知道哭，被人讥讽为"带汁诸葛亮"，总算沾了一点偶像的光。

只有老将毕再遇打了几场漂亮的胜仗，却无法挽救南宋全线溃败的颓势。主张出兵伐金的权相韩侂胄更是卷入政变，死于非命，首级被送往金国。

此战，金兵渡过淮河，一连攻陷十余州，饮马长江，打得南宋叫伯伯。随后订立的"嘉定和议"，南宋的岁币从每年的银 20 万两、绢 20 万匹一下子增加到每年银 30 万两、绢 30 万匹，还需向金支付战争赔款银 300 万两。

彼时的金朝，国力正处于顶峰。

谁也不会想到，那一年，距离金朝灭亡，只剩下短短 28 年。

1

金与宋都不是这场国运之战的赢家，真正的威胁来自北方。

蒙古崛起，是金朝的外患。

就在开禧北伐这一年，蒙古各部首领在斡难河（今蒙古和俄罗斯境内的鄂嫩河）集会，推选乞颜部的铁木真为蒙古大汗，上尊号为"成吉思汗"。

金和蒙古是一对老冤家。蒙古各部与金人的斗争，几乎和金的国祚相始终。自金建立起，蒙古就不断侵扰北境，当时燕京一带流行一首歌谣："鞑靼来，鞑靼去，赶得官家没处去。"金人在劫掠宋朝时，蒙古人也在劫掠金朝，螳螂捕蝉，黄雀在后。

由于《金史》为元朝所编，讳言蒙古，对蒙古各部统称为北部、北鄙、边部等，金对蒙古的战争也常用北巡、北征等一笔带过，没有详细记录。但是，从史书中不难发现，鼎盛时期的金朝对蒙古采取的高压政策。

金皇统六年（1146 年），金熙宗为了惩治叛乱，将蒙古首领俺巴孩汗活活钉死在木驴上。俺巴孩汗与成吉思汗同宗，整个部落一直记着这个仇恨。

金世宗在位期间（1161—1189 年），针对大漠南北蒙古诸部分裂、互不统属的局面，一面采取"分而治之"的计策，引各部互相攻击，削弱实力，另一面采用屠杀掠夺的"减丁"政策，每三年派兵向北剿杀，甚至将蒙古子女虏卖为奴婢。

那些年，金人对这个邻居很是头疼，蒙古人在金人的统治下日子也不好过。金人"分而治之"的政策还弄巧成拙，间接地帮蒙古扶持了一批杰出的部落贵族。其中有一位首领，年少不幸，却愈挫愈勇，最终统一了蒙古各部。

他，就是铁木真。

随着蒙古各部统一，成吉思汗的铁骑所向披靡，先后征服西域各国，"灭国四十"，横跨欧亚大陆。在金朝失去西北屏障后，蒙古人终于挥动马鞭，将刀口朝向金朝，是时候报仇雪恨了。

2

国势衰微，是金朝的内忧。

虽然南宋开禧北伐时，金兵仍能轻松取胜，但是当时在位的金章宗，已经敏锐地察觉到金人的变化。

金章宗自幼学习儒家经典，在金朝历代皇帝中汉化程度最高。他力主文治，正礼乐，修律法，完善典章制度，使女真社会完成了封建制的转化。然而，在改革制度的过程中，金人剽悍朴素的民风也随着消失殆尽，取而代之的是奢侈腐化的生活。

自进入中原后，女真贵族强取豪夺，侵占大量田地，且全为官田、河滩地等膏腴之地。女真贵族不思进取，占用土地却不耕种，终日饮酒作乐，任其荒芜。有的还会学习汉人用租佃方式进行经营，有的竟然直接将田里的桑树、枣树砍了当柴烧。

土地兼并，造成贫者愈贫，富者愈富，贫民只剩下贫瘠的土地可耕种，还要承担沉重的赋税。

懒惰和奢侈的风气，也在军队中盛行。

有一次，南宋使者出使金国，在宴会上和金朝群臣比赛射箭。宋使张弓搭箭，独中50箭，而金朝的代表选手只中了7箭，可把皇帝给气坏了。

由此可见，金人已逐渐丢失尚武精神。

金初，在吸收辽、宋制度之前，地方上原本实行猛安谋克制。猛安、谋克都是由女真人担任，相当于千夫长、百夫长，负责行军打仗，监管地方行政。在征服过程中，金朝不断将新附者编入猛安谋克进行管理，西北、西南二路还有蒙古、契丹等族组成的乣军。

《金史·兵志》记载："金之初年，诸部之民无他徭役，壮者皆兵，平居则听以佃渔射猎习为劳事，有警则下令部内，乃遣使诣诸孛堇（女真语"长者"）征兵"，可谓全民皆兵。

可到了金章宗时，军队纪律败坏，缺乏训练。北部的边将向周边部落索要贡献，南方的边将向南宋朝廷收取贿赂。一些世袭的猛安谋克甘愿放弃特权，参加科举考试。女真贵族追求科举入仕，听起来很有上进心，实际上是只为了贪图享乐。

金章宗统治后期，官僚队伍素质也急剧下降，老病不肯辞退者数不胜数，一个个尸位素餐，贪赃枉法，在朝廷混吃等死，日渐奢靡。

金朝的司法机构提刑司更是形同虚设，只察细事，对重大案件视而不见，估计放在眼里的就只有张三偷了只鸡、李四放狗咬人之类的琐事。

正如史书记载，"纲纪不立，官吏弛慢，迁延苟简，习以成弊"。

当时，金朝官员中竟有三分之二为门荫补叙者，既无功绩，也无能力，而他们的特权还能荫及子孙。为了改善朝廷风气，金章宗突发奇想，破天荒地想到一招"妙计"。

这位尊崇儒家思想的金人，竟鼓励女真人勿忘旧俗，学好骑马射箭，走遍天下都不怕。他还特别规定，女真人骑射成绩优秀的话，即便身形不及格也能破例进宫担任护卫。

同时，他又下诏，命女真人不得改汉姓，不得使用汉字作为女真名，不得学习南人装束。然而，这些表面功夫并没有什么用。真正导致金朝衰落的不是汉化，而是安逸的环境带来的腐化。

随着金朝内部危机重重，奢侈腐化之风积重难返，晚年的金章宗也彻底放飞自我，沉迷于美色，独宠元妃李师儿。

而李师儿偏偏很有心机，只要章宗临幸其他嫔妃，她就想方设法在背后捣鬼，使得她们无法怀孕，甚至流产，最终导致章宗死后无子继承，宗室相争，朝中局势更加混乱。

后来被成吉思汗推崇备至的全真道掌教丘处机，在这一时期经常与金朝统治者来往。他直言不讳地斥责金朝皇帝有"不仁之恶"，迟早要完。

金泰和八年（1208年），空有一身抱负的金章宗死了。由于继嗣未立，李师儿立懦弱无能的卫绍王完颜永济为帝，以便于控制。

新帝即位后，金朝派使者到蒙古宣告，要成吉思汗下拜接受。

成吉思汗在帐外接见使者，问道："新登位的皇帝是谁？"

使者告诉他，是卫绍王。

成吉思汗轻蔑地说："我还以为中原的皇帝都是天上人当的，像这种平庸懦弱的人也配当皇帝？我拜他干什么！"

说罢，成吉思汗将金朝使者晾在一旁，纵马扬鞭而去。

3

蒙古人的复仇，开始了。

1211年秋，成吉思汗亲率10万大军南下攻金，拉开蒙古灭金战争的序幕。

蒙古大军一路攻城略地，如入无人之境，转眼间杀到军事要地野狐岭（今河北张家口北），逐渐逼近金国中都（今北京）。

野狐岭地势险要，易守难攻，本来是防御中都的军事重镇，但是金军竟然没有屯兵固守，而是调集 30 万大军迫不及待地摆开阵势迎敌，并在宣化部署 10 万兵力作为后援，大部分军队分散在野狐岭各个山口，难以相互支援。

蒙古军在数量上远不及对手，且孤军深入，前有堵截，后无强援。

金兵自以为胜券在握，成吉思汗却指挥若定。一代天骄并非只识弯弓射大雕，让他名留青史的，是"深沉有大略，用兵如神"的军事指挥能力。

趁着金军立足未稳，成吉思汗一声令下，命全军发动突然袭击，直捣金军中军指挥部，连正在做饭的士兵都将锅里快煮好的肉全部倒掉，上马冲杀。在蒙古骑兵的冲击下，金兵溃不成军，死者蔽野塞川。

野狐岭大战，金兵 30 万大军全军覆没，几乎丧失全部精锐，在之后的对蒙战争中只能处于被动挨打的局面。

镇守西京（今大同）的金军统帅胡沙虎（纥石烈执中）无力抵抗蒙古大军，将官库搜刮一番后，抢了别人马匹就跑。之后，胡沙虎害怕皇帝追查他战败的责任，干脆用毒酒毒杀金主完颜永济，自称监国元帅，改立完颜珣为帝，是为金宣宗。

金人仅剩的一丝残暴和野蛮，也只能用在宫廷政变中了。

此时，蒙古人的杀戮才刚刚开始。

1214 年，蒙古军以排山倒海之势横扫金境，"破九十郡，所过无不残灭"，在烧杀掳掠之后，"河朔为墟，荡然无统"。

河北、山东和山西的大部分城镇惨遭蒙古人焚毁，夷为平地，金人不得不献出公主、儿童、御马和金帛求和。

当地的不少百姓和贵族被蒙古军劫持到草原上充当奴隶，一路上劳累或受冻而死的十有七八。

这场灾难，史称"贞祐之变"。

后来，丘处机为"止杀"远赴西域求见成吉思汗时，还在蒙古的镇海城见过被掳掠至此的金朝宗室和汉人百姓。

4

第二年，蒙古带着掠夺的财物、马匹和人口撤军。蒙古人走后，金宣宗仍不敢留在中都，决定率领宗室、百官南迁汴京以暂避锋芒。

不曾想，前脚刚走，留下镇守的乣军就发生哗变，在中都大闹一番后向蒙古人投降。乣军由受金朝统治的契丹、蒙古等族士兵组成，是金初战争中的一支重要军事力量，但他们背负亡国之恨和奴役之苦，对女真统治者一直心怀不满。

正如元代史官所说："宣宗既迁，则中都必不能守，中都不守，则土崩之势决矣。"随着乣军叛金降蒙，中都失陷，此时金朝的生命已如风中残烛。

金朝统治下的汉人，也趁机宣泄积蓄已久的愤懑，山东、河北一带爆发声势浩大的红袄军起义。

在金朝为内忧外患忙得焦头烂额之际，南宋也以战乱阻隔为借口，连续两年没有缴纳岁币，对金的态度不再唯唯诺诺。

此前，金宣宗即位时，宋宁宗曾派真德秀出使金国，半路遇到蒙古大军，险些把命丢了。

真德秀眼见金兵面对蒙古人时狼狈不堪，深知金朝已经站在毁灭的边缘。于是给宋宁宗献上三策：上策是趁金人疲弱之时出兵北伐，中策是停止向金输贡岁币，下策是继续与金国保持友好关系。

宋宁宗为了保守起见，采纳真德秀的中策，不再输贡岁币。

金朝的处境本来就窘迫不堪，南宋竟然还不交"保护费"，金宣宗一怒之下采取大臣"取偿于宋"的建议，发动了南征。金朝本想通过侵宋以补充北方的损失，没想到失去精锐的金军这一次连宋军都打不过。金朝的先头部队进军到杨林渡（在今安徽马鞍山），红袄军的首领李全带兵杀出，金军损失惨重。另外一路，金军大将完颜讹可遭到宋军内外夹击，三万多金兵被杀，剩下主帅完颜讹可一个人骑着马狼狈北逃。

金军对宋战争得不偿失，北方的蒙古军依旧步步紧逼。

1224年，金宣宗的儿子金哀宗遣使向南宋求和，承诺金兵不再进犯，希望集中兵力抵御蒙古大军的进犯，可惜为时已晚。

5

1230年，蒙古大军早已磨刀霍霍，继承成吉思汗的窝阔台在坐稳汗位后，派出三路大军伐金，留给金朝的时间不多了。

蒙古大军再次南下，金军以重兵防守潼关、黄河一带。此举早已在成吉思汗预料之中。成吉思汗将金国视为囊中之物，他生前曾留下遗言："金精兵在潼关，南据连山，北限大河，难以遽破。若假道于宋，宋、金世仇，必能许我……金急，必征兵潼关。然以数万之众，千里赴援，人马疲弊，虽至弗能战，破之必矣。"

窝阔台照着他父亲所授方略，派弟弟拖雷带一路大军借道于宋，由宝鸡入汉中，沿汉水东进，与其他两路大军对汴京形成包抄之势。

蒙古军三路大军并进，将汴京围得水泄不通，并使用从西域带回的抛石机攻城。抛石机又称"回回炮"，是冷兵器时代的攻城利器，一直到15世纪都是世界一流的大规模杀伤性武器。

尽管蒙古军有抛石机这一个"大杀器"，但汴京城高墙厚，整整攻打了60个昼夜也未能攻下，蒙军主帅速不台只好下令暂时退兵，金哀宗松了口气，送给蒙军无数金银珠宝，并以酒肉犒劳蒙古兵。

可就在蒙军退走后不久，一场瘟疫袭来，短短一个月内，汴京城中数十万人死于非命。

到了1232年底，城中出现饥荒，甚至出现了人吃人的惨状。金哀宗自知汴京难以守住，带着一部分大臣逃到蔡州（今河南汝南），他悲叹道："我佩戴金印紫绶十年，为太子十年，为皇帝十年，自知平生没有太大过失，本应死而无憾。可我现在唯独感到遗憾的，是祖宗百年基业将毁于我手，我就要与历史上的荒淫暴乱之君一样亡国了啊。"

在战乱、瘟疫、饥荒侵袭下，汴京沦为人间地狱，蒙军再次兵临城下，留守京城的金军只好开城投降。

蒙古人入城后，大肆搜掠金银，纵兵折磨官员、百姓，还把两宫皇太后和皇族宗室五百多人粗暴地塞进37辆大车，押送回蒙古，一同被劫走的还有无数工匠、绣女、宫人。

诗人元好问目睹金朝衰亡，为之慨叹，在其《癸巳五月三日北渡》一诗中写道：

道旁僵卧满累囚，过去辊车似水流。

红粉哭随回鹘马，为谁一步一回头？

靖康之变时的悲剧再次上演，这一次，金人换了角色。

6

金哀宗逃到蔡州后，重新聚拢将士，勉强组织了一支万余人的精兵，同时派遣使者向南宋借粮，以唇亡齿寒的故事告诫宋朝不要弃金朝于不顾。

金哀宗还对南宋抱有最后一丝幻想，南宋却早已接受蒙古人的邀请，相约一同进攻蔡州，也想在灭金战争中分一杯羹。

1233 年，蒙宋联军合兵蔡州，轮番攻城。

蔡州早已是一座孤城，金军在缺水少粮的困境中顽强地坚守了三个月。能吃的东西都吃光了，到最后只能吃"人畜骨和芹泥"，就连鞍鞋甲革也都扒下来煮熟充当"军粮"。

得知城中弹尽粮绝，蒙宋联军就在城外大开盛宴，饮酒吃肉。城中军民听闻后，情绪更加低落。为了继续战斗，金哀宗只好杀御马分给士兵充饥。一些老弱病残和重伤士兵也被杀死，其他人"拘其肉以食"。

大势已去的蔡州，如同一座死城，城中军民最后的疯狂犹如金朝的一曲挽歌。

在绝望的环境中，苦苦支撑到 1234 年元月初九，金哀宗终于崩溃，决意以身殉国，将皇位传给金将完颜承麟。

完颜承麟死活不愿接受，金哀宗只好安慰他："朕身体肥胖，不习鞍马，卿身手矫健，又有将略，万一能够幸免于难，还有希望复国啊！"大概意思就是你跑得快，更有机会逃脱，皇帝都这么说了，完颜承麟只能同意。

第二天，蒙宋联军攻入城内，金哀宗解下腰间的带子，上吊自杀。

城破之际，完颜承麟率领残兵展开巷战，不一会儿就死于乱军之中。那时，距离完颜承麟登基仪式结束还不到一个时辰，他因此成为中国历史上在位时间最短的"皇帝"，金朝至此灭亡。

在享受数十年的纸醉金迷后，女真贵族最终以一场残酷的人间惨剧彻底走向毁灭。不在堕落中奋起，那就只能在奢靡中灭亡。

最后的抉择：天翻地覆甲申年

公元 1644 年，农历甲申年。这一年，大明王朝即将落下帷幕。

关内的农民军在"闯王"李自成的带领下，已经进入了天下第一藩——西安府（今西安），离大明政治中心又近了一步。

关外，一支人数十余万、骁勇善战的八旗部队在大清摄政王多尔衮的带领下，正密切窥探中原的一举一动。

1

这年春节，"大明劳模"崇祯皇帝感受到了大厦将倾前的紧张与压迫。

那天，北京城里突然狂风呼啸，黄沙蔽日，本应张灯结彩、欢庆新年的大街上，人烟稀少，满目萧条。

那天，本应进宫朝贺的大臣们竟然集体"旷工"。空荡荡的大殿中仅剩崇祯一人，他想要勉强挤出喜迎新年的笑容。

但他笑出不来。

此前，抗金名将袁崇焕，因为己巳之变，被凌迟处死；三边总督郑崇俭，未损一兵一卒，因遭大臣诬陷，削职被杀；天雄军领袖卢象升，因弹尽粮绝，身中四箭，壮烈殉国；大秦军领袖孙传庭，因频繁被催战，无奈出战，失关身亡；蓟辽督师洪承畴因粮草不济，被迫降清……

崇祯明白，这些固然有自己优柔寡断、性格多疑的因素影响，但现在最严重的问题是，似乎已经无将可用了。

一周后，给崇祯皇帝的"催命符"送到了紫禁城：攻入西安的李自成，已在春节那天登基，建立大顺王朝，改元永昌。

下一步，他要率兵攻入顺天府（今北京），做这个天下的王！

2

崇祯再也坐不住了，他要逼自己尽快做出决定。

他想到，如今唯有两种方法可以再救大明一次，救自己一命。

要么调在长城驻守的关宁铁骑回京勤王，要么直接迁都金陵（今南京）。

关宁铁骑，总兵力三万人，由抗金名将袁崇焕一手打造，是明末三大精锐部队之一。此前曾痛击多尔衮，揍哭皇太极。也是目前为止，战斗力最强的大明"正规军"。

而金陵城，是曾经的大明首都，太祖朱元璋就是在那里宣布了大明的诞生。

迁都北京后，金陵城仍保持有完整的行政部门，以备国家日后发生不测时，可以东山再起。

如若调关宁铁骑入关，那就相当于把辽东大片领土拱手相赠给关外虎视眈眈的大清八旗。

而自明成祖朱棣以来，大明皇帝的祖陵都在北京附近，若迁都金陵岂不是会使祖宗身后不得安宁？

不管采取哪种方法，崇祯这锅是背定了。

他想起了哥哥临终前说的"吾弟，当为尧舜"，感到一丝对掌控帝国未来命运的无力。

在经过几个日夜的反复思量后，崇祯最终决定，调关宁铁骑入关。

他想保住自己的命，但不想背负背弃祖宗的恶名，他可以接受做"天子守国门，君王死社稷"的典范。

关宁铁骑的指挥者，正是日后大名鼎鼎的吴三桂，此时他爹吴襄正在京城负责皇帝的保卫工作。

接到崇祯的命令后，吴襄迅速入宫。

崇祯见到吴襄就像见到恩人一样，拉着他的手，亲切地问他，到了北京住得习惯吗？穿得暖吗？有什么需要呀？尽管提，朕都能办到。

吴襄当然明白皇帝紧急召见他的意图。既然皇帝开了口，那他可就"照实"说了："臣有家丁三千，跟自己的儿子一样，平常都用美酒肥羊、绫罗绸缎供着，打仗时，只要我一声令下，他们都能出死力。另外，犬子吴三桂手底下还有能征善战的关宁军三万兵士，正在全力抵御关外八旗。不过，皇上如果要调动他们，依臣的估算，大概需要朝廷拨给粮饷 100 万两。"

崇祯一听，下巴差点掉下来。怎么会要这么多？

吴襄说，百万不多的，除了三万作战的士兵，咱还得替人考虑军属安排，要是算上安置费，这些估计都不够。

那么，吴襄这个"报价"是否存在夸大之嫌呢？

据万历年间宋应昌编著的《经略复国要编》记载，关宁骑兵每月可获得俸禄是 1.6 两 + 半石大米，那么，一年就是 19.2 两 + 6 石大米。按当时朝廷折价 1 石大米 ≈ 1 两银子，养一个兵一年最少要花费 25 两。所以按三万士兵口粮算，再根据大明晚期通货膨胀的状况，吴襄说的是实话。

可崇祯犯难了。他心里很希望关宁铁骑能回防救自己，但这个价格太高了，他给不起，整个大明也承担不起。

他直言自己没钱，能否看在军人职责与使命的份上，先干活后拿钱。

吴襄摇了摇头。

3

作为一代帝王，崇祯居然选择了一个不甚明智的做法，求助大臣。

他对大臣们说，目前，西北有李自成大军，关外有多尔衮的八旗精锐，虎视眈眈。由于连年征战，大明国库已经没几个钱了，朕甚至都拿出自己的私房钱捐助前线了，你们这次能不能出点钱，请关宁铁骑回防北京？

说实话，这种求援很难奏效。

纵观中国历史，传统礼法强调"君为臣纲"。历来都是大臣唯君主命令是从，极少出现"臣权"高于"君权"的局面。

而崇祯这次主动倒置了本末。

大臣们看到高高在上的皇上现在用如此低姿态、近乎哀求的态度"命令"自己，大概也感觉王朝没希望了，于是纷纷选择了沉默。

他们以为，京城假若有一天改旗易帜了，自己依旧是臣，谁做皇帝还不都一样！

他在思想上折磨了自己一段时间后，崇祯终究是做出了抉择：封吴三桂为平西伯，让他火速调关宁铁骑进京勤王。

但时间不等人，此时的大明王朝被拖得快断气了。

救与不救，下场都一样。

崇祯十七年（1644 年）三月十九日，万念俱灰的崇祯爬上了紫禁城后的煤山（今景山公园），找了棵歪脖子树。三尺白绫，完成了"君王死社稷"的"壮举"。

此时，进京勤王的关宁铁骑，才到直隶丰润（今河北唐山），离京城还有数百里。

假若崇祯泉下有知，是否会悔恨自己默默浪费掉的时间呢？

4

回想起 1644 年开年，李自成大概会开心到睡不着觉吧。

这一年，承蒙老天爷眷顾，他迎来了人生的巅峰。

从没想过做皇帝的他，竟然有机会在西安过了把皇帝瘾。关键是自己再努把力，做这天下之主也不是不可能的。

至少给远在京城的崇祯"下战书"时，他是这么想的。

大顺永昌元年（1644 年）正月，李自成刚过完春节，就带着大军浩浩荡荡朝北京方向出发了。

二月，攻下汾州（今山西汾阳）、阳城（今山西阳城）、蒲州（今山西永济）、怀庆（今河南焦作）、太原等地，一路顺风顺水。

李自成以为不久之后，天下就要易主了。

怎知竟在代州（今属山西忻州）遇到了周遇吉。双方经过一场激战，周遇吉率部退守宁武关（今忻州宁武县），据险力守，拒不投降。

在多番劝降无果后，李自成只能硬着头皮采取强攻，最后以伤亡七万多农民军的代价，拿下宁武关。查继佐在《罪惟录》中记载了此次战役："后贼（指李自成）陷京师，多有手足创者，皆经战宁武者也。"

经此一战，李自成被打怕了。他没想到小小的代州，差点把自己打回原形。

而接下来大军要进发的宣府（今河北张家口）、大同（今山西大同），才是大明历来重点防守的战略要地，精兵强将自是比代州多了不少。自己的百万农民军弟兄，又是否能扛得住那两拨人的攻击呢？

事实证明，李自成想多了。

宣府、大同守军听到"闯王"李自成来了，纷纷打开了城门，主动请降。大军所到之处，"举城哗然皆喜，结彩焚香以迎"。

三月十五日，李自成顺利抵达京师的门户居庸关。在那里，总兵唐通、监军太监杜之秩早已大开城门，等着"闯王"进城检阅部队。

三月十六日，李自成部过昌平，抵沙河。

三月十七日，进高碑店、西直门，以大炮轰城，后攻打阜成门、彰义门、西直门。

至此，他已率领大军抵达了北京城的大门口。

想起自己一路走来的辛酸，李自成决定"大度"一次，暂停进攻。派出太监致书崇祯，要求割让西北一带给自己，自己在那儿称王。

条件是，他可以率农民军帮助崇祯抵抗天下各路反贼，以及关外的多尔衮。

很显然，这种要求，对于早已做好"死社稷"的崇祯而言，一点儿诱惑力都没有。

三月十九日，李自成由太监王德化引导，从德胜门入，经承天门步入内殿，结束了明朝276年的统治。

5

李自成进入京城后，立即下令以礼厚葬上吊的崇祯皇帝，在东华门外举行公祭。同时约束进入京城的农民军弟兄，要求他们继续保持过去不打砸抢的优良传统。

虽然是自己的对手，但李自成挺同情崇祯的。

他不明白，偌大的大明帝国，为什么始终拿不出救命的100万两？到底是皇帝穷，还是大臣穷？

据《明季北略》记载，李自成入京师后，从宫中搜出内帑"银三千七百万锭，金一千万锭"，"旧有镇库金积年不用者三千七百万锭，锭皆五百两，镌有永乐字"。不过，这只是一种说法。另一些史料则表明，大明国库和内帑确实被掏空了，所剩无几。

那么大臣呢？

仍存疑问的李自成开始了他入主紫禁城后最大规模的"拷掠官员"行动。

拷掠官员，就是根据李自成设立的征税指标，对不同等级的官员实施强制征收银两。

不愿配合的，抑或是少交、漏交的，通通抓起来往死里打。什么时候交够了，什么时候放人。

他可不是崇祯，既不优柔寡断，也对这帮大臣没啥感情。

从三月二十七日起，农民军开始四处抄家，拷掠大明各个勋臣、富户、世家大族。其中就包括先前管崇祯皇帝要百万军饷的吴襄。

彼时，吴三桂手下的宁远铁骑正在直隶玉田（今属河北唐山）一带活动。

听闻崇祯皇帝上吊了，大明灭亡了，吴三桂一时失了分寸，他不知道自己该带兵何去何从。

摆在吴三桂面前的局势是，对内不敌李自成，对外又打不过多尔衮。

况且此时，因为自己的撤兵，已经相当于给了多尔衮一张直达北京的通关凭证。

天下英雄纷争，自古有之。投诚李自成，也不是没考虑过。

可是，当听到李自成派人抄了他家、抓了他爸，农民军二号人物刘宗敏霸占了他的"红颜知己"陈圆圆后，吴三桂二话不说，掉转马头，率军返回了山海关。

对于这些情况，李自成不是不了解。

自小成长在陕西黄土高原的他，早就练就了豪爽、倔强、硬碰的性格，这或许就是他一路顺风顺水打入京师的原因之一。

他认为，陈圆圆就是一个妾，与亲如兄弟的刘宗敏一比，简直微不足道。

所以，当听说自己的拜把子兄弟刘宗敏抢了吴三桂的小妾陈圆圆时，他并没有立即劝阻。

任凭事态发展到比较严重的地步，吴三桂"冲冠一怒为红颜"，调头折返山海关。

他不明白，吴三桂居然会为了一个女人，连自己父亲的性命都可以不顾，带兵退回山海关。

此时，恐怕酿成"恶果"的李自成，才紧急召见左右，试图"剿抚兼用"，收服吴三桂。

四月十三日，李自成命刘宗敏率六万大军奔向山海关。此行，他的初衷是尽全力劝降吴三桂。

因为，吴三桂手中有自己一直想要得到的军事力量——关宁铁骑，如果得不到，转而与自己为敌，必成心腹大患。

但李自成明知吴三桂与刘宗敏"有仇"，却让刘宗敏打头阵，不得不说是失策。

最终，这名大明平西伯只能被逼答应多尔衮的条件，做了大清的平西王。

四月二十三日，多尔衮部八旗劲旅与刘宗敏率领的大顺军在山海关前展开争夺天下的大战。

史载，"此战万马奔腾，飞矢如蝗，大顺军猝不及防，伤亡惨重"。

四月二十九日，被吴三桂及八旗精锐打残后的李自成，怒杀吴三桂家大小34口。同日，李自成在紫禁城称帝，开启了他的"帝王生涯一日游"。

次日，四月三十日，前后"旅居"紫禁城42天的李自成，决定在紫禁城放上一把火，为即将西撤的农民军壮行。

6

1644年对于多尔衮来说，更值得被铭记。

几个月前，大清的"创始人"、自己的哥哥皇太极新丧，继承皇位的是小侄子福临，但大清的实际掌控者却是自己。

自父亲以"七大恨"起兵反明，父、兄数十年来均没有等到成功跨过山海关、入主中原的机会。

而今，因为大明的败亡，自己以及身后努力了数十年的八旗子弟们，终于有机会实现父、兄的遗愿了。

多尔衮深知机会来之不易，所以自始至终，他都没有轻易发出一兵一卒，踏入已经被搅得天翻地覆的中原。他一直在作壁上观。

直到大明平西伯吴三桂的书信呈放在他的书案上。

吴三桂在信中恳切请求多尔衮发兵救他，救山海关。事成之后，愿意"裂土以酬"。

多尔衮看完书信，并没有立即出兵协助吴三桂。他知道，吴三桂能以割地答谢他出兵帮忙，说明自己还有进退余地。

如果现在贸然出兵，帮了吴三桂，难保其踢走了李自成后，不会再拥立一个皇帝，重新建立大明，把自己赶回关外老窝。

但老臣范文程却给他提了个建议，"如秦失其鹿，楚汉逐之，是我非与明朝争，实与流寇争也"。

应该马上出兵，因为我们现在面对的敌人是李自成，不是大明朝，不存在"师出无名"的状况。

况且我军的战斗素养不是李自成的农民军可比的。不过，要注意约束士兵的行为，千万不要再犯李自成犯过的错。

多尔衮听从了范文程的建议，但还是决定先按兵不动。

他要等，等一个合适的时机。

四月十三日，李自成部刘宗敏率领六万大军，直趋山海关，进剿吴三桂。

此时的吴三桂，早已急得像热锅上的蚂蚁。他一次次派使者请求多尔衮发兵山海关，与自己共同抗击李自成的大顺军。

但多尔衮不傻，我凭什么与你联合讨伐李自成？我大清要的是天下，而不是打败李自成。

在吴三桂未表态投降大清之前，多尔衮虽距离山海关很近，却始终不动声色。

四月二十一日，山海关大战前夕。

顶不住压力的吴三桂终于松口答应多尔衮，决定降清，换取清军出兵山海关，协助自己赶走李自成。

四月二十二日，李、吴双方在山海关展开大战。

投降大清的吴三桂在多尔衮的命令下,率领关宁铁骑与大顺军展开决战。

此战,双方皆损失惨重。大明倚重的关宁铁骑自此在历史上衰落。

在大顺军即将攻取山海关之际,多尔衮才急令多铎和阿济格各率两万精兵,从侧翼突袭全力攻城的大顺军,一举进入山海关。

1644 年,精明的多尔衮成为最后的赢家。

天翻地覆,王朝转换,历史在这一年拐弯,又拐弯。

·
·
·

第二章

隐秘的细节

·
·
·

天佑中华：郑成功收复台湾往事

收复台湾的故事，要从一个当时很吃得开、如今被遗忘的人物讲起。

何斌，又名何廷斌，福建南安人，17 世纪 50 年代台湾地区最著名的富商。他靠做外贸起家，生意遍及日本、印尼、越南等地。

不仅如此，何斌还是台湾最大的税收承包商。

那时候，荷兰已经占据台湾。早在 1624 年，荷兰人就侵占了台湾南部，建立起两个侵略据点——热兰遮城（台湾城）和普罗文查城（赤嵌城）。到 1642 年，荷兰人驱逐了占据台湾北部的西班牙人，占领台湾全岛。

17 世纪是荷兰的巅峰时期。荷兰人依靠荷兰东印度公司这个手握军权的殖民与贸易机构，横行东南亚。

荷兰人对台湾进行打包管理，将各种税收细化分包给当地商人。何斌承揽了人头税、稻米税、乌鱼税等多个重要税种，再加上他长期为荷兰殖民者做通事（翻译），与荷兰的关系显得很密切。

然而，荷兰人后来惊诧地发现：不仅他们在台湾征税，郑氏海商集团也委托人在岛上向中国人收税，从郑芝龙时代就开始了。

不排除何斌担任了双面承包商的角色：他一面为荷兰殖民者收税，另一面为郑成功收税。

因为何斌跟郑氏海商集团关系向来良好。他早年正是追随郑成功的父亲郑芝龙才来到台湾的。生意做大后，他在台湾的大陆移民中担任长老职务，地位显赫。

征税权意味着主权，谁有权在这个地方征税，就表示这个地方属于谁。

荷兰人当然不愿放弃霸权，于是扣留了郑氏海商集团的征税船，还给郑成功写信抗议，要求他退还荷兰统治台湾以来郑氏父子从岛上"偷走的钱"。

郑成功对此予以强硬回绝，说他向渔民收税是自古以来的惯例，荷兰人无权过问。他同时警告荷兰人，如果继续扣留船只，他将打一场贸易战，禁止属下的船只、商人跟荷兰人通商。

最后荷兰人怕了，只得让步。

2

作为当时亚洲最大的两股海上商业势力，郑氏海商集团与荷兰东印度公司一直存在微妙的关系，既合作，又竞争。

这中间既牵涉商业利益，还有关系复杂的主权之争。

1655 年 7 月，郑成功给荷兰殖民者发去一通公告，要求荷方在台湾进行张贴并执行。公告内容是，由于前一年马尼拉的西班牙殖民者迫害中国海商，郑成功决定禁止中国商人与马尼拉之间的贸易。

按说这是针对西班牙殖民者发出的贸易禁令，不伤及荷兰人的利益。但荷兰人首先想到的不是商业影响，而是政治影响——如果他们遵照郑成功的要求张贴公告，就代表他们承认了郑成功对台湾享有主权。所以他们决定将郑成功的公告藏起来，不予张贴。

而在郑成功看来，台湾一直都是中国的领土，这一点无可争议。正如他后来发兵收复台湾时，一再对荷兰殖民者指出的那样："当中国人不需要它（指台湾）时，可以允许荷兰人暂时借居；现在中国人需要这块土地，来自远方的荷兰客人，自应把它物归原主。"

1656 年 6 月，郑成功在厦门颁布公告，宣布将于 100 天后断绝与台湾贸易，想借经济封锁逼荷兰人就范。他这次直接派人到台湾宣读这份贸易禁令，就跟台湾一直是他统治下的地区一样。

荷兰人认为，郑成功的举动挑战了东印度公司在台湾的权威，因此十分恼怒。

不过，随着郑成功的贸易禁令生效，两岸贸易额锐减，荷兰人先顶不住了。他们心急火燎地要求重开两岸贸易，于是决定派遣使者前往厦门拜见郑成功，希望国姓爷有话好好说。

使者是谁？就是我们前面讲到的何斌。荷兰人能物色出来的在两边都说得上话的人，非何斌莫属。

3

郑成功与荷兰人双方谈判的条件和要求是什么，全凭何斌口头带话。

何斌虽是台湾数得上号的巨富，但在两岸贸易战期间，损失惨重，濒临破产。他的财富积累模式，很像如今的地产富豪：生意做得越大，举债就越多；举债越多，生意就做得越大。如此循环。所以人们说他是台湾的"首富"，也是台湾的"首负"。

一旦业务衰落，资金链断裂，分分钟摔得很惨。

这种情况下，何斌甚至比荷兰人更渴望重开两岸贸易。为此，他利用使者身份，两头骗，走钢丝。

三个月后，1657年6月，何斌回到台湾，给荷兰人带去了郑成功同意恢复两岸贸易的好消息。

荷兰人也高兴，但直觉认为郑成功这么难搞，开出的条件一定很苛刻。谁知道何斌说，郑成功的条件也没什么，就是希望荷兰人善待中国海商在东南亚以及台湾的船只。

就这个不痛不痒的要求？荷兰人竟然不怀疑何斌从中欺瞒，爽快地答应了，并让何斌转告郑成功。

事实上，何斌跟郑成功这边说的是，荷兰人愿意称臣纳贡，并不再干涉郑成功在台湾的征税权，请求国姓爷恢复两岸通商。

郑成功一听也高兴，准了。同时还拟订了台湾的征税方案，何斌顺手以每年1.8万两白银的价格，从郑成功手里承包了征税权。

两岸重开贸易，皆大欢喜。

自诩精明过人的何斌，此后在荷兰人眼皮底下，偷偷以郑成功代表的身份，开始大规模的征税活动。

有时候想想，这些西方殖民者也真够蠢的，就这样让何斌替郑成功征了一年半的税，都没发现。直到 1659 年 2 月，何斌被人公开告发，这才漏了底。

荷兰人逮捕了何斌，决议撤销他的一切职务。

连带的不利影响是，何斌作为巨商的信用一夜崩溃，他的商业帝国遭遇毁灭性打击。新老债主群起逼债，导致他完全破产，在台湾无法立足。

逃回大陆，投奔郑成功，成了何斌唯一的出路。

4

何斌再次见到郑成功时，郑成功正从北伐前线溃败退回厦门，心情郁闷。

现在，我们意识中的郑成功，首先是收复台湾的民族英雄，但郑成功本人以及当时的清政府给他的身份定位，则是一个坚定的反清复明主义者。

1644 年，风云激荡。大明亡于李自成，最后摘桃子的却是关外的清军。第二年，清军南下，短命的南明弘光政权瞬间灰飞烟灭。

郑成功的父亲郑芝龙、叔父郑鸿逵于是在福建拥立唐王朱聿键，建立隆武政权。这个朱聿键是朱元璋第 23 子的八世孙，看着离皇位挺遥远，但那个特殊年代，只要是朱家的血脉，就有可能被供着，为反清复明站台。

实权，则掌握在郑芝龙手里。

1646 年，清军进攻福建，郑芝龙战败投降。他那 22 岁的长子郑成功反对父亲降清无效，遂与父亲决裂，拉起一支队伍，继续反清复明的事业。

郑成功的个性比父亲强悍很多。他原名郑森，又名福松，字大木。此前，他谒见朱聿键，朱聿键问他救国之策，他回答道，只要像岳飞说的那样，文臣不爱财，武官不怕死，就会天下太平。朱聿键闻言甚喜，认为他是个奇才，恨自己没有女儿可以许配给他，只好给他赐姓朱、改名成功，以示尊宠。这就是"国姓爷"的由来。

1650 年，郑成功夺取了厦门，从此厦（门）、金（门）两岛成了他的抗清基地。兵力最盛时，属下有陆军 72 镇，水师 20 镇，士兵近 20 万人，拥有各种大小船只 5000 余艘。养兵粮饷则由覆盖南海贸易网络的郑氏海商集团供给。

说到底，这是一个军、政、商一体化的权力体系。

到 1657 年，解决完与荷兰殖民者的贸易问题之后，郑成功决心开拓抗清的新局面。当何斌替他在台湾征税的时候，他至少三次率领水陆大军北上，希望攻下明朝故都南京。

最接近成功的一次是在 1659 年的夏天。郑成功联合在江浙岛屿上坚持抗清的张煌言等人，一举攻下了崇明、瓜洲、镇江，进抵长江，直捣南京。

来自当时在华传教士的报告称，"当这个噩耗传至北京，顺治帝完全失去了他镇静的态度，而颇欲作逃回满洲之思想"。这个记载明显语涉夸张，但足以看出郑成功此次北伐对清廷的打击之大。

可惜，最后因为战略指挥失误、骄傲自满等多种原因，南京久围不下，清军大部援兵赶到，郑军惨败于南京城下，被迫退回厦门。元气已经大伤。

不久，北京传来密报，清军准备进攻郑成功的大本营，意图一举歼灭。顶着巨大的压力，郑军内部士气低落，人心涣散。

恰在此时，郁闷难当的郑成功，见到了破产来投的何斌。

5

何斌不会空手而来，准确地说，他是有备而来。

史书没有记载郑、何这次见面的情景。有一点可以明确的是，何斌从台湾回到大陆后，向郑成功进献了珍贵的台湾地图和赤嵌城木制模型。

他游说郑成功：台湾"田园万顷，沃野千里，饷税数十万"，而且城中的荷兰殖民者"不上千人"，攻之唾手可得。

何斌的献图、献计，正合郑成功之意。前面我们讲了，郑成功一直视台湾为中国领土，更准确地说，视台湾为父亲郑芝龙留给他的土地，早就想收回来。眼下逼得他必须早做收复台湾决定的形势，则源于清军在福建的反扑。

1660 年的金（门）厦（门）保卫战中，郑成功虽然取得胜利，迫使清军统帅达素自杀，但他清楚地认识到，必须赶紧找到一块新的根据地，进可攻退可守。而且，面对军中人心浮动，他也需要一条新的出路，来凝聚军心。

主客观因素叠加，推动了郑成功开始落实收复台湾的计划。

然而，当郑成功在军事会议上抛出这一计划时，却遭到了军中一大批文臣武将的激烈反对。去过台湾的吴豪直接拆穿何斌的谎言，什么"沃野千里"，假的，那里荒凉不毛，还容易水土不服。吴豪还强调，荷兰殖民者"炮台利害，水路险恶，纵有奇谋，而无所用，虽欲奋勇，而不能施"。

这些话把复台的困难想得很大，又把复台的好处说得很小，很快就得到了一批将领的附议。

但很明显，这些话，郑成功不爱听。他无奈宣布散会，择日重议复台事宜。

第二次军事会议上，部将马信有所松动，提议可派小股部队赴台试水，而杨朝栋赞成直接出兵。郑成功很满意，大赞杨朝栋，说他的发言可破"千古疑惑"。

就这样，尽管反对声音仍然占主流，郑成功还是愉快地决定：出兵东征，收复台湾！

顺带说一下，何斌为什么要极力怂恿郑成功收复台湾呢？原因不难理解，征税事件爆发后，在荷兰统治下的台湾，何斌尽管曾贵为华商首富，但眼下已经一无所有；而一旦郑成功复台成功，他何斌才有可能东山再起。所以，他把余生的希望都寄托在郑成功身上。

郑成功的思想中，确实有一些"政权领土"的观念，但真正促成他采取复台行动的，则是抗清新形势下另建根据地的现实需要。

6

1661 年 4 月 21 日，37 岁的国姓爷郑成功率领 2.5 万名官兵，数百艘战船从厦门出发，揭开收复台湾的序幕。何斌作为向导随征。

这个时间的选择，恰到好处。一方面，当时顺治驾崩，清廷处于"国丧"的特殊时期，无暇顾及郑成功；另一方面，郑成功一年多前北伐失败后，台湾方面就盛传他要出兵复台，荷兰东印度公司从大本营巴达维亚（今印尼雅加达）派来了一批援军守卫台湾，结果不见郑军动静，1661 年 2 月，部分援军又返回巴达维亚。

空窗期就这样出现了。

4 月 30 日，郑成功的舰队从荷方设防空虚的鹿耳门水道突入大员港，登陆成功，荷兰守军以为神兵从天而降。因为这条水道平时海水很浅，海底都是石头浅滩，荷兰人还把损坏的船只沉入海底，构建出一道天险。谁知道郑成功利用海上涨潮之机，巧渡鹿耳门，一直冲到赤嵌城附近，向荷军展开猛攻，杀了他们个措手不及。

史学家认为，郑成功采用这一路线，可能正是听从了久居台湾、对当地港道状况十分熟悉的何斌的建议。所以说郑成功出兵收复台湾，何斌功不可没。

接下来的一场海战，郑成功大获全胜，荷兰方面仅有一条小通信船"玛利亚号"逃跑掉，其他三条战舰均战毁。郑成功对跑掉的"玛利亚号"亦不在意，当时台风季将开始，大部分时间海上只刮南风，一艘帆船不可能顶风航行到巴达维亚通风报信。

仅用了四五天时间，郑军就拿下赤嵌城。

荷兰殖民者在台湾的总兵力仅1600多名，其中四五百名在赤嵌城，绝大部分在中心据点热兰遮城。郑成功随后兵分水陆进击热兰遮城。

热兰遮城堡采取了最先进的文艺复兴式城堡设计，不仅城高墙厚，而且每个角落都有箭头型的堡垒向外突出，可以形成交叉火力，使得整座城没有任何死角。郑军损伤惨重，对热兰遮久攻不下。荷兰东印度公司驻台长官揆一明知兵力处于下风，却凭借城堡优势，拒不投降，苦撑等待巴达维亚的援军到来。

强攻不行，转而围城。热兰遮城已是一座孤城。郑成功改变策略，布下兵力，绕城挖深壕，希望以断水断粮的方式，逼迫揆一投降。这一围，就是整整9个月。其间，双方互使间谍战、攻心战，以及各种突围与反突围战斗，简直比电影还精彩。

郑成功多次写信对揆一劝降，说："台湾者中国之土地也，久为贵国所踞，今余来索，则地当归我，珍瑶不急之物，悉听而归。"

这是何等霸气的英雄气概，既义正辞严，又宽宏大量。

揆一的态度却十分强硬，鼓动热兰遮的士兵继续抵抗，并不时谎称巴达维亚的援军就快到了。

果不其然，逃跑的"玛利亚号"绕道菲律宾，花了两个月竟然奇迹般地回到巴达维亚，搬来了10艘战舰的救兵。这大大出乎郑成功的意料。

荷兰舰队的突然到来，让郑成功措手不及。当时，他的军队正分散在台湾各地从事屯垦活动，以解决粮食危机。好在天佑中华，一场台风让荷兰援军不得不退到澎湖，等到他们重返热兰遮时，郑军已经完成了集结。

最终，经过两场海上战斗，荷兰援军被击沉和被俘虏战舰8艘，他们的海军统领，跑了。

热兰遮城的荷军听到消息，士气消沉。此时，城内瘟疫开始蔓延，能打的荷军仅剩三四百人，他们更加消极怠战。揆一向他们许以重金，都起不到什么效果。

城破之时，指日可待。

7

历史的结果，不是一早就写定的。史学家在讲到这场复台之战时，屡屡庆幸天佑中华，郑成功如有神助。

郑成功虽然在兵力上对台湾的荷军形成绝对优势，但有两大潜在威胁，只要一个奏效，能否拿下台湾大成疑问。

一个是荷兰战舰在火力、航行等方面均大大超过郑成功的水军，而且巴达维亚的援军随时可能出现，这对疲于围城、屯垦的郑军，是巨大的威胁。如前所述，若非适时出现的台风，战果或许会被改写。

另一个是清军可能随时介入。清廷如果介入这场战争，矛头肯定指向郑成功，而不是荷兰殖民者。一旦出现清军与荷军联合剿杀郑成功的局面，战后荷兰继续窃据台湾是毋庸置疑的。事实上，郑成功围困热兰遮期间，一条荷兰商船曾进入泉州，两名荷兰代表甚至被送到福州与靖南王耿继茂会面，并给揆一带回了清军愿与荷兰共同攻打郑成功的意向。结果，因为沟通障碍和荷兰人内讧，这个对郑成功最坏的联合局面才未形成。

1662年1月底，围城将近9个月之时，郑成功采取了投降过来的一名荷兰军官的建议，在巴达维亚或中国大陆的救兵到来之前，对热兰遮城发动最后的总攻。

攻城的具体建议是以堡垒对抗堡垒。郑军新建3座炮台，以重型炮弹猛轰，两小时内发射炮弹 2500 发，硬是在热兰遮城堡南面打开了一个缺口，并迅速占领了一个突出的支堡。

利用居高临下的有利地形，郑军从这个支堡猛轰热兰遮城内部，揆一束手无策，宣布投降。

1662 年 2 月 1 日，揆一代表荷兰殖民当局签字，结束了荷兰侵略者对台湾长达 38 年的侵占历史。

有史学家认为，郑成功收复台湾之战，是大航海时代以来东西方国家之间的第一场正面大战。郑成功代表东方国家取得胜利，使台湾回归祖国，不愧是民族英雄。

8

但关于台湾归属之争，并未就此落幕，后面的历史同样值得叙述。

郑成功收复台湾后，何斌作为郑成功的重要幕僚，协助稳定了台湾的秩序。郑成功按照大陆的行政体制，建立起府县制度，并遥奉南明永历政权为正朔。这相当于把台湾纳入南明王朝的疆域之中。

南明与大清，一直在争夺中国的正统权。与荷兰殖民者的外来侵略不同，这属于国家内部政权之战。

郑成功雄才大略，可惜天不假年。在他收复台湾大约 5 个月后，就心力交瘁，卧病而亡，享年仅 38 岁。他原本想发兵攻打吕宋（今菲律宾）的西班牙殖民者，至此也计划"烂尾"，不然历史可能还要改写一次。

郑成功的儿子郑经继位。郑成功原来称台湾为"东都"，意为南明的东方首都；郑经一上台，就改"东都"为"东宁"，俨然以"东宁国"国王自居。

清廷多次派人向郑经喊话，要其归顺。

郑经不从，却也没有与大清争中国正统的志向，而是要清廷按朝鲜例对待台湾，作为清朝的属国来朝进贡。这实际上已经偏离了郑成功的路线，要知道郑成功至死都坚持"一个中国"原则，而郑经的要求是想台湾独立为国。

郑成功泉下有知，岂能瞑目？

连康熙也怒了，对郑经的分裂主义行径严词拒绝："台湾本属中国版图，又都是中国人，岂可按外国例！"

双方谈判破裂，战事重开。郑经一度趁着"三藩之乱"反攻福建，康熙帝下令反击，将郑军逐回台湾，又再谈判。

在大陆政权未稳的情况下，康熙坚持走"文统"路线为主。两岸就这样谈谈打打，一直处于敌对状态。

直到康熙二十年（1681年），郑经去世，他年幼的儿子郑克塽继位。此时，康熙已彻底平定了"三藩之乱"，遂决定对台湾采取"武统"路线。

这个时候，他再度起用精于海战的施琅为福建水师提督。早在康熙三年（1664年），施琅就曾为福建水师提督，半年内三次进军台湾，结果均因飓风影响而告失败。

时隔近20年后，康熙二十二年（1683年）6月14日，施琅指挥清军跨海东征，经过七天激烈战斗，攻克澎湖，全歼郑军精锐。郑克塽审时度势，最终采取大将刘国轩的建议，归顺清廷。

8月11日，清军进驻台湾，实现和平统一。

历史的诡异之处在于，率军拿下台湾的施琅，曾经是郑芝龙、郑成功父子的部下，又与郑成功、郑经父子有不共戴天之仇。1651年，为了是否处死一名亲兵，施、郑关系破裂，郑成功气急败坏，杀了施琅的父亲和弟弟，逼得施琅投奔清军。1680年，施琅的侄子因谋划反郑投清一事泄露，家族70余人全被郑经杀害。

所以，当施琅再任福建水师提督时，曾说要一雪父弟子侄之仇。

不过，当施琅以胜利者身份登上台湾岛时，他还是分清了公义与私仇。有人提醒他复仇的机会来了。施琅却不为所动，反而亲自到郑成功庙拜祭，并说"当日杀害我父亲的人已经死了，这件事和其他人并不相干"。他放下个人、家族恩怨，使台湾军民消除了施琅平台是为了复仇的疑虑，从而稳定了台湾的局势。

历史学者李细珠有段话说得很精妙，他说："历史有时候很是吊诡。郑成功与康熙时期平台主将施琅本是一对世仇冤家，但是，从郑成功驱荷复台到康熙统一台湾，正是完成中国领土与主权统一的一脉相承的两个步骤，而这恰恰又是郑成功与施琅足以彪炳史册的历史贡献。历史的辩证法奥妙无穷。"

以上种种，都是 17 世纪的故事，距今不过 300 多年。

天命轮回，历史是可以随时回望的。

海盗与海边风云

乾隆自称创造并延续了中国的盛世，但他临死时，却把自己的儿子、大清帝国皇位继承人爱新觉罗·颙琰（嘉庆皇帝）按在了火药桶上。

坐在火药桶上的嘉庆，面对帝国事故频发，一刻不得消停——好不容易隐忍了 3 年，才终于扳倒巨贪和珅；谁知川楚白莲教起义，一触即发，酿成了清朝中期最大的一次内乱；同一时期，紫禁城内遭遇了一次莫名其妙的刺杀，嘉庆差点连命都丢了；后来，又有一股天理教徒，在太监的接应下冲入皇宫，"酿成汉唐、宋明未有之事"……

不仅如此，来自帝国边疆——华南的海上力量，同样让这个带有悲剧性宿命的皇帝，显得十分焦灼。

1805—1809 年，4 年内，两广总督先后换了四任；1805 年左右，一年之内，广东换了三任水师提督；1808 年，广东总兵林国良被杀；一年后，1809 年，另一个总兵许廷桂被杀（有的说自杀）……

这一切，都与纵横华南海疆的海盗联盟有关。

19 世纪的第一个十年，是乾隆死后嘉庆亲政的探索十年，也是延续了 300 年的明清海盗最后的黄金十年。

当时没有人想到，帝国与海盗的这场终极较量，将深刻改写这个国家的近代宿命。

1

嘉庆开始亲政的时候，这个国家已经有 100 多年没有出现能与朝廷对抗的大海盗了。但他没有料到，帝国海疆貌似风平浪静，其实急流暗涌。

中国海盗黄金时代的第三次高潮，酝酿其中。

按照史学家的划分，大约从明朝中期1520年起，中国海盗经历了长达300年的黄金时代。而这300年间，形成了海盗发展的三次高潮。

第一次高潮，出现在明朝中期，特别是嘉靖年间（1522—1566年），被认为是海盗腾飞的时期。这一时期，在北起山东、南至广东的漫长海岸线上，海盗人数激增，并组织起强大的海盗集团。在官方的定义里，这些海盗都被称为"倭寇"，但实际上，"倭寇"除了少数的真倭（日本人），大部分是中国东南沿海的渔民与海商。

由于明朝实行海禁政策，这些海盗大多亦商亦盗，游走在违法外贸的边缘，期望得到朝廷的接纳。最著名的大海商非汪直莫属，汪直拥众十余万，旗下大小船只无数，自称"净海王"，鼎盛时期是东南海域、乃至日本海一带的海上"一哥"。他在1559年被朝廷诱捕，随后处死。

第二次高潮，出现在明清易代之际。东南海盗经过约半个世纪的沉寂之后，在明末重新崛起。这时候的代表人物，是郑芝龙、郑成功家族。郑氏父子俩建起了庞大的海上帝国，在福建、台湾一带，没有郑氏的批准，任何船只都不得出海。

清朝入主中原后，感受到郑氏集团的极大威胁。从清初就颁行了一系列严厉的迁海政策，强迫福建、广东的大部分沿海居民内迁30—50里，摧毁所有的房屋和财产，坚壁清野，切断海盗的陆上供给。这些政策给沿海居民带来沉重的灾难，也使得清朝与海上世界产生了一条再难弥合的裂缝，但郑氏家族的海上势力几乎未受影响。直到1684年，康熙发动战争收复台湾，才算彻底扫清了郑氏势力。

嘉庆对于海氛宁静的错觉，正是源于曾祖父的这次强力行动，使得东南沿海在此后的100年里，无风无浪。曾经显赫一时的海上大盗，似乎销声匿迹了。

不仅嘉庆这样想，他的父亲乾隆，在晚年还曾得意地说："广东现无紧要事件，其海洋盗匪，节经福康安搜拿整顿，渐已敛迹。"

乾隆说这话时，是1793年。仅仅数年后，中国海盗就迎来了黄金时代的第三次，也是最后一次高潮。广东海盗甚至喊出了"红旗飘飘，好汉任招，海外天子，不怕天朝"的口号。

乾隆已经去世，无法看到这打脸的一切，但嘉庆却实实在在心塞得很。

在皇帝眼里小打小闹的海盗，怎么突然间就崛起为危及帝国海疆的强大势力呢？

2

曾任两广总督的倭什布说过，乾隆五十四年（1789年）以前，广东无大海盗，也未发生海盗胆敢与官兵对抗的事，有的只是沿海的贫穷渔民和疍户，几个人纠合起来，伺机对过往商船进行抢劫而已。

也就是说，当时的海盗还未职业化，他们大多生活在良民的边缘，具有双重身份，时而渔民，时而海盗，通常只是为了贴补家用才铤而走险。

然而，1790年以前，海盗虽然只是小打小闹，游走在灰色地带的人却越来越多。一个根本原因是，乾隆三十四年（1769年）以后的40多年内，广东人口激增。统计数据显示，1769年，广东人口约683万，到1812年，飙升到了1890万，40余年间增加了1200多万人。

人口激增导致人地关系紧张，历史学家梁方仲测算，嘉庆年间广东人均耕地面积约1.6亩。这是什么概念？清代学者洪亮吉说，人均4亩地才能维持生计。广东的人均耕地，远远达不到这个数，导致省内三大族群为了争夺土地，关系日趋激化。

生存斗争的结果，是把更多人往水上赶——靠海为生。这些人被迫离开土地后，只能世代以船为生，而且往往兼具双重身份：渔民和海盗。

据统计，清朝中期，单是广州附近水面，就生活着大约8万名船上居民。

广东漫长的海岸线、众多天然的海港以及无数的大小岛屿都是海盗的最佳藏身之处。位于大清钦州防城和越南万宁州之间，有一个叫"江坪"的边境小镇（1885年后划归中国）。因为远离两国行政中心，江坪处于无政府状态，聚集了大量的来自广东和越南的商人、渔民和逃犯，每一个人都是潜在的海盗。中越两国水师在缉捕过程中，担心产生越界问题，使得江坪更加沦为无法无天者的乐土。就是这个名不见经传的小镇，成为滋生华南海盗最大的巢穴。

用美国历史学者穆黛安的话来说，中国人去江坪时是渔民，出来时便成了海盗。

仅仅这些因素，还不足以使大量的小股海盗有能力对抗政府官兵。当时的广东官员在反思华南海盗骤然坐大的原因时，不约而同地提到了越南一场历时 30 年的动乱——西山农民起义。

从 18 世纪 70 年代开始，越南爆发了以阮文惠兄弟为首的西山农民起义。到 1787 年，西山军攻入河内，阮文惠得国，乾隆封其为安南国王，并改名阮光平。不过，西山政权建立后，越南政局并未稳定，南方的阮福映在法国人的支持下，与西山军进行了长达十几年的战争。

在这场漫长的战争中，西山政权国用匮乏，遂奖励海贼，四出劫掠。栖居江坪的华南海盗与西山政权结成利益共同体，通过向西山军提供劫掠来的物资，把西山政权变成他们销赃的大客户；另一方面，海盗们开始作为海上军事力量，加入西山军，共同战斗。中国海盗后来几乎参加了西山军所有的海战。

作为回报，西山政权阮光中向海盗首领提供船只和武器，并赐予他们招兵买马时封官许愿的权力，给他们颁发了一堆通行证和印信。

这样，长期活跃在华南海域的海盗们，一夜之间就披上了合法的外衣。他们返回中国，完成劫掠后，来到越南，向阮光中缴纳战利品，而阮光中则向他们提供安全的庇护港和可观的分红。那段时间，东南沿海的大小海盗都知道，越南有个光中皇帝，是"大老板"。奉光中皇帝为"大老板"，他们就能在海上攫取更大的利益。

背靠越南西山政权，华南海盗在这个历史契机中逐步坐大。据历史学者刘平分析，西山军向海盗提供的武器船械十分精良，海盗船比广东水师的船大三四倍，炮弹比水师的重十来斤。不仅如此，海盗们还从西山军那里学到了高超的作战技术和组织方法，在与阮福映军海战的过程中积累了实战经验，懂得了怎样在海上使用火炮和建立据点。

陈添保、莫官扶、郑七等海盗大帮，经过越南内战的洗礼，迅速崛起。

在 18 世纪的最后十年，曾经小打小闹的华南海盗，无论是船只、武器装备，还是规模、组织结构，都上了一个新台阶。在海盗内部，形成了不同的帮派，每帮下面，又分成大股、小股，既联合行动，又互相制约。

海盗们甚至开始主动挑衅官府。

根据地方志记载，1801年9月，海盗传奇人物郑七，联合另一名海盗魁首，对广东粤西吴川县的一个要塞发起突然袭击，差点占领了该要塞。幸好一名把总命令手下启用大炮，才抵挡住了海盗的进攻。但随后，海盗们伪装成村民，从要塞的背面突入，并在战斗中杀死了那名把总。

然而，此次官方的失利，在时任两广总督吉庆写给嘉庆皇帝的汇报奏折中，却变成海盗们在海面上劫掠商船，被吴川县要塞士兵发现后，把总召集众人划艇出海与海盗火拼。战斗中，海盗被杀多人后撤退，而该名把总也牺牲了。

同一个事件，却出现了不同版本。关键的区别是，战斗到底是在海上还是陆上进行。海上是海盗的势力范围，官兵出海作战，表达了一种进击的姿态；而陆上是官府要确保安全的地方，如果让海盗打上来，那就丢死人了。历史学者穆黛安推测，此战十有八九是在陆上进行，两广总督向皇帝隐瞒事实，是因为如果此类事件发生在自己管辖的陆上，他就难免要受到朝廷的斥责。

由此事也可以看出，地方官府已经对日渐壮大的海盗势力产生了惧怕心理。

这帮依托于越南西山政权坐大的华南海盗，最终在1802年与阮福映军的一场海战中彻底落败。阮福映不仅将俘获的3名海盗魁首献给清廷处置，而且一举摧毁了海盗巢穴江坪，将最难对付的海盗巨魁郑七俘获并斩首。

经此变故，在越南失去靠山和根据地的华南海盗，纵之归海，重新杀回了广东沿海。中国东南曲折漫长的海岸线，又将迎来风起云涌的一段历史。

3

1802—1805年，是海盗集团内部混战的3年。由于之前的海盗巨魁被越南阮福映或抓或杀，华南海盗一时群龙无首，各个帮派、每个盗首都想争夺老大的位置，彼此混战不休。

1805年，嘉庆十年，华南的海盗帮派终于坐下来，签订了一个协议。七大帮派的魁首，为了各自的长远利益，做出让步，一个松散的海盗联盟就此形成。

七大海盗帮派分别是：郑一（郑文显），红旗帮，船艇600-1000艘，人数 2 万—4 万；乌石二（麦有金），蓝旗帮，船艇 160 艘以上，人数大约 1 万；郭婆带（郭学显），黑旗帮，100 余艘船，人数 1 万；总兵宝（梁宝），白旗帮，约 50 艘船，人数不明；东海霸（吴智青），黄旗帮，船只、人员不明；金牯养（李相清），绿旗帮，船只、人数不明；郑老同（郑流唐），签约不久，就投降了清廷。

郑老同投诚之后，华南海盗联盟为六大帮派，分别领有几十到上千不等的船只，纵横驰骋，威赫一时。

这个联盟的核心，是实力最为雄厚的红旗帮帮主郑一。

郑一出身于海盗世家，祖上郑建据传是郑成功军队中的一名军官，后逃到广州湾，做了海盗。传到第四代，出了两个海盗巨魁，一个是前面讲到的郑七，西山政权中的海盗首领之一；另一个就是郑一，郑七的堂弟，之前也参加过越南内战。

郑一的影响力，源于旗下的船只和人员在海盗群体中占据绝对优势。而且，联盟中的其他两大帮——蓝旗帮和黑旗帮，都与他有很深的渊源。蓝旗帮老大乌石二，控制着整个雷州半岛，是郑一的重要合伙人。黑旗帮老大郭婆带，出身疍户，早年被郑一掳掠，并强迫入伙为盗，由于受到郑一的宠信而一步步做到一帮之主。

这些海盗帮派在雷州半岛和香港大屿山，建立了基地，取代原来的江坪，成为新的海盗巢穴。

1807 年 11 月，42 岁的郑一突然死于越南。有的说他被大风刮入大海淹死了，有的说他死于越南的一场战斗。

按照一般的剧情发展，一个权势极大的首领死去后，这个帮派要么散了，要么分裂了。但郑一死后，红旗帮不仅没倒下，声势还更加壮大。因为，接替郑一位置的那个人，也是一个传奇人物——郑一的遗孀石香姑，江湖人称"郑一嫂"，西方人叫她"龙嫂"。

郑一嫂，本是广东一名船上妓女，后被郑一掳去，娶为妻。但她不是一个普通女子，一入海盗团伙，自始至终均介入丈夫的海盗活动，在郑一生前就培植了自己的势力，并在红旗帮中树立起极大的权威。因此，在郑一突然去世后，她能很快实现权力的转移。

而协助她顺利掌权的，是她的得力助手、干儿子兼情人张保仔（本名张保，广东人习惯称其为张保仔）。

张保仔堪称华南海上最后一个大佬。

据可靠文献记载，张保仔是广东新会一个渔民家庭的儿子，15岁时随父亲出海捕鱼，遇到郑一的海盗帮劫掠，人被掳走。郑一见到张保仔，被他的"聪慧，有口辩，且年少色美"吸引，遂"嬖之"。后来，张保仔成为郑一的干儿子，两人关系日益密切，得到宠信后，张保仔很快升为海盗头目。

张保仔为人酷烈，有侠气，"每劫掠时，众有不前者则杀，得财悉瓜分，不事蓄积，掠人不妄害"。但他对郑一嫂忠心耿耿，遇事必先请而后行。郑一死后，郑一嫂很快就跟张保仔发生了性关系，通过这一层关系，更加巩固她的地位。在海盗联盟中，几乎都知道郑一嫂和张保仔表面是义母与义子，实际上是情人关系。

郑一嫂和张保仔掌权期间，海盗帮派制定了严苛的行为规范。比如劫掠来的财物要交给旗主统一分配，不得强奸女票，不许发生乱七八糟的性行为，等等。曾被红旗帮俘获的肉票、英国人格拉斯普尔，后来在回忆录中说，违反规定的海盗将受到鞭挞、监禁甚至凌迟，结果，所有海盗条令均得到严格执行，这"几乎令人难以置信"。

鼎盛时期，华南海盗联盟的"生财之道"主要有以下几种方式。

第一，劫掠商船，绑架肉票，绑架后勒索赎金。肉票的亲属一旦对赎金表示犹豫，他们会立即寄出肉票的一根手指或一只耳朵，以示恐吓，手段毒辣而残忍。他们唯一遵循的江湖规矩是，收到赎金，立马放人，从来没有发生食言的案例。在海盗眼里，最值钱的是洋人，被红旗帮绑架的英国人格拉斯普尔，最终花了7654西班牙银元才被赎回。

第二，控制粤西的运盐航线。海盗对运盐船队的劫掠把大盐商们都吓到了，盐商们直接向海盗交纳一笔保护费，以换取安全通行的权利。到后来，大盐商甚至为海盗提供粮食和武器，让他们为运盐船护航。这就变成了海盗帮派的固定收入。类似的生财之道，很快被海盗们用在了鸦片商身上。

第三，直接将势力向陆地上渗透，在华南沿海一些市镇、村庄收取保护费。那些抗命的市镇、村庄，难逃被夷为平地的厄运，上岸的海盗杀死男性村民，掳走妇女儿童。最嚣张的时候，海盗们公然袭击官军营地，抢夺武器弹药，无所畏惧。

他们会通过制造残忍的名声，来传播海盗的震慑力，对胆敢抵抗的商船船员进行非人的折磨，对待打击他们的水师船员，一旦掳获，不是凌迟就是开膛破肚，手段极其凶残。据当时的西方人观察，海盗们在参加战斗前，都会将火药掺入酒中喝下，有时甚至会吃下被掳者的心肝，借此壮胆。

他们劫掠的手段也十分卑劣。在打定主意劫掠一艘大商船之后，他们会先劫下两艘小渡船，把同伙安置在小渡船上，伪装成遭海盗袭击的样子，向大商船求救。当大商船出于同情实施救助，允许他登上船舱时，他们就露出真面目，与此同时，几艘海盗船靠拢过来，一起对大商船进行洗劫。

海盗联盟在郑一嫂、张保仔等人的带领下，在 4 年时间里规模扩大了一倍。1805 年，六大帮派大约有 800 多条船，到 1809 年，已经拥有 1800 条船和 7 万人。历史学者穆黛安说，这个规模是 1588 年英国舰队和西班牙无敌舰队两者规模之和的两倍。

而此时，广东水师的兵力和船只，仅为海盗联盟的 1/4 左右。

对于紫禁城内的嘉庆皇帝来说，该操心的远不止于此。

在华南海盗联盟势力最强盛的同一时期，帝国东南闽浙海疆也出现了一个海盗巨魁——蔡牵。南起福建、北至山东的广大沿海地区，都曾留下蔡牵的海盗帮进犯的痕迹。在其鼎盛时期，1805—1806 年，蔡牵自称"镇海威武王"，不断进犯台湾，想学郑氏家族独占台湾为长期据点。

嘉庆被帝国海岸线充斥的庞大的海盗势力彻底激怒了。他几乎对那些地方官员破口大骂："现在闽浙粤三省海盗这么猖狂，还不是各个衙门的官员胥吏，与这些海盗声息相通，提供庇护，收受财物导致的！"

4

1805 年春天，嘉庆寄予厚望的新任两广总督那彦成到位了。

这个满族高官，以镇压白莲教起义成名。嘉庆显然是想利用他的铁血个性，去广东发动一场清剿海盗的大行动。

但那彦成很快就领教到华南海盗这块硬骨头有多难啃。

广东的水师官兵惧怕海盗到了不可思议的程度,经常以船只坏了为由不出海缉盗。实在推诿不过,必须到海上巡查,他们大多时候也绕开海盗经常出没的海域。

而海盗的势力,确实如嘉庆所说已经渗透到了官兵内部。官匪相通,导致清廷发动的打击海盗行动屡屡失败。1805 年 3 月,广东巡抚孙玉庭得到一个海盗头目潜回老家陆丰县的密报,随即率兵前往搜捕。突然,一个官兵一声枪响,泄露了整个秘密抓捕计划,行动宣告失败。

雄心勃勃的那彦成,在当年 9 月份发起一场清剿广州湾海盗的战役。虽然官军出动全部主力,取得击毙海盗 600 名、俘虏 230 多名的战绩,但这点损失对于海盗联盟来说根本就微不足道,而官军却耗尽了精力。此后,广东水师再也打不动了,那彦成只得走回传统的老路子——改剿为抚。

那彦成把主要精力放在招抚海盗的计划上。他命人在沿海城乡遍贴"通谕口岸接济自首免罪""通谕裹胁难民杀贼投诚立功"等告示,规定一名海匪来投,可免其罪并赏银 10 两,海盗头目带队投诚还可额外得到官衔。

这个计划反响"热烈"。很多海盗纷纷带着据称是海盗大头目(实际上无法分辨是肉票或者无辜渔民)的人头,向官府投诚,目的是换取赏银和官位。在这一波投诚的浪潮中,官府至少接纳了 3000 名海盗,其中数十名匪首摇身一变,当上千总、把总等官。

但事实上,真正强悍的海盗,仍旧活跃在华南海面上,并且嚣张到时不时会对珠三角的重要市镇发起攻击和劫掠。那彦成对这些情况通通隐匿不报,只向皇帝汇报海盗已经到了穷途末路的假消息。直到广东巡抚孙玉庭揭穿了假象,指控那彦成向海盗滥赏顶戴银两,开了一个非常恶劣的先例。

孙玉庭在奏折中向嘉庆说,原本罪该万死的海盗,现在非但不问其罪,还加以重赏、授予官位,以致民间出现了"为民不如为盗"的俗语。

1805 年 12 月,任职不到一年的那彦成,遭到解职。后来被判充军,流放伊犁。

两年多后,1808 年初,一起悲剧发生了。

当时,浙江提督李长庚,追剿福建海盗巨魁蔡牵,在进入广东洋面后,进行了一整夜的战斗。但李长庚不幸被海盗船发炮击中，次日毙命。

这起悲剧对广东的官员震动很大，一个恪尽职守、力主剿匪的朝廷要员最终命丧大海，结局悲情。时任两广总督吴熊光的第一反应，是赶紧向嘉庆请求组建一支新舰队。

不过，吴熊光永远也等不到皇帝的批复了。

在他上奏之后，张保仔率领的海盗联盟就侵入珠江口，把战火烧到广州城外。70多岁的虎门总兵林国良在战斗中丧命。海盗们在后来的战斗中，几乎扫清了进入珠江的一切障碍，出入珠三角如入无人之境。1809年1月，吴熊光被撤职。

新任两广总督来不及到任，走到半路就死了。嘉庆只好临时更换人选，提拔汉军正黄旗人百龄为继任两广总督。

百龄是4年内的第四任两广总督。

百龄到任后，采取了两条措施，一是改海路运盐为陆路运盐，二是下令实行"海禁"。通过这两招，切断海盗的补给来源。

广东沿海居民苦于海盗肆虐，这次愿意配合官府的行动，出海的渔船纷纷回港，秘密为海盗提供粮食的内奸，也受到了严惩。海盗们撑不住了，纷纷上岸抢劫粮食。

1809年7月，虎门总兵许廷桂的船队被海盗围住。经过激烈的战斗，许廷桂最终被张保仔的红旗帮杀死，尸体抛入大海。这是一年时间内死于海盗之手的第二个广东总兵。

百龄知道，要击败强大的海盗联盟，官军并不可恃。他把最后的希望寄托在珠三角各地的精英和民众身上，发动团练，组织乡勇，通过人民的力量保家卫国。

这是一场惨烈的对决。一些市镇的村民组织起来，打赢了入侵的海盗，但另一些市镇，则遭到海盗们的疯狂报复，最终被洗劫一空，放火烧光。顺德一个村子，在海盗洗劫过后，带走了全村的妇女儿童，仅留下被杀村民的80个头颅，挂在村口的榕树上。

1809年下半年，整个广州城陷于恐慌之中，嚣张的张保仔张贴告示，要求百龄交纳赎金，换取广州安全。驻广州的英国领事馆报告称，大小河道出没无常的海盗船队，已经使清朝最繁盛的通商城市的进出口贸易十分糟糕。

澳门——葡萄牙人占据的贸易据点，也一度被海盗联盟围困。

在这种形势下，广东官员开始联合英国、葡萄牙的舰队对海盗联盟进行追剿。1809 年 11 月 20 日起，广东水师提督孙全谋率领百余艘兵船，会同葡萄牙舰队，突袭红旗帮的基地大屿山。这场旨在一举消灭郑一嫂、张保仔海盗集团的海战，在历史上被称为"大屿山（赤沥角）之战"。

战后，葡方海军向澳门报告，吹牛说他们摧毁了 1/3 的海盗舰队，但清朝方面则承认联合舰队在这次海战中失败了。当时被红旗帮绑架为肉票的格拉斯普尔，后来回忆说，联合舰队一字排开，对大屿山海盗基地进行轮番炮轰，但 9 天后，11 月 29 日，张保仔的船只都修理好了，算准风向和潮汐，起锚扬帆，轻易就突破了封锁线，一点也不把联合舰队放在眼里。

红旗帮以这样孤傲的姿态，证明了大清和葡萄牙联合剿匪行动的失败。

据说，张保仔在得意之际，曾命人给在澳门的葡萄牙长官写信，让对方提供 4 艘军舰，等他张保仔打下整个帝国之后，愿意以两到三个省作为回报。

这次清剿海盗的联合军事行动失利后，忧心忡忡的两广总督百龄，认为自己也逃不掉前面几任总督的相同命运了。

谁知，人算不如天算，在华南海盗联盟实力如日中天之时，崩溃的危机悄然到来。

5

一场内部分裂，毫无征兆地结束了华南海盗的黄金时代。

黑旗帮魁首郭婆带，推倒了第一枚多米诺骨牌。

郭婆带的命运跟张保仔很像，都是出身渔民家庭，少年时代被郑一掳获后，得到宠幸而加入海盗帮，晋升为海盗头目。跟所有海盗都不一样的是，郭婆带非常喜欢读书，船舱内藏着很多书，史书说他"手不释卷"。他的船头锦幡上写着两行大字：道不行，乘槎浮于海；人之患，束带立于朝。可见这个海盗头目的见识非同一般。

论资历和文化水平，郭婆带都在张保仔之上。但郑一死后，年轻干练的张保仔凭借与郑一嫂的特殊关系，扶摇直上，这引起了郭婆带等一批老资格的不满，只是碍于郑一嫂的情面而未发作。

有的文献记载说，郭婆带其实也倾慕郑一嫂，所以郭、张二人还是情敌关系。

在大屿山之战的尾声，张保仔率领船队冲出中葡联合舰队的包围圈后，曾派人给郭婆带送信，请求黑旗帮支援。郭婆带拒绝了。张保仔恼羞成怒，发誓要报郭婆带的不义之仇。两人的矛盾，自此公开化。

仅仅 10 天之后，黑旗帮与红旗帮就发起了一场摊牌之战。在张保仔与官军的一场对战中，郭婆带的船队突然出现，并围住了张保仔的退路，张保仔立即对其发起攻击。战斗的结果，郭婆带取得胜利，俘获了红旗帮 300 多人和 16 艘战船。

有了这次战绩作为筹码，郭婆带派人向朝廷释放了投首的诚意。

事实上，两广总督百龄在战胜海盗无望的情况下，也暗自采取了那彦成当年的做法——招抚。只是百龄比那彦成精明，没有一抚到底，而是边剿边抚，双管齐下，希望从内部攻破海盗联盟的堡垒。

百龄等到了这一天。

1810 年 1 月，他亲自赶往归善县，在那里接待了黑旗帮魁首郭婆带和黄旗帮一名重要头目冯超群。两名海盗首领带来 5500 多名海盗、110 多艘帆船和 500 门火炮，向朝廷投诚。郭婆带还交出了不久前俘获的红旗帮 300 多名海盗。

作为回报，百龄赏予郭婆带把总的官衔。

郭婆带的投诚，起到了极大的示范作用。很快，投诚的海盗达到了 9000 人。当初六大帮派的海盗联盟，无形中被瓦解了。

张保仔的红旗帮，依然实力雄厚，但他已经开始怀疑与朝廷对抗下去的意义。在上一年，1809 年，福建海盗巨魁蔡牵在得到张保仔和乌石二的援助后仍然被官军击败，死了。华南六大帮派之一，白旗帮帮主梁宝也在这一年死了。现在，与他反目的黑旗帮帮主郭婆带投降了朝廷。中国海盗衰歇的势头，看来是越发明显了。

张保仔可能是第一次感受到了孤独和孤立的滋味。他也动了投诚的念头。

他派人与官府接触，试探投诚的可能性与条件。

就在郭婆带投诚一个多月后，张保仔与百龄第一次会面，谈条件。张保仔坚持朝廷要给他保留80艘船和5000人，而他将以这支队伍加入清剿华南其他海盗的行动。百龄则认为，如果是真心来投，就应将船只器械全部上缴，将来随同官兵出海剿匪，戴罪立功，还怕没船、没人？

史载，在双方谈判过程中，突然有10艘英国船开炮驶过。张保仔十分警觉，怀疑官府与洋人背后有阴谋，立马率队离开珠江口，驶出外洋。谈判因此中断了。

此后，张保仔投诚之事一直陷于胶着状态，没有突破性进展。直到两个月后，郑一嫂出马，才打破了僵局。

1810年4月，郑一嫂不顾众人反对，仅带了一队妇女儿童，前往广州面见百龄。她始终要求百龄承诺给张保仔保留一支船队，最后，百龄屈服于她的要求。

数日后，张保仔、郑一嫂的红旗帮有17318名海盗、226艘帆船和1315门火炮，向广东当局投诚。当局则授予张保仔千总的职衔，允许他保留一支有二三十艘帆船的船队。同时，郑一嫂被准许嫁与张保仔。

至此，驰骋华南海域十余年的第一海盗大帮，烟消云散。

张保仔、郭婆带双双受命于朝廷，开始率水师亲征，围剿广东西南洋面上的海盗余部。

同年夏，黄旗帮帮主吴智青（东海霸）降清，蓝旗帮帮主麦有金（乌石二）被斩获。广东海盗余部遂告土崩瓦解。中国大规模海盗活动的高潮，落下了帷幕。

在投诚7个月后，张保仔被调往福建任参将。两年后，1813年，他和郑一嫂有了一个儿子。再后来，张保仔被擢升为福建闽安副将，委任到澎湖驻守，郑一嫂被诰封为命妇。就在张保仔还可能进一步升迁的时候，1820年，监察御史林则徐向朝廷上奏，提出"勿忘台湾郑氏"，意见被朝廷采纳。从此，张保仔再没有升职，以副将终身。

1822年，道光二年，张保仔病死于澎湖任上，终年36岁。郑一嫂第二次成为寡妇。

两年后，郑一嫂带着11岁的儿子回广东南海县定居。据说她在家祠中供奉着两广总督百龄的画像（百龄死于 1816 年）。

到 1840 年，时任两广总督林则徐翻起张保仔的旧案，上奏说，张保仔"所聚大小匪艇数百艘，盗伙数万人，劫掠商民，戕伤将士，其罪逆更有甚于郑一，粤省滨海村庄，受其荼毒之惨，至今闾巷传闻，痛心切骨"。意思是，这样的人即便投诚了，也是朝廷罪犯，无法洗白。在林则徐的建议下，朝廷褫夺了郑一嫂"命妇"（朝廷命官之妻）的头衔。

在生命最后的日子里，作为曾经最为传奇的女海盗，郑一嫂开了一家赌场，过着淡漠的生活。她老死于 1844 年，终年 69 岁。

6

随着雄霸帝国海疆的大海盗相继被剿灭或被招安，嘉庆终于在他统治的后期实现了海不扬波。

但是，仅仅过了 30 年，当英国的战舰从海上来，用坚船利炮轰开了帝国的大门，他的继承人道光皇帝感受到了一种更深刻的来自海上的屈辱。后来的史学家定义这个时期为"嘉道中衰"，说明道光朝承受的屈辱，嘉庆朝是脱不了干系的。

美国历史学者安乐博说，1520—1810 年是中国海盗的黄金时代，中国海盗无论是在规模上还是在范围上，一度都达到了世界其他任何地方的海盗均无以匹敌的地步。

但在 1810 年，以张保仔为首的海盗帮派被招安或被剿灭后，清政府未能抓住这一向海洋发展的良机，仍然执行内收性海洋政策，将掌控海洋社会权力的胜利果实丢弃掉。

对于海盗的投首，清政府虽然表现出了相当的宽容，赦免其罪，赏赐官位，但在对投首海盗的安置上却出现了极大的失误——绝大部分擅长海上作战的海盗，被强行遣散至内地，并令地方官严加管束，永远扼杀了他们再次涉足海洋的机会。

从某种意义上说，帝国海盗的消失，是大清帝国的胜利，却是构建海洋帝国的失败。

史学家已经达成共识，这是大陆性王朝的统治思维使然。大陆性王朝"总是充分利用大陆资源，以消灭海盗为第一目标，把国家水陆武装力量用于禁海迁界，以断绝沿海对海盗势力的交通接济为海防的不二法门。王朝国家这种与海盗海商势力势不两立的姿态，是中华民族在近代以来迭遭不幸的一大根源"。

与此相对应的是，西方的海洋性王朝。最早的海上霸主葡萄牙和西班牙，无一不是通过海盗方式向世界扩张并掠夺财富；继起的荷兰，靠劫掠葡、西的商船起家，以"海上马车夫"闻名于世；给中国造成近代民族创伤的英国，更是公开支持本国海盗对其他国家的掠夺活动，同时限制其对本国商船的劫掠。正如英国女王伊丽莎白的宠臣雷利所说："谁控制了海洋，谁就控制了世界贸易，而谁控制了世界贸易，谁就控制了地球的财富和地球本身。"

海盗，在这些国家的海上力量建设中，均扮演了重要角色。

同一历史时期，中国也曾出现海盗的黄金时代，结局却是另一种命运。

明朝中期以后，汪直、郑芝龙等海商海盗集团，不仅要对付国外的海上竞争力量，还要迎接来自本国朝廷的剿杀。尽管如此，他们对本国朝廷仍有强烈的体制认同心理。也正因此，汪直才会被明朝诱捕而后杀死，而郑芝龙也才会最终投降清朝，并在儿子郑成功东渡台湾后，失去诱饵作用而被处死。

明清两朝对于来自海上的力量都有相同的惧怕，惧怕的结果是要全力杀死它而后心安。

1805年，当英国通过特拉法尔加海战最终确立全球海上霸主地位的时候，中国华南的海盗联盟也达到了权势巅峰。但是仅仅5年后，这股孤立于帝国海疆的强大势力，就以表面被招抚、实际被遣散的命运收尾。归根到底，他们无法像在西欧国家一样，被接纳成为合法的海上力量。

中国的海上力量，在官匪对抗的结构中，不仅不能一致对外，反而互相内耗，最终无可挽回地走向了衰落。

如今，我们回望这段历史，仅能得出一个悲剧性的结论：

19世纪第一个十年，中国海盗的最后一个传奇时代，留下了恐怖而血腥的历史记忆，留下了郑一嫂和张保仔的历史传奇，却没有留下一点点有利于时代与国家进步的历史贡献。仅此而已。

李鸿章在广东的一段日子

李鸿章开始"解冻"了。

1899 年，因为此前甲午战争战败，被大清帝国当成替罪羊贬黜"冷藏"达四年之久的原直隶总督兼北洋大臣李鸿章，终于等来了"复出"的机会。

这一年，大清帝国的实际控制人慈禧给李鸿章下了一道懿旨，让他前往广东担任两广总督清扫地方势力。从 1895 年签订《马关条约》后被千夫所指、被迫一直赋闲在家的李鸿章，此时终于看到了自己东山再起的希望。

李鸿章迅速南下。从 1900 年 1 月 18 日抵达广州，到当年 7 月 17 日离开广州北上，按照当时八国联军统帅瓦德西的日记记载，李鸿章在短短半年间，在广东下令处决的民间暴徒及"盗匪"多达近六万人。也就是说，李鸿章每月下令处决的人就达万人之多。

如果这一切属实，那李鸿章将是中国古代社会中管理地方治安的"佼佼者"。

1

说起来，这一年的大清王朝早已失去了对社会治安的控制力。

早在太平天国爆发前夕，1850 年，清朝兵部右侍郎赵光面对大清国内暴力之徒与盗匪蜂拥而起的局面，就曾经忧虑地说："近来盗风愈炽，直隶、山东陆路行旅，往来多被抢劫。两湖三江连年水灾，盗贼日众。至如河南之捻匪，四川之啯匪，广东之土匪，贵州之苗匪，云南之回匪，又皆肆意横行，目无法纪。且到处都有邪教、会匪，各立名目，煽诱乡愚，胁从既众，蹂躏尤多。"

社会秩序的濒于崩溃，突出的表现就是民间非法组织与盗匪的崛起，而广东"盗甲天下"的"威名"，更是成为历任广东官员的头痛大事。

著名政治强人岑春煊在 1898 年出任广东布政使，临行前，光绪皇帝就特别嘱咐他说："广东土匪甚炽，到任后宜设法剿办。"但这个任务，连此前的政治强人、晚清中兴名臣，曾经担任两广总督的张之洞也束手无策。

对于当时广东治安的恶劣，1897 年 1 月，澳门《知新报》报道说："地球各国，盗贼之多，以中国为最；中国盗贼之多，以广东为最。"

1899 年 11 月的《广东日报》，甚至直接发表文章《说贼》指出："今日广东，贼之密布如棋局，遍地皆贼，官无文武，皆以防贼为虑；家无贫富，皆以防贼为虑……翻阅省港各报，其内地纪闻一栏，纪贼之现象者，十事而六七。"

而与盗匪横行相结合的，是广东作为反清抗清的前沿阵地。从明末清初以来，以"反清复明"为宗旨的天地会等众多秘密会党就活跃于广东地区，随着时间的演化，这些起初带着政治色彩的帮会组织逐渐蜕化，演变成更为纯粹的"地头蛇"和匪徒。

这些会党帮会，通过"拜会"等方式扩充队伍、收取会费，再通过绑票勒索、强收保护费、开设"黄赌毒"等产业，不仅形成了庞大的"黑色经济"，而且与当时广东地区的政界、军队相互勾结，俨然成了广东境内的"二政府"，使得晚清时期的广东，治安极度混乱，政府公信力下降。

2

连本土的大清政府都不忌惮，广东的"地头蛇"，自然也不忌讳洋人。

当时，自从在中法战争（1883—1885 年）中不胜而胜后，法国势力开始入侵到湛江等地所在的广州湾地区，而湛江民众包括会党武装在内，则在当地官员带领下，公开与法军战斗周旋；而自鸦片战争以后，一直不断入侵广东内陆江河地区的英国商人，则在西江等水域频频被抢劫、刺杀，在此情况下，1899 年 12 月，觉得"忍无可忍"的英国驻华公使向大清总理衙门发出了措辞强硬的照会，表示鉴于广东盗风猖獗，英国军队将准备进入广东，自行剿匪。

面对英法等列强的干涉威胁，为了杜绝外国势力入侵渗透，守住帝国的南大门广东，慈禧最终想到了已被闲置达四年之久的李鸿章。

另外在慈禧看来，除了盗匪、帮会和列强势力，广东自古出反贼，从太平天国的洪秀全，到参与戊戌变法的康有为、梁启超，再到当时开始崛起的革命党孙中山，这些人个个都是大清帝国和她本人的心腹大患，因此她急需一个强势人物来帮助清廷守住广东、镇住南方，这个得力人选，在当时除了李鸿章以外，几乎无人能够担当。

更何况，李鸿章自从 1895 年甲午战败被当成替罪羊贬黜后，慈禧本人也一直想着找机会扶持李鸿章东山再起，而将李鸿章直接从闲职提拔进入中央，难免议论多多。因此，让李鸿章赴任两广总督这一把守帝国南大门的要职，不失为让李鸿章伺机再起的良好跳板，在这种背景下，自 1895 年后一直被称为闲人一个的"伴读宰相"李鸿章，兴高采烈地前往广东赴任了。

3

自古新官上任三把火，更何况是一生精明强干、位列晚清四大中兴名臣之列的李鸿章。

在李鸿章看来，能否在广东顺利解决治安问题，是关乎自己政治复兴的硬考核，为了筹措打黑经费，李鸿章首先祭出了出人意料的一招：开赌筹钱。

1900 年 1 月 27 日，到任仅 10 天的李鸿章，在清廷的批准下，全面放开了广东的赌博行业，以广开财源充实广东财政，另外则利用赌税操练队伍、重拳出击。

对于此前清廷的屡次失败，李鸿章明白，缺钱是其中的重要原因。此前，清廷缉捕、拘押、押解犯人的费用全部都要由作为地方政府的州县承担，并且盗匪案件发生后，所在州县如果不及时破案抓获盗贼，州县长官还会被牵连处罚。

为了避免摊上事儿，当时清廷的地方政府纷纷避重就轻，即使在发生盗匪案件后，也往往压制不报——例如 1843 年和 1844 年，广东顺德境内的两大帮会三合会与卧龙会两次发生大规模械斗，而地方官员竟然嘱咐当地民众切勿"声张"，以免事情被发现后，地方政府受到责罚。

更有甚之的是，当时广东境内不少军队士兵和退伍军人，甚至直接加入帮会组织，公开"下海"劫掠烧杀，对此，同样作为晚清四大中兴名臣之一、曾经担任两广总督的张之洞也只能无奈地说："近年海防多事以来，各路投营遣撤之游勇，纷至沓来，纷纷勾结土匪，打单吓财，入村拦路，劫掠惨杀。"

为了筹措经费，李鸿章顾不得危害，开始允许广东赌博业合法化并从中收税，还任命自己的心腹刘学询公开承包经营当时的博彩"闱姓"，以及山票、铺票、番摊、彩票等当时一度被禁止严查的地下博彩。在获得李鸿章的默许后，刘学询开始利用自己的权力成立"宏丰"公司经营广东赌业，从而一跃成为当时广东的"赌王"，而他的"贡献"，就是为饮鸩止渴的李鸿章提供了充足的赌税以支持剿匪和除恶事业。

在赌税提供的充足财源支持下，从1900年1月到任两广总督后，李鸿章随即开始了在广东境内轰轰烈烈的打击帮会行动，为此他整顿团练、保甲，甚至派出正规军深入农村清乡，还成立了专门的负责机构——缉捕总局，这也算是中国历史上最早的专业打击"地头蛇"机构之一。

在李鸿章看来，仅仅打击而不杀不足以震慑粤省。由于当时的死刑核准权仍然在朝廷手中，为此，李鸿章特地向清廷请求，暂时获得了在广东境内重新启动"就地正法"的特许权。也就是说，当时李鸿章派出的缉捕队伍，可以在广东境内随地捕杀任何他们眼中的匪徒分子，至于是非标准，则完全由缉捕队员们自行判断。

在这种死刑核准权被极大放纵的情境下，李鸿章派出的缉捕队伍也开始在广东大开杀戒。

在李鸿章开始大规模行动起来后，1900年3月1日，澳门《知新报》曾报道："半年以来各属拿获正法不下数百余名"，然而此时，李鸿章的打黑才刚刚开始，《知新报》发出报道后十多天，1900年3月14日，李鸿章正式拿到了清廷批准广东缉捕人员对犯人"就地正法"的核准权。在这个"尚方宝剑"的"荫护"下，李鸿章的治安管理行动开始迅猛推进。

对于李鸿章在广东清理帮会时期的杀人数量，当时的八国联军统帅瓦德西在他的日记中写道，他从各种消息获悉，李鸿章在1900年主政广东的半年（1月18日至7月17日）间，在广东处决"盗匪"近6万人。

尽管瓦德西的这一记载显得很夸张，但也并非空穴来风，在李鸿章雷厉风行的打击下，1900年的广东开始到处人头落地，一时腥风血雨。而广东境内的"地头蛇"们和盗匪慑于李鸿章的威力，也一度销声匿迹。

4

但小贼可抓，大寇宜纵。

尽管李鸿章对于当时广东境内的帮会成员盗匪下手毫不留情，但对于康有为、梁启超等保皇党人，以及孙中山等革命党人，他却暗自懂得"养寇自重"的道理。于是，他对康、梁以及孙中山等革命党人基本持消极放纵态度，尽管在慈禧看来，打击康、梁以及孙中山等人是更为重要的政治任务。

1900年2月12日，慈禧命人电令李鸿章，命其让人去刨掉康有为和梁启超的祖坟，"逆党康有为、梁启超、逃往外洋。日久未能弋获。该犯等罪大恶极。神人共愤。其广东本籍坟墓。著李鸿章查访确实。即行刨毁。以儆凶邪"。

但对于这一要求，李鸿章却故意拖延推挡，一直到当年3月，李鸿章才向清廷复电说："惟虑激则生变，铲平康坟，似宜稍缓。"对于李鸿章对康、梁两人祖坟的保护，康有为后来还特地写信向李鸿章致谢。

在李鸿章看来，强力打击盗匪和黑帮，是堵住英法等列强嘴巴，稳住广东治安形势的必需动作，但如何处理与康、梁以及孙中山的关系，则是需要政治智慧的。

也因此，李鸿章在主政广东的半年间，只是简单管理社会治安，但对慈禧眼中牵涉政治的"巨匪"康有为、梁启超和孙中山等人及其家族、祖坟等，却故意予以"保护"和回避。这一方面是他对康、梁以及孙中山的改革主张抱有同情；另一方面，则是李鸿章深深懂得"养寇自重"的道理——政治犯们假如都干掉了，那还需要打手干什么？

兔死狗烹的道理，李鸿章比谁都懂。

5

李鸿章"重拳出击"和"养寇自重"的背后，则是大清帝国更为凶险的政治波澜。

就在李鸿章抵达广州的第八天，1900 年 1 月 24 日，从戊戌变法后就一直图谋废除光绪帝的慈禧，通过清廷官方宣布册封当时仅有 15 岁的端王载漪之子溥儁为皇子（大阿哥），史称"己亥建储"。

当时，慈禧先是让人对外假称光绪"病重"，意图加害光绪帝。在遭到列强和逃到海外的康、梁等保皇党人的强力反对和谴责后，慈禧又想出歪招，试图通过册封"大阿哥"的建储方式，来渐进废除光绪皇位。

列强担心慈禧指定的大阿哥溥儁上台后清廷内部的保守和排外势力会甚嚣尘上，因此普遍倾向于支持意图改革的光绪帝，慈禧为此恼羞成怒。当时，恰好义和团势力迅猛发展，八国联军进攻大沽炮台，慈禧决定联合所谓"拳民"，清政府于 1900 年 6 月 21 日发布诏书正式向帝国主义列强宣战。

与列强进入战争状态后，慈禧接连电令要求南方各省封疆大臣率兵北上"勤王"，而刚刚通过扫黑除恶、稳住广东局势的李鸿章，则与两江总督刘坤一、湖广总督张之洞、闽浙总督许应骙、山东巡抚袁世凯、浙江巡抚刘树棠、安徽巡抚王之春等人公开抵制慈禧命令，坚持认为"乱民不可用、邪术不可信，兵衅不可开"，拒绝服从慈禧命令，李鸿章并且公开指斥慈禧的宣战令是"此乱命也，粤不奉诏"。

随后，两广总督李鸿章、两江总督刘坤一、湖广总督张之洞等人领导下的南方各省私下与帝国主义列强达成协议，并通过表态保护列强在华人员安全、支持列强权益的形式，来换得列强对南方各省的不予入侵和干涉，这就是庚子事变中著名的"东南互保"事件。

正是在李鸿章等人的正确认识和联合抵制下，大清帝国尽管在庚子事变中北方大乱，却仍然保证了南方各省等财赋贡地的和平安宁，这不能不说与李鸿章等人的远见卓识息息相关。

与列强战争打响后，1900 年 7 月，慈禧将李鸿章从两广总督任上紧急调任恢复为直隶总督兼北洋大臣，并不断电报催促李鸿章北上助阵。但李鸿章在从广州乘船抵达上海后，鉴于甲午战败后成为清廷背锅侠的前车之鉴，便以身体不适为由故意停留在上海观望局势。一直到当年 8 月 14 日八国联军攻入北京，慈禧裹挟光绪帝仓惶西逃后，李鸿章才在慈禧的电令下极不情愿地前往北京。

至此，李鸿章在广东为时半年的治安管理行动，也在大清王朝狂暴的政治风雨中黯然收场。

尽管希望通过广东一行以自重，来为自己的东山再起塑造资本，但为庚子事变收拾残局，却是经历过《马关条约》后身败名裂的李鸿章所极度抗拒的。作为大清帝国的臣子，他又似乎别无选择。

李鸿章抵达北京后，被迫代表清廷与八国联军签订了丧权辱国、赔款高达 4.5 亿两白银的《辛丑条约》。而在甲午战争和庚子事变后，两次为慈禧和清廷担任背锅侠的李鸿章，也在广东扫黑除恶的意气风发后，为清廷耗尽了毕生心力，1901 年 11 月，李鸿章最终在北京城外的贤良寺吐血身亡。

临死前，这位大清帝国的所谓中兴名臣向周围人留诗一首，他写道：

劳劳车马未离鞍，临事方知一死难。
三百年来伤国步，八千里外吊民残。
秋风宝剑孤臣泪，落日旌旗大将坛。
海外尘氛犹未息，诸君莫作等闲看。

李鸿章死后，广东的盗匪与"地头蛇"们开始再度崛起。

而戏剧性的一幕出现了，失去了政治强人李鸿章压制的广东帮派与会党中人，则先后参加了由孙中山和黄兴等人领导发起的"十次起义"中的广州起义、惠州七女湖起义、潮州黄冈起义等九次革命起事，为推翻大清王朝起到了重大作用。

武昌起义爆发后，1911 年 11 月 9 日，在由广东会党武装参与组成的十多万民军的进攻压力下，两广总督张鸣歧被迫宣布广东独立。随后，十多万民军开进广州城内，揭开了民国广东更为混乱的政治时代。

铁路之于晚清的那些事

1

1876 年 7 月 3 日，上海的市民发现了一件很好玩的东西。

这一天，由英国怡和洋行主持修建的中国境内第一条铁路——吴淞铁路上海至江湾段正式投入运营，对于当时老百姓的反应，《申报》在 1876 年 7 月 10 日一篇名为《民乐火车开行》的新闻中写道："此时所最有趣者莫如看田内乡民……或有老妇扶杖而张口廷望者，或有少年荷锄而痴立者，或有弱女子观之而喜笑者，至于小孩或惧怯而依于长老前者，仅见数处则或牵牛惊看似作逃避之状者，然究未有一人不面带喜色也。"

对于火车这个新鲜事物，上海市民们接受度很高，纷纷来体验一把"速度与激情"："华客即持照纷纷上车，并有妇女小孩等，更有妓馆中之娘姨大姐满头插遍珠兰栀子花，香气四溢。""车辆往返每日六次，而客车皆拥挤无空处，即城内终年几不出门外半步者，闻有此事亦必携家眷一游。"

坐火车的人实在太多，当时，总里程接近 10 英里（14.5 公里）的吴淞铁路里程，每月利润近 980 英镑，1 年可达到 1 万多英镑，与英国国内铁路的日均利润相当。

但对于这个展现出不凡盈利能力的新鲜事物，大清帝国的官员们，很是恐慌。

其实早在 1825 年，英国就已建成了世界上第一条蒸汽火车铁路。然而大清帝国对此并不感冒，1865 年，英国商人杜兰德在北京宣武门外，沿着护城河修建了一条只有 1 里长的小铁路，目的是刺激封闭排外的中国人。

果然，这条铁路修成后，"京师人诧所未闻，骇为妖物，举国若狂，几致大变"。负责京师治安的步军统领衙门赶紧出手，以"观者骇怪"为由，"饬令拆卸，群疑始息"。

在中国建铁路如此之难，英国人于是想曲线运作。1872 年 10 月，恰好同治皇帝大婚，于是英国人趁机向清廷总理各国事务衙门汇报说，他们打算修建一条铁路送给同治皇帝，作为他的大婚礼物。毫无意外，这个建议被清廷直接否决。

此时，世界各国的铁路建设运动正蓬勃日兴。面对封闭守旧的大清帝国，美国人决定"明修栈道、暗度陈仓"，在美国人看来，"想从中国政府得到（修铁路）正式的许可是徒劳的"，只有"先正式买地，然后突然把铁路造起来，也许能受到（中国当局的）容忍"。

1872 年底，美国驻上海副领事布拉特福建立了"吴淞道路公司"，向上海道台沈秉成申请购买一块土地，修筑一条"寻常马路"。沈秉成信以为真，就同意了。于是，布拉特福购买了上海至吴淞沿线长约 14.88 公里、宽约 13.7 米的土地。

不过，由于"吴淞道路公司"资金短缺，无法完成修建工程，就连公司带土地一起卖给了英国怡和洋行。于是，英国怡和洋行将"吴淞道路公司"改名为"吴淞铁路公司"，并于 1874 年 12 月正式启动铁路工程，开始铺设铁轨。此时，清朝官员们缓过神来，于是多方与英国人交涉，没想到英国人就是不让，于是，到 1876 年 7 月 3 日，吴淞铁路上海至江湾段正式投入营运。

中国境内第一条铁路的通车营运，让大清帝国的官员们恼怒不已，在他们看来，上海江浙一带为清朝的财赋核心，修建铁路将让洋人们得以长驱直入帝国的核心，容易"资敌"；并且铁路大量占用民田、拆迁民宅坟墓，破坏风水；而面对帝国日益膨胀的人口，铁路的建成，将使得沿线的舟车挑夫、行栈铺房无以为生，失业流散，所以有句话说，"必将聚为流寇"。

于是，就在中国第一条铁路吴淞铁路通车后仅仅三个月，1876 年 10 月，清廷方面就与英国签订了《收买吴淞铁路条款》：吴淞铁路由中国以 28.5 万两白银的价格买断，分三期付清。一年后，1877 年 10 月，在付清钱款后，清廷正式买回了吴淞铁路，并不顾英国、美国方面的强烈反对，将吴淞铁路的路基、站房全部拆毁，车厢、机车、铁轨等则运往台湾。

在仅仅短命存在一年时间后，中国的第一条运营铁路至此被彻底拆毁，与民间的喜闻乐见不同，清廷上上下下的统治者们，始终心怀疑虑，很多士大夫的见识，甚至还不如喜欢坐火车的上海"妓馆中之娘姨大姐"。

2

吴淞铁路一年即告夭折的命运，也让清廷洋务派的领军人物李鸿章心急如焚。

此前在1872年，面对俄国出兵侵占新疆伊犁，清廷却由于路途遥远、兵力运输困难难以抗敌时，李鸿章就借机提出改"土车为铁路"的主张，并指出如果不修建铁路，中国将无法及时向幅员广阔的边境地区运送兵力和物资。当时，俄国人对东北和新疆垂涎三尺，英国人则对西藏、云南和四川蠢蠢欲动，但面对边境地区日益涌动的不安局势，朝臣们对李鸿章提出的建议"闻此议者，鲜不咋舌"，他们都认为李鸿章的想法实在太过荒谬。

1874年，日本派兵侵略台湾，面对海疆告急的形势，李鸿章再次提出修建铁路的主张，并呈请清廷先建造从北京到江苏清江浦的铁路，以打通南北动脉，然而清廷对此并不以为然。

形势愈发逼人，1876年，就在英国人在中国境内正式开建第一条铁路吴淞铁路时，李鸿章开始鼓动隶属自己淮军派系的福建巡抚丁日昌，让他上书建议清廷，说台湾远离大陆（当时台湾仍归福建管辖），只有修铁路、架电线才能防外安内，否则日军等列强将去而复来。清廷对此毫无所感，只是在1877年将吴淞铁路赎买拆毁后，准许将部分铁路材料运往台湾，然而由于缺乏资金和技术、人才以及决心，这些铁路材料长期在台湾风吹雨淋，久而久之，竟然成了一堆废铁。

也就在中国第一条铁路吴淞铁路被拆毁的这一年，1877年，中国早期实业家唐廷枢在直隶总督兼北洋事务大臣李鸿章的指派下，筹建了中国历史上第一个采用近代采煤技术的煤矿——开平矿务局。

当时，随着北洋海军、南洋海军的建立，不断增加的官办和商办企业，以及军舰对煤炭的需求与日俱增，为了改变当时必须依靠进口煤炭的格局，李鸿章于是指派唐廷枢正式筹办开平矿务局。但开平煤矿存在一个问题，就是煤矿位处唐山内陆，如果要外运销售，距离最近的出海口北塘河口还有90里陆路。

为了外运煤炭，李鸿章于是在1879年再次上奏清廷，请求准许建造一条运煤铁路，解决开平煤矿的外运问题。起先，慈禧同意了建造铁路的请求，然而满朝文武大臣却极力反对，在他们看来，唐山是清东陵的所在，在此地修建铁路，不仅惊动祖先陵寝，而且"震及龙脉"，万不可行，于是，慈禧又收回成命，严词拒绝。

无奈下，李鸿章只好另外开辟一条从天津芦台到唐山开平的运河，试图通过运河来运送煤炭。但运河挖到胥各庄时，由于地势太高，运河被迫阻断，有了此前多次被拒的经验，很懂得"曲线救国"的李鸿章于是向清廷上奏说，运河从海边修建 35 公里，到达胥各庄时已经无法再行挖掘，因此请求剩余的路段，可以修建一条"快车马路"来连接开平煤矿。

听到是要用马车来拉，顽固派们这次也不好再行阻挠，在此情况下，中国历史上由中国自建的第一条标准轨运货铁路唐胥铁路正式开建，铁路从唐山起至胥各庄（今丰南县），并于 1881 年 6 月正式动工。到当年 9 月，全长 9.7 公里的唐胥铁路正式竣工，并于当年 11 月 8 日正式通车。

李鸿章修建的唐胥铁路，名义上虽为"快车马路"，实际却是一条地地道道的标准化铁路。为了减轻反对阻力，唐胥铁路前期先是用马拉火车的方式运输，到第三年的 1883 年，李鸿章借口因中法战争用煤量激增，上书强烈请求准许用正式的机车火车头进行动力牵引，至此，清廷终于解除了对火车头的禁令，在中国的大地上，历经千辛万苦，火车，终于跑起来了。

3

唐胥铁路虽然开建了第一段，但清廷中的顽固派，对于在国内修建铁路却仍然疑虑重重。为了取得突破，善于公关的李鸿章直接从慈禧下手，出手阔绰，直接就给老佛爷在中南海里修建了一条铁路，这就是后来的西苑铁路，不仅如此，李鸿章甚至还远从法国给慈禧订购了 6 节车厢，让慈禧亲自享用。

眼看火车进了北京城，慈禧很是好奇，于是经常乘坐这列火车游玩，只不过与众不同的是，慈禧不喜欢用火车头牵引火车，而是下令让太监们用人力在铁轨两旁拉动火车，尽管李鸿章送出的火车退化成了"人力火车"，但开了眼界的慈禧很高兴。

体验过人力火车后，在慈禧的支持下，1887 年，唐胥铁路终于被允许延伸铺设至芦台，1888 年又延伸铺设至天津。

然而，随着筹建北洋海军、修筑铁路后，李鸿章所属的淮系实力也在不断扩张，对于清廷来说，自从太平天国（1851—1864 年）运动以来，湘军和淮军相继崛起，尽管曾国藩自裁湘军、湘系实力受到重挫，但淮系却趁机崛起，如果任由淮系继续发展，未来势必将难以控制。

为了压制淮系实力，作为清廷忠实拥趸的两广总督张之洞此时提出一个建议，说淮系的唐胥铁路占用了很多财政银钱，大清国眼下最需要打通的，其实是从北京到武汉、广州一带的南北交通大动脉。因此他主张修建一条从北京卢沟桥延伸到汉口的卢汉铁路（京汉铁路）。

面对张之洞的建议，为了协助削弱李鸿章和淮系的势力，隶属湘系的曾国藩的弟弟、两江总督曾国荃也暗中叫好，并期望通过修建卢汉铁路来牵制李鸿章，李鸿章对此很是恼火，直接对着张之洞说："自愧年衰力薄，不获目睹其成耳！"

李鸿章的意思是说，你就自己搞吧，我老了，怕是看不到卢汉铁路通车的那一天了。

就在李鸿章进退两难之际，俄国开始加紧修建中东铁路（中国东方铁路），并试图入侵东北。面对俄国人对于满人"龙兴之地"东北的咄咄野心，李鸿章趁机提出，应该暂缓卢汉铁路的修建，改而先修建山海关内外的关东铁路以加强防务。

当时，李鸿章准备将已经从唐山修建到天津的铁路，进一步延展至山海关，再经山海关出沈阳、往吉林，就在 1894 年甲午战争爆发前夕，从唐山延伸至山海关的铁路正式通车。

然而就在这时候，慈禧决定挪用海军军费，以及原本计划修建从山海关到沈阳的铁路经费，来为自己的六十寿辰祝寿，此后，李鸿章的铁路计划被迫停歇。不久，在甲午战争中，被挪用了军费的北洋海军惨败，而在陆地战争上，缺乏铁路等快速运送兵力和战争资源渠道的清廷也在朝鲜和东北全面惨败。

甲午战败后，李鸿章迅速从权力巅峰跌落，而俄国人的中东铁路则从 1897 年开始入驻东北修建，1903 年 7 月，全长 2400 公里，从满洲里延伸至哈尔滨、长春和旅顺，纵贯整个东北的中东铁路全面通车，而筹谋东北铁路的李鸿章，则在中东铁路通车前两年的 1901 年，在甲午惨败和庚子事变后的郁郁寡欢中，最终吐血身亡。

作为洋务派中身体力行的最出色者，李鸿章对于中国铁路事业的宏图伟略，最终在清末的乱世中化为泡影。

4

1895 年甲午战争失败后，随着李鸿章的失势，张之洞作为洋务派的另一代表，开始迅速崛起。

面对甲午战争失败后的危亡局势，以慈禧为首的清廷也开始幡然醒悟，转而全力支持开建铁路，在此情况下，1898 年底，由张之洞倡导的卢汉铁路从南北两端同时开工，到 1906 年全线通车，铁路全长 1214 公里，并改称京汉铁路。

这一时期，中国铁路迅速推进，京张铁路等一系列铁路也陆续开建。而在铁路督办大臣盛宣怀"借款筑路"的策略经营下，从 1896 年到 1906 年，清廷先后借外资共计 1.8 亿余两，修建铁路 2100 多公里，是此前 30 余年的 6 倍，清末这一时期建设铁路的成绩，甚至超过了民国前 20 年（1912—1931 年）所修铁路的总长度。

而铁路的大发展，也给清廷带来了意想不到的丰厚收入。

以卢汉铁路（京汉铁路）为例，1905 年，卢汉铁路先是分段竣工通车，仅这一年，所得的净利就达到了 237.5 万两白银，到 1906 年卢汉铁路（京汉铁路）全线通车后，所得净利更是达到了 353.4 万两，其中外资方一年便可分享红利 60 多万两白银。

到 1909 年，清朝境内铁路通车里程已经接近 9000 公里，日益增长的铁路，也给清廷每年带来了多达 2000 多万两白银的财政收入。眼看铁路收入竟然如此丰厚，中国的民间士绅也急了。起初中国民间由于铁路投资巨大，因此并不愿意进入建设，但眼下看到外资竟然因为投资铁路赚得盆满钵满，中国的民间士绅乃至小老百姓，当然也迫切希望能参与建设分一杯羹，并且铁路路权被外资把控，始终存在巨大的政治风险，还不如中国人自己来干。

在朝野上下的强烈要求下，1909 年，清廷最终通过拨官款 500 万两白银和借英国汇丰银行、法国汇理银行 5 万英镑，还清了京汉铁路借款，并将京汉铁路管理权赎回。

京汉铁路的顺利通车和带来的巨利，也使得中国民间资本跃跃欲试。

1906 年京汉铁路通车后，从广州到武汉的粤汉铁路建设也提上了日程，对此，广东、湖南和湖北三省的绅商都提出希望由中国民间自行筹资建设粤汉铁路，对此张之洞予以赞成。但由于担心三省绅商难以筹足巨款，因此张之洞主张应该官督商办粤汉铁路。

此前，粤汉铁路从 1900 年就已开始动工，但一直进展缓慢。由于广东、湖南、湖北三省民间筹款参差不齐，无法建完铁路，在此情况下，盛宣怀宣布通过向美国的合兴公司商借洋款 400 万英镑修筑粤汉铁路。但合同签约后，美方拖延执行合同，甚至私卖三分之二股份给比利时的万国东方公司，且擅自决定粤汉铁路南段由美国修筑，北段由比利时修筑。

对此，广东、湖南、湖北三省绅商本来就对清廷出卖筑路权给美国极为不满，更对美国合兴公司的违约举动义愤填膺，他们强烈要求废除合同，收回路权，由三省自办粤汉铁路。

最终，张之洞在无奈下以高溢价的 675 万美金赎回粤汉铁路路权，但由于粤汉铁路涉及的广东、湖南、湖北三省筹款进展不一，粤汉铁路的商办与官办还是洋办之争一直争执不下，在事情没有解决前，1909 年 10 月，作为晚清中兴四大名臣的最后一位，张之洞与世长辞。

而粤汉铁路，则一直拖延到 1936 年才建成通车，从开工到通车，前后整整历经 36 年时间。

5

而从粤汉铁路等延伸开来的路权之争，也将在无意之中，给予清朝以致命一击。

由于铁路回报丰厚，投资铁路在晚清最后十几年，也成了晚清民间的踊跃投资项目。在四川，1904 年，四川总督锡良正式奏准设立"官办川汉铁路公司"，开始筹划从武汉延伸进入重庆和四川的川汉铁路，在经历反复后，川汉铁路最终更改成为商办铁路。

而在征集"民股"的过程中，川汉铁路甚至由四川省各地政府在税收项下附加租股、米捐股、盐捐股、房捐股等，来筹集筑路资金。经过几年筹集，四川从绅商、地主到袍哥、农民乃至和尚，都纷纷被动或主动持有了川汉铁路的股票，但由于民间筹款进展并不顺利，加上已经筹集的款项又不断被掌控人贪污，从而致使川汉铁路的建设一直无法取得实际进展，建成通车似乎遥遥无期。

在此情况下，在邮传大臣盛宣怀的策动下，清廷开始宣布"铁路国有"政策，并宣布将已归商办的川汉铁路、粤汉铁路强行收归国有，而在收归国有的过程中，清廷收回路权，却没有补偿之前四川民间资本的投入。也就是说，老百姓给川汉铁路投了钱，但清廷却一文不还、直接就将路权收归了去。

天下哪有这等道理？

在此情况下，四川、广东、湖南、湖北等地纷纷爆发了强烈的保路运动，而四川总督赵尔丰则遵照清廷指示进行强力镇压，并向在成都请愿的群众当场开枪杀死三十多人，造成了骇人听闻的"成都血案"。鉴于清廷的强力血腥镇压，四川民众开始蜂拥起义，在短短数天内就发展成20多万人的义军，并组织成保路同志军进攻成都。

鉴于四川烽火燎原的紧急形势，清廷于是紧急任命接任张之洞、担任川汉粤汉铁路督办大臣的端方带领湖北新军进入四川围剿义军。但是，湖北新军主力被调入川，却造成了武昌防务空虚，这也给武昌革命党人发动起义提供了一个绝好的机会。

1911年10月10日，武昌起义最终爆发，由于湖北新军主力被调派入川，防务空虚的武昌很快被起义军攻占，随后，起义烽火迅速燃遍全国。

平心而论，以铁路投资的巨额数量，民间筹资由于来源复杂、人心不齐确实难以筹划，因此清廷的铁路国有计划，应该说有着一定道理。但在清末的这次路权之争中，清廷简单粗暴的不当处理方式，却得罪了入股人和广大民众，让清廷站到了广大民众的对立面。于是，在保路党人、革命党人，以及民间绅商、各路资产阶级人士的积极配合下，清廷日益摇摇欲坠。

而带兵入川的川汉粤汉铁路督办大臣端方，此时也进退两难，当时，湖北已经遍地是革命烽火，成都也已经被革命党人攻占，进退失据的端方无奈下只能停留在四川资州（今资阳）静观其变。就在武昌起义一个多月后，1911 年 11 月 27 日，新军将端方及其弟弟端锦斩杀于军中，随后，端方兄弟俩的头颅被割下来放在煤油桶里并被一路送到武昌。黎元洪下令将他的头颅进行游街示众，武昌全城震动。

在此情况下，清廷最后一任邮传部大臣盛宣怀则受到了清廷各方的猛烈攻击，许多人纷纷强烈谴责他的收路政策导致了帝国的动乱，为此，盛宣怀被革职移居大连，永不叙用。随后，盛宣怀逃亡到了日本避难。

而在时代的风雨飘摇中，当初清廷因为封闭保守极力反对、日后又因收获暴利大肆扩张的铁路事业，竟然在各种因缘巧合之下，成了加速清朝灭亡的导火索，这实在远远超出了李鸿章和张之洞等洋务派当初的设想。他们所设想的保卫大清的洋务重器，没想到在管理失控的背景下，竟然成了灭亡帝国的火药桶。

这一点，正如当初张之洞训练湖北新军，希望以此来保卫大清国，没想到新军却成了武昌起义的首倡者一样，远远超出了当初设计者的初衷。

后来，有人调侃张之洞训练湖北新军是"种豆得瓜"，而从另外一个层面而言，晚清洋务派所极力倡导的铁路运动，也未尝不是如此。想当初，清廷内部顽固派一度激烈反对修建铁路，但在洋务派的坚持下取得突破后，清廷也开始全力推进这一工业化建设。但是清廷却忽略了，工业化建设所需的，其实是一个系统的管理工程，而这，已经远远超越了铁路这一器物层面，而上升到了思想、制度和管理政策综合配套的组合层面。

平心而论，清末的铁路国有运动，一开始并非全无道理，但政策在实践中却走样变形，以致清廷最终走到了民众的对立面，从而为武昌起义的爆发和辛亥革命的成功无意中增添了助力。

也因此，铁路建设竟然在无意中成为压垮大清帝国的最后一根稻草。正所谓时也命也，这确实远远超越了洋务派当初的构想。

历史的诡异，正在于此。

· · ·

第三章

潜藏的规律

· · ·

那些想长生不老的帝王，都是怎么死的？

明光宗朱常洛病了，一病不起。离他登基当上大明的皇帝，才十天时间。

太医们束手无策。只有一个外行的内侍，名叫崔文升，竟然敢给皇帝开了个方子。朱常洛也真是豁出去了，竟然敢照着这个方子配药吃药。

这下可好，大泻不止，皇帝一夜如厕数十次，一度昏迷不醒。

然后，又有个胆大的来献药。

这个人叫李可灼，任职鸿胪寺，举止颇有几分仙风道骨。他被引荐后，向朱常洛进献了自己调制的"仙丹"。仙丹被藏在一个造型古朴的锦匣内，送至御榻前。

朱常洛迫不及待，就着水服下一颗仙丹。感觉精神立马好了许多，暖润舒畅。大臣们悬着的心也都放下来，欢呼雀跃地退下了。

皇帝觉得自己的病，快好了。

1

服食仙丹，在中国有悠久的历史。朱常洛绝不是第一个，也不是最后一个。只不过，历史上大多服食仙丹的皇帝或名人，都不是为了治病，而是为了长生不老，或为了升仙。

距离朱常洛当皇帝大约两千年前，战国时代，已经有一拨炼丹方士在各国向国君进献不死之药，把齐、燕两地个别国君发展为忠实拥趸。

从秦始皇开始，皇帝就普遍怕死，从而拉开了无限折腾地寻找长生不死药的序幕。秦始皇最疯狂的举动，是派出童男童女各五百人入海寻药。结果，人都有去无回。

汉武帝晚年也怕死，但他比秦始皇"幸运"，因为这时候已经有方士声称可以炼制丹药，不用再去虚无缥缈的海上找了。

方士李少君，自称见过蓬莱仙人安期生。他向汉武帝表示，他有一项神奇的技能，可以化丹砂为黄金，再用这些黄金涂抹餐具表面。一日三餐使用这种特制的餐具，可以延年益寿。寿命足够长了，才能到海上见到安期生，求得不死之药。

李少君这个脑洞开得很大，理论逻辑也没毛病，所以深得汉武帝信任。

不过，他还没帮汉武帝实现长生大业，自己就先病死了。延年益寿的说服力大打折扣。

现在的研究认为，李少君其实就掌握了一项核心技术：朱砂为汞。就是他能够用丹砂烧炼成汞（水银）。

靠这项技术，李少君在帝国的不老之药忽悠版图上，赢得绝对重要的一席之地。

2

汉武帝时代，估计有少数像李少君这样的"精英"掌握了"朱砂为汞"的技术。当时写成的一些书，包括淮南王刘安所编的书里，都记载了这项技术。比如《神农本草经》将丹砂列为上品药，明确指出其能化为汞。

大家应该还记得司马迁写过的"巴寡妇清"——中国最早的女富豪。她是怎么发家的？就是因为家里有矿，家族发现了丹砂矿，靠卖丹砂赚得盆满钵满。

可见，秦汉之际，丹砂的需求量和价格都很可观。而其主要流向，正是用于炼丹。

炼丹术中，丹砂和水银一直扮演着重要的角色。古代方士把炼丹渲染得神乎其神，说白了都是围绕丹砂和水银之间的神奇"还丹"变化来进行的。就像东晋著名的炼丹家葛洪所言："丹砂烧之成水银，积变又还成丹砂。"就是这么简单的两个化学过程。用我们现在的化学知识，一个高中生就可以胜过古代一流的炼丹家。但古代炼丹家在毫无现代化学知识的背景下，试验出了这么神奇的化学变化过程，他们的原创性，绝对让现代人望尘莫及。

当时的炼丹家在理论认知上非常淳朴。他们发现丹砂这么奇妙，能在水银、丹砂之间变来变去，不像草木一烧就成了灰烬。他们还发现，丹砂不但烧而不烬，而且烧得越久，变化就越奇妙。"烧不死"和"不败朽"的东西，一定也能使人长生不死。基于这种朴素的信念，炼丹家不断试验，在主料丹砂和水银之外，按照一定的比例加入其他金石药物，彼此混合烧炼，反复进行还原和氧化反应的实验。

最终，顶级的炼丹家用九个连续的反应器，可以递次炼成丹华—神符—神丹—还丹—饵丹—炼丹—柔丹—伏丹—寒丹。这就是著名的"九鼎神丹"了。

3

自古以来，自称深谙炼丹大法的方士奇人很多。有些是忽悠的，也有些是真诚的。

先举个大忽悠的例子。

唐武宗李炎在位期间，找了一堆道士来炼仙丹，这个炼丹小组的负责人叫赵归真。炼了许久都炼不出一点儿名堂，赵归真请求到吐蕃采购炼丹用的仙药，说这些仙药本国找不到，只有吐蕃国有产。

他的请求未获批准，理由：你是炼丹小组的组长，肩负重担，如果你去干采购的活儿了，整个小组不就群龙无首了吗？

你就说吧，需要什么仙药，我们派人去买就行。

赵归真于是奏上药名：李子衣十斤，桃毛十斤，生鸡膜十斤，龟毛十斤，兔角十斤……

唐武宗让人找遍各地，果真没找到。

这些都是赵归真想开溜而杜撰出来的药名，怎么可能找到？

反正唐武宗跟着赵归真炼丹吃药，30岁出头就归西了。

而一些真诚的炼丹家，可能穷其一生，都在琢磨怎么炼出一炉"好仙丹"。

比如葛洪。

葛洪强调，炼丹一定要找人迹罕至的名山，否则邪气进来了，药就炼不成。开炉前还要斋戒百日，不见俗人，等等。百般禁忌，种种仪式，哪一个都得认认真真，不能疏忽。

尤其是火候，决定了将要进行的化学反应是否成功。一个好的炼丹家，一定是对火候的掌握到了纯熟的地步。葛洪特别钟意用马粪做燃料，他甚至认为，有些丹药炼制时须"以马屎火煴之三十日"。

除了马粪，人粪偶尔也用于古代炼丹活动。

唐末成书的《通玄秘术》记载了一种名为"人粪霜"的燃料，即将一两左右重量的人粪晾干后盛于瓦片，在火上烧烤，待颜色发红后再用瓦片盖好，移走使温度趋冷，以免成灰，取出后即可用作温养丹药的燃料。这个也成了炼丹的一个"小秘诀"。

总之，炼丹是一项既讲究又耗钱的事业，没几个人玩得起。

4

不过，即便是最认真负责的炼丹家诚心诚意炼出来的"仙丹"，给你，你敢吃吗？

按照规矩，炼丹家应邀为皇帝、贵族炼丹，一般都要先自服，试吃看有没有问题。

试吃往往试出悲剧。《洞仙传》写过一个事，东汉时期，毛伯道、刘道恭、谢稚坚、张兆期四人一起在王屋山学道，学了三十多年，共同炼出一款神丹。毛伯道先试吃，死了。刘道恭接着吃，又死了。谢稚坚、张兆期一看势头不对，都不敢吃，弃药而逃。

这个事不管真假如何，至少说明了当时炼丹家的一种成名风险：以身试药、中毒而亡的概率，毕竟太大了。

丹药中所含的铅、汞、硫、砷等物质对全身各系统和器官均有毒性作用。其基本病理过程涉及神经、造血、泌尿、心血管、生殖等多个系统。

比如汞，中毒后手脚发麻，口腔麻痹，全身乏力，头昏，头痛，严重可危及生命。

此外，硫和砷的氧化物，都是剧毒。

这些原理，古代炼丹家一开始不懂，但他们试过、死过就慢慢知道了。

为皇帝炼丹的方士，为了自身安全，会借力皇权转移试药风险。

北魏道武帝拓跋珪当政期间，有个叫董谧的人向拓跋珪进献炼丹成仙的经书，获得重用。拓跋珪专门为他设置仙人博士职位，设立仙坊，作为煮炼仙丹的指定场所，还封了整座西山，只为炼丹提供燃料。最重要的是，拓跋珪为董谧提供了一批死刑犯，用于试药。

这批死刑犯，基本都试药试死了。拓跋珪自然也不敢服用董谧炼出来的仙丹。

知道服用丹药中毒的风险太大，惜命的皇帝通常是不会轻易吃的。北齐文宣帝高洋请方士炼成了九转金丹，但他一直放在玉匣里不吃，对外声称："我贪人间作乐，不能飞上天，待临死时服耳。"

等到活马当死马医的时候吃，也不迟。

除非，哪个好彩的皇帝遇到了大师级的炼丹家，他才敢放心服用。

陶弘景就是这样的大师。他为梁武帝萧衍炼过丹药。史书记载，梁武帝为陶弘景提供了黄金、朱砂、曾青、雄黄等作为炼丹之用。丹炼成后，色如霜雪，陶弘景称为"飞丹"，他自己吃过后感觉身体变轻了，有种升仙的幻觉。梁武帝跟着服用了，也有很好的效果。

但是，同时代的另一炼丹家邓郁，也为梁武帝炼制了丹药。梁武帝却不敢吃他的。

可以看出，南北朝时期的皇帝，虽然也想长生，也想升仙，但他们对丹药的服食还是很慎重的。

5

唐朝人对丹药的态度，可就没有这么慎重了。包括前面提到的唐武宗在内，唐朝至少有六任皇帝是服用丹药中毒而死的。

皇帝的疯狂，也带动了文臣武将、诗人道士的疯狂。李白、韩愈、元稹，等等，要么极度热衷炼丹，要么因为服丹而死。整个大唐的气质，似乎都带着这种癫狂、迷幻而不真实的色彩，这跟丹药的流行不无关系。

不过，代价太大了。你想想，光皇帝就贡献了六条命。

所以入宋以后，服食金丹这种高风险的事儿，大家干得少了，慢慢转而炼起内丹术。

看来，还是气功安全点。

到了元明以后，炼丹术本身也发生了重大变革，以丹砂、金石炼丹的传统方式，几乎完全被本草所替代。方士们希望在植物王国寻得合适的炼丹原料，即现今广泛流行的本草中药。但并不是说本草丹药就无毒，很多用于炼丹的草木本身也有毒性。因此，这些也可能致命。

但，不要命的皇帝，还是有的。

嘉靖、雍正等明清两代热衷于丹药的皇帝，时常服用的仙药可能主要功能在于壮阳。这些仙药基本混杂了草本与金石，还有红铅、秋石、人乳等诡异的配方，他们最终也都中丹毒而死了。

登基一个月的时候，病重的明光宗朱常洛吃到了李可灼进献的仙丹。这种仙丹，其实就是一种混合红铅、辰砂等炼成的红色药丸。

朱常洛一下子感觉病快好了，直夸李可灼是"忠臣"。当晚，又催促着服下了第二颗红丸。

出乎意料的是，第二天凌晨，朱常洛病情突然恶化，随之一命呜呼。

李可灼及其进献的红丸，成了最大的嫌疑。是意外，还是蓄意？背后，有没有主谋？"红丸案"发生后，一直就是众说纷纭的疑案。

就"仙丹"本身而言，在漫长的皇权历史中，它始终昭示着帝王们最诡异的一种死法。很多离奇无解的、阴谋密布的皇帝之死，背后都有仙丹的影子，或以仙丹作为幌子。

朱常洛服用之后，回光返照式的体验与迅速地垮掉死亡，恰好是古代丹药神秘悬疑的一个缩影：

即便你贵为皇帝，服用之后，下一刻你都不知道会发生什么。

为什么说："大唐出降臣，两宋出忠臣"？

1

现代人给颜真卿打标签，会用到很多斜杠，但摆在最前面的一定是"大书法家"。然而唐朝人不这样定义颜真卿。

颜真卿生前与身后很长一段时间，并不以书法出名。他的书法在当时不算第一流。

在颜真卿之前，初唐的虞世南、欧阳询和褚遂良，属于生前死后书法都很知名。然后是颜真卿拜为师傅的张旭，醉酒时以头发濡墨而书，写出来的草书被当作"神品"。

到了颜真卿同时代，最有名的是徐浩。尽管今天很少人知道徐浩其人，但在公元 756 年以后，他是最高统治者认可的御用书法家，长期独步天下。皇帝的诏令，基本都是他写的。他也因此获得无与伦比的宠遇。

再之后，书法界是柳公权的天下。虽然现在我们以"颜筋柳骨"并称，但若论生前之名，柳公权生前书名之盛，堪称史上罕见。罕见到什么程度？公卿大臣死后立碑，如果请不到柳公权写碑文，人家会认为子孙不孝。

而颜真卿，在书法界真正看得起他的人，恐怕只有他自己。

宋代书法家米芾说过，颜真卿经常叫家童将自己的书法作品刻成碑。这说明颜真卿对自己的书法相当自负，是想传之后世的。

事实上，作为书法家的颜真卿受到追捧，是北宋以后的事。此时距离颜真卿去世，已经过了 300 年左右。

最早力挺颜真卿的知名人物是欧阳修。欧阳修对颜真卿不吝赞誉，说他的书法"不袭前途，挺然奇伟"，就是说像忠臣烈士、道德君子。

欧阳修之后，以苏轼为中心的文人士大夫也是颜真卿的拥趸。通过这个圈子扩散出去，影响有影响力的人，颜真卿在书法史上的崇高地位逐渐被确立下来。其中，最典型的言论出自苏轼本人，他说："诗至于杜子美（甫），文至于韩退之（愈），书至于颜鲁公（真卿），画至于吴道子，而古今之变、天下之能事毕矣。"

苏轼本人位居书坛"宋四家"之首，有他的加持和点赞，颜真卿想不火都难。

那么，问题来了：字还是那些字，此前在书坛默默无闻的颜真卿，为什么在北宋以后备受青睐、咸鱼翻身呢？

2

现在，我们重新厘清一下颜真卿在唐代的真实地位。记住一点，颜真卿在世时并非以书法家，而是以忠臣闻名天下。

正史中关于颜真卿忠义耿介的事迹颇多。他身历玄、肃、代、德四朝，德高望重而仕途坎坷。

他的真正出名是在安史之乱中。

当时，他在殿中侍御史任上，因为不依附权相杨国忠，而被后者视作眼中钉。随后遭到外放，去了平原郡当太守。

平原郡属三镇节度使安禄山的辖区。颜真卿到任后，已经预知安禄山准备搞事情，于是一边派部将李平驰奏朝廷，一边严令全城将士厉兵秣马。

安禄山起兵后，河北诸郡纷纷陷落，地方官要么挂冠远遁，要么望风而降。颜真卿首举义旗，与时任常山太守的堂兄颜杲卿互为掎角之势，坚决抗击叛军。附近十七郡受感召而响应，颜真卿被推为盟主，合兵 20 万，有效地牵制了叛军西进的进程。

史书说，唐玄宗听到安禄山叛乱，相当慌张："河北二十四郡，就没有一个忠臣吗？"等到李平赶到朝廷，玄宗大喜，对左右亲信说，这个颜真卿是谁，为何替朕如此卖命？

很多文章解释说，唐玄宗连颜真卿都不认识，说明他昏聩糊涂到了什么地步。其实不是这样，颜真卿虽然时年已 40 多岁，但他此前在朝廷中的官职并不高，加上他本人不是拍须溜马之徒，皇帝不认识他也很正常。

而这恰恰证明，安史之乱时期是颜真卿成名的开始。此后，颜真卿官至吏部尚书、太子太师，封鲁郡公。

当然，这一切都是以颜氏满门忠烈为代价换来的。

为了争取更多抗击安禄山叛军的力量，颜真卿不惜将自己年仅 10 岁的独子，送去给平卢将领刘正臣当人质，以坚定后者起义的决心。

在这场战争中，颜家死于国难者三十余人。直到叛乱被平定后，颜真卿才派侄子颜泉明前去收殓亲人遗骸，归葬家乡，结果仅寻到堂兄颜杲卿的一只脚，以及侄子颜季明的头骨。

颜真卿"抚念摧切，震悼心颜"。他的《祭侄文稿》，正是写于此时，满腔悲愤衷情，于处处涂改与枯笔处清晰可感。

3

因为抗击安禄山叛军，颜真卿一夜成名，但并不意味着他下半生仕途顺遂。相反，他的耿直清廉与世格格不入，所以一生横遭六忌，谪迁五次。

从杨国忠、李辅国、元载、杨炎到卢杞，每一任权相都对他恨之入骨。皇帝在战乱平息的时候，也不喜欢他这样的忠臣。

唐朝军队收复长安后，夺权上位的唐肃宗李亨急于回京。颜真卿上表说，且慢，皇上应该筑坛于旷野，东向哭三日，然后才能回宫。此举是为了以仪式感来让最高统治者吸取内乱的历史教训，但这提议显然让李亨很难堪。回京不久，新帝在大封功臣的同时，把颜真卿贬得远远的。

此后，颜真卿的仕途起落，基本上都是类似事件的反复重演。

表面上，是直言耿介、不爱站队的颜真卿与当朝历任权相合不来，因而遭到后者的构陷而仕途蹉跎；实际上，在皇权无远弗届的地方，最终能让颜真卿起起落落的那个人，从来不会亲自出面。

只有当战乱再起之时，忠臣才会被重新惦记。

唐德宗李适即位第四年，公元 783 年，淮西节度使李希烈叛乱。宰相卢杞建议说，颜真卿声望卓著，让他带着谕旨到李希烈军中宣抚，一定能不战而平息叛乱。

当时颜真卿已 74 岁高龄，朝廷中人听到这个馊主意均大惊失色，对卢杞欲假公济私置颜真卿于死地的小算盘心知肚明。

在此之前，卢杞专权蛮横，想把颜真卿从中央赶出去，颜真卿知道后曾找卢杞质问："我常年被人排挤，现在年老体弱，要靠你庇护。当年你父亲被叛军所害，首级送到平原郡，我不敢用衣服去擦拭他脸上的血，是用舌头舔干净的。如今，你竟然容不下我了吗？"史载卢杞听后惭愧下拜，但内心更恨颜真卿。

现在，他终于找到了一个名正言顺报复颜真卿的机会。

但就是这样一个明摆着搞人身报复的建议，唐德宗竟然同意了。这只能说明，宰相对颜真卿太坏，但皇帝对颜真卿也不好。

原因如我前面所说，和平年代皇帝不会容忍一个四朝老臣在自己身边指指点点。颜真卿一生坚守正义，不懂得装蒜，最终被皇帝推入火坑也在意料之中。

这样的例子很多。安史之乱中，那些再造大唐的功臣，不是被逼死就是被逼反，唯有郭子仪得到善终。不得不说，老郭有一套自己的生存智慧，就像我们现在说的"求生欲很强"，而这是为人刚烈、不屑变通的颜真卿所没有的。

总之，唐德宗同意将颜真卿送往李希烈军中，恰恰击中了颜真卿的软肋——若是别人，明知此行凶多吉少，必定会以各种理由推托不去，但他是忠臣，一生以忠义节烈自励，就算是死，也会慷慨前行。

抵达李希烈军中后，李希烈对颜真卿进行各种威逼利诱，许以宰相之位，要其支持自己的造反大业，结果被颜真卿破口大骂。

一年后，公元 784 年，李希烈命人将颜真卿缢杀。

4

又过了两年，公元 786 年，李希烈死了，颜真卿的遗体被运回长安。唐德宗发现，死去的颜真卿对自己更有价值。

史载，唐德宗悲痛不已，废朝五日，并亲颁诏文，追念颜真卿的一生，说他"才优匡国，忠至灭身，器质天资，公忠杰出，出入四朝，坚贞一志，拘胁累岁，死而不挠，稽其盛节，实谓犹生"。极尽一切溢美之辞，去赞赏一个死去的忠臣。

颜真卿得到最高谥号：文忠。

吊诡的是，忠臣不得好死，俨然是历史的定律。在颜真卿之前、之后，有不少个案证明了这一定律的正确性。

无情最是帝王心。唐德宗其实并不在乎一个老臣的横死，他带有表演性质的悲痛，以及授予逝者的所有哀荣，通通都是做给活着的人看的：你们都来做忠臣吧，朝廷不会亏待你们的。

历史上的表彰忠臣，基本上是帝王术的一种实践。但这还不是最可怕的真相，毕竟唐德宗对颜真卿前后态度迥异，稍有常识的人都能一眼洞穿其表演的本质。

真正细思极恐的是捧红颜真卿书法的宋朝，皇权通过与士大夫共治天下的权力分享，让天下士人把原本极为稀缺的尽忠观念变成一种整体的价值追求。在这以后，忠臣意味着对皇帝死心塌地地维护和支持，不管这个皇帝是明主还是暴君。

宋代以前，士人忠君的观念实际上是很薄弱的。颜真卿以忠君为终生价值取向，在当时不能说没有同路人，但毕竟不占主流。唐玄宗惊讶于颜真卿奋起阻击安禄山，说我不认识他，他为何替我卖命，表明君臣之间并无后世理解的绝对的权利与义务关系。

整个安史之乱中，为国尽忠的人并不多。与之对应的是，叛军攻陷的城池很多，相当多的官员临敌变节，为叛军所用。士人忠贞死节的观念非常淡薄。再后来，藩镇割据局面出现，有很多落第的举子或不得志的官员成为割据政权的幕僚，为他们服务。这些现象表明，唐朝士人并不把失节当成多么耻辱的事情。

也就是说，忠君并非主流价值观。权势转移之间，士人都跟着力量走：谁的力量大，我就服从谁。

安史之乱后，唐肃宗开始清算战时投身伪军的士人，以及颜真卿死后，唐德宗利用他的忠臣身份大做文章，说白了都是皇权构建、宣传和推广忠君思想的一种努力。

很明显，忠君观念的普及是一个漫长的过程。一个典型的例子是，唐代之后的五代，历仕四个朝代、侍奉十个皇帝的不倒翁冯道，生前并未在忠君的道德问题上受到诟病。相反的，同时代人都说他有古人之风，深得大臣之体，对他极尽赞誉之辞。

到了宋代，这一切才得到颠覆。从欧阳修到司马光，都痛骂冯道"不知廉耻""奸臣之尤"，尽管他在位时做过济世救民的好事，但因为心中毫无忠君观念，"大节如此，虽有小善，庸足称乎！"

在宋代士大夫的眼里，忠君是大节，大节做好了，其他方面才能好；大节没做好，其他方面再好，也不足称道。

讲到这里，大家应该知道颜真卿的书法为什么在宋代开始受到追捧了吧。

因为他是忠臣，大节无亏，所以他的字也是极好的。书品和人品，宋代以后在颜真卿以大书法家的形象崛起的过程中，起到了相互成全的作用。

相反，那些字写得好，而忠君观念贯彻不到位的书法家，比如宋元之际的赵孟頫、明清之际的王铎，都因仕于两代而在书坛受到长时间的贬抑。

很多人因为宋人的推崇而看到了颜真卿书法的精髓，却看不到这背后是皇权对士大夫思想的规训与渗透。宋代以后的封建朝代，尤其是明清两代，皇权步步为营，达到登峰造极的地步。这与忠君思想被树立为全体士人的"大节"，相辅相成，关系紧密。

毫无疑问，宋人借颜真卿的书法强调忠义节气，重塑了士大夫的精神风貌，在长年累月与辽、金、蒙古的战争中，忠臣多而降臣少，尽显士人的风骨。但其间的弊端也显而易见，却往往被忽略了：

第一，士人官员都不惜代价成全自己的忠君之名，谁来像冯道一样考虑百姓蝼蚁般的安稳，谁来像赵孟頫一样考虑中华文化的传承？

第二，对皇帝的尽忠与愚忠之间，时常仅有一步之遥，这一步的距离给了皇权控制思想和人心的充足空间，但王朝末期已经没有人站出来好好反思"君轻民贵"的老问题了。

而这所有的一切，一生俯仰无愧于天地的颜真卿，显然无法预见，更无法控制。

说到底，任何一个历史名人，在他死后，都难免变成历史权术的道具。人生不易死亦难，谁都不能例外。

末代皇帝：深宫中的秘密与无奈

对一个王朝最恶毒的诅咒，是让它断子绝孙。

从 1861 年咸丰皇帝驾崩，同治皇帝登基到 1912 年溥仪退位——清代皇族就陷入了这种可怕的魔咒：从同治、光绪到宣统，大清帝国最后的三任皇帝，全都绝育无子。

读清史，这一诡异而又神秘的现象，是困扰每个人心中的一大疑问。作为 2000 多年帝制的黄昏，这难道，冥冥之中，是一种天数？

1

同治十三年（1874 年），作为同治皇帝的老师、状元出身的翁同龢在日记里写道，慈禧几次在紫禁城里放声大哭，因为她唯一的儿子，同时也是咸丰皇帝仅存的独子、19 岁的同治皇帝（1856—1874 年），突发天花、生命垂危，而让慈禧和大清帝国担忧的是，同治皇帝年轻无子，帝国的接班人，不得不在旁系的子孙中挑选了。

说起来，清朝皇帝无子，这种趋势，在清朝的倒数第四位皇帝、咸丰皇帝身上，已经有了苗头了。

作为关外的彪悍民族，满人从皇太极在 1636 年改国号为大清以来，皇帝的生育力刚开始一直旺盛：

清太祖（追赠）努尔哈赤，共有 16 个儿子；

开国皇帝皇太极，共有 11 个儿子，其中 4 个早夭，7 个成人；

第三位皇帝顺治，生有皇子 8 人，存活 4 人；

第四位皇帝康熙，更是生有 35 位皇子，其中长大成人 21 人；

第五位皇帝雍正，共有 10 位皇子；

第六位皇帝乾隆，共有 17 位皇子；

第七位皇帝嘉庆，共有 5 位皇子，存活 4 人；

第八位皇帝道光，生有皇子 9 人，存活 7 人。

但到了第九位皇帝咸丰，年仅 31 岁就驾崩的他，仅生育了两个儿子，其中长子出生不久即夭折，幸存的儿子，就是慈禧所生、6 岁即登基的同治皇帝。

此后，大清皇帝的生育力直线下降。

1874 年，咸丰帝硕果仅存的儿子、清代第十位皇帝同治，年仅 19 岁就驾崩，无子。

此后，第十一位皇帝光绪（1871-1908 年，道光皇帝第七子醇亲王奕譞的第二子），以及第十二位皇帝、亡国之君宣统（1906-1967 年，醇亲王奕譞第五子载沣的儿子），全部都不育无子。

帝国，陷入了绝嗣的魔咒。

2

追究起来，满清最后三位皇帝不育，跟皇族的近亲结婚，有着很大的关系。

与开国初期武力强悍，康熙甚至由于儿子众多、彼此争位不休而痛苦不已相比，清代皇族到了咸丰皇帝，生育力开始直线下降，这方面，与满族的原始婚俗有着某种关系。

清太祖努尔哈赤在临死前，曾经交代说，他死后，他的大老婆，也就是大福晋，交由他的次子二阿哥代善收养。因为在满族等民族的原始婚俗中，父亲的妻子，遗留给儿子非常正常。

为了联合蒙古抗击明朝，从努尔哈赤开始，满族开始与蒙古部落进行大量联姻。皇太极有五位后妃来自蒙古博尔济吉特氏家族，其中有的甚至彼此是姑侄关系。

作为国策，清朝的皇帝和王公贝勒，一直都有迎娶蒙古贵族女子为妻的传统。而清朝皇族，则经常将自己的女儿，嫁给蒙古的王公贵族。由此，经常出现近亲结婚问题。例如顺治皇帝，就有两位妃子，是自己的蒙古族亲表妹；而顺治的孝惠章皇后，也是自己的蒙古族表侄女。

　　与蒙古族的大规模近亲结婚混血之外，清代皇族的其他近亲结婚，也非常严重。

　　以康熙为例，康熙的母亲，是佟国维的妹妹佟佳氏；后来，康熙又娶了佟国维的两个女儿，也就是康熙的两个亲表妹为后妃，这就是孝懿仁皇后和悫怡皇贵妃。

　　皇族间的这种近亲结婚，到了后期也依然如此，而不育的光绪帝（生母是慈禧的妹妹），他的皇后叶赫那拉氏，也是光绪帝的亲表妹、慈禧的亲侄女。

　　由此可见，从清朝创立开始，近亲结婚，就一直是一个潜藏在爱新觉罗家族中的致命基因，但信奉亲上加亲的清代皇族，对此，并没有科学的认识。如此导致的结果，就是皇族生育力从咸丰开始不断下降，最终乃至连续三位皇帝的绝育。

3

　　同治、光绪、宣统的无子，与幼年登基的皇帝生涯，也有着强烈的关系。

　　以同治为例，他六岁就登基为帝；光绪，是四岁登基；宣统帝溥仪，则是三岁登基；由于过早禁锢了自己的生活，长期处在后妃、宫女、太监包围之中的三位皇帝，在整个成长过程中，始终缺乏男子汉、阳刚之气的培育熏陶，这也对他们的生长发育产生了很大影响。

　　在清代的太监们传说中，对于末代皇帝溥仪，就有说法说他不育，是因为"不走水路、走旱路"，意思是怀疑溥仪在紫禁城之中，有同性恋的癖好，尽管这只是一种传说无法求证，但却显示了紫禁城的特殊环境，对于一个儿童的心理影响之大。

　　过早接触性生活，则对一个孩子，造成了巨大的伤害。

　　在紫禁城中，太监们经常会向年幼的皇帝，展示各种春宫图和男女交合人像，在这种开导下懵懵懂懂的皇帝，也经常跟宫女们发生关系。

　　晚年时，末代皇帝溥仪，就曾经跟沈醉透露，他十几岁时在紫禁城中，当时太监们怕他夜里跑出去，就经常让一些宫女在晚上为他"陪床"。而渴望能怀上"龙种"、改变卑微地位的宫女们，对此也很是热心，经常"开导"小皇帝。

为了"帮助"小皇帝，太监们又经常拿壮阳药给溥仪吃，对此溥仪曾经回忆说："几乎每晚，一直睡到白天，恍惚走出房间，看到太阳都是绿色的"，这种过早的纵欲，也让溥仪落下了阳痿和不育的终生病根。

对于自己不育的原因，光绪帝（1871—1908 年）在他临死前一年的1907 年，曾经自述写道：

"遗精之病将二十年，前数年每月必发十数次，近数年每月不过二三次，且有无梦不举即自遗泄之时，冬天较甚。近数年遗泄较少者，并非渐愈，乃系肾经亏损太甚，无力发泄之故。"

四岁就登基的光绪帝，根据他的自述，他从青少年时代就患上了遗精病，以致于从三十多岁开始，就已经到了"无精可泄"的地步。因此光绪无子，与童年、少年时期过早体验性生活，也有着密切的关系。

4

而从少年乃至童年就开始的性经验，也让年轻气盛的皇帝们，过早地"掏空了身体"。

1874 年，19 岁的同治帝罹患天花病重。当时，朝廷内外上下，都怀疑同治帝是由于私下出宫嫖娼，导致身患梅毒所致。

对于朝野间的这种传言，慈禧也有所耳闻。当时，同治的老师、内阁学士兼礼部侍郎翁同龢就在日记中写道，同治临死前，慈禧召集大臣们，一边痛哭，一边委婉地提到说："上体向（来）安（健），必寻娱乐。"

慈禧不敢直接点出原因，但朝臣们都心知肚明。当时，恭亲王奕訢的儿子载澂，甚至经常陪着同治帝，一起出宫嫖娼。奕訢有一次委婉地点了这个事，为此同治震怒，下令将奕訢革去亲王世袭罔替的资格，并降为郡王，同时还把经常陪着他一起"寻欢"的载澂，也革去贝勒郡王的资格。

按照各种史料记载，同治应该是死于天花，而不是野史传说的梅毒，但是这种到处嫖娼、放浪形骸的生活，无疑极大损坏了同治的身体，也由此导致他在患上天花后，由于身体空虚，抵抗力非常差，导致"行浆不足，毒热内陷"，腰部和臀部全部溃烂。对此有研究者指出，这与他"气虚肾亏"有非常大的关系。

因此，尽管同治帝很早就开始了性生活，17 岁（1872 年）就大婚娶妻，但 19 岁病逝的时候，由于纵情淫乐，身体空虚的同治帝，始终无子，也在可理解范围之中。

5

除了近亲结婚，过早接触性生活，导致身体亏空之外，同治、光绪、溥仪的不育，与他们的精神处境，也有着很大的关系。

以光绪为例，由于过早纵欲、患上"遗精病"等原因，光绪从小就身体虚弱，而长大后，作为长期处于慈禧控制下的傀儡皇帝，光绪的心情也非常压抑。

戊戌变法失败后，光绪帝一直处于被软禁状态。《四朝佚闻》就记载，光绪当时经常被慈禧无端训斥，以致于见到慈禧时，经常浑身颤抖；而光绪身边妃子很少，只有一后二妃，光绪不喜欢慈禧亲自为他指定的皇后隆裕（慈禧的亲侄女、光绪的表妹），根据起居注的记载，光绪与隆裕皇后同房的次数很少，而喜欢宠爱珍妃。对此隆裕经常醋意大发向慈禧告状，这也惹得慈禧时常发怒，对光绪的性生活也进行指责和干涉，这种极端行为发展到后来，1900 年八国联军攻入北京之前，慈禧在仓惶出逃前，甚至亲自带着太监，命人将光绪宠爱的珍妃推入井中溺死。

作为一个皇帝，却连自己心爱的女人都保护不了，光绪的情绪压抑可见一斑。

另外让人难以置信的是，作为皇帝，光绪帝还长期处于营养不良状态。

曾在紫禁城担任护卫的苏勋丞就在《我所见到的慈禧和光绪》中回忆道：

"光绪……那时约 30 多岁，中等身材，瘦长脸，面色苍白，体质羸弱。我们从未见他笑过。说实在的，他过的是囚犯生活，怎么能乐起来呀！慈禧每日三宴，每宴 108 样菜，光绪却没有这个排场。慈禧每餐拣自己不喜欢吃的三四样菜，命人给光绪送去，以示慈爱。有时，三四样菜要分三四次'赏'，每送一次，光绪都得起立叩头谢恩，连一顿安生饭也吃不成。隆裕是慈禧的亲侄女，她可以就着慈禧的桌子吃。我们那时都私下猜疑，光绪瘦弱，多半是差了点饭食。"

对于自己的伙食，光绪也曾经提出想增添自己喜欢的饭菜，但就是这种细微的要求，慈禧也经常蛮横地加以拒绝，后来光绪便不再提起。所以终光绪一生，"吃不饱、吃不好"，竟然成了这位囚徒皇帝的真实生活写照，而"面色苍白，体质羸弱"，活了 38 岁的光绪，不育无子，应该说跟这种生活状况、精神状态，也有着很大的关系。

6

而溥仪阳痿和不育的秘密，由于他的妃子文绣的曝光，也开始被公开。

1931 年，溥仪的妃子文绣在天津，突然秘密离开溥仪，此后与溥仪闹起了离婚。1922 年，溥仪同时迎娶皇后婉容和淑妃文绣，但据文绣当时的公开说法，她从 1922 年嫁给溥仪，到 1931 年，溥仪从未与她有过性生活，以致她结婚九年，却仍是处女："事帝九年，未蒙一幸；孤枕独抱，愁泪暗流，备受虐待，不堪忍受。"

溥仪一生中共迎娶了五位妻子，但由于溥仪从小纵欲以致阳痿，这也给他的妻子们，带来了难言的苦难。

1935 年，第三次登基、做上伪满洲国皇帝的溥仪，突然发现他的皇后婉容竟然有了身孕，对此心知肚明的溥仪震怒。因此婉容的孩子一生下来，就被溥仪下令扔进了锅炉烧死。

在日本人的监控下，溥仪战战兢兢。为了达到控制溥仪、改变爱新觉罗家族血统的目的，日本人甚至一直怂恿溥仪娶一位日本妻子，溥仪则一直予以了抵制；在 1931 年"淑妃"文绣与他离婚，皇后婉容出轨且长期吸食鸦片成瘾的情况下，溥仪还是坚持娶了两位中国姑娘：

其中"祥贵人"他他拉氏（后改名谭玉龄），在 1942 年离奇死亡；

1943 年，溥仪又迎娶了"福贵人"李玉琴（1957 年离婚）。

对于自己的不育，溥仪也一直耿耿于怀。李玉琴回忆说，溥仪曾经跟她说："我想，老天是会赐给我一个龙子的，我等着。"

对此溥仪的乳母王焦氏也对李玉琴表示：

"皇上身上那玩意儿没病，没缺陷，功能正常，好使，陪他去洗澡的人偷看过。小时我哄他也知道。"

但李玉琴回忆说，从 1943 年她与溥仪结婚，到 1945 年的两年半时间，不知道是否由于长期处于日本人监视下的缘故，精神紧张的溥仪在性方面，一直都是病态逃避。

但 1957 年年初，就在与溥仪离婚前，李玉琴最后一次前往抚顺战犯管理所看望溥仪，临走前一晚，李玉琴留在了溥仪的房间。后来李玉琴回忆说："溥仪在那个环境里，好像头一次和女人过那种生活。是他给我脱的衣服，待事情完了，他还喃喃地说，没想到这么好。还说，这一次不一定怀上孩子。""这证明他没病。要不然，为什么在抚顺那次，就有正常感觉了呢？"

在日本人监控下、紧张无法"成事"的溥仪，在监狱的安稳环境下，却神奇地"伟大"了一番。

但溥仪，始终无法根治这个疾病。根据贾英华的研究，病历显示，溥仪当时还曾经前往求治，病历当时写着："患者溥仪，曾于 1962 年 7 月 21日，在此作过检查诊断。患者于三十年前任皇帝时，就有阳痿，一直在求治，疗效欠佳……其妻子均未生育。"

天绝清之帝胤，或许天意，本来就是如此。

7

而只在极个别情况下才"复苏"的溥仪，到 1967 年去世时，最终也没能解决不育这个问题。对此，日本人则提前下手，给溥仪的弟弟溥杰，安排了个日本妻子，这就是有着日本皇室血统的、日本华族嵯峨实胜侯爵的长女嵯峨浩。

据溥杰的原配妻子唐石霞回忆，由于溥仪无子，因此作为溥仪的亲弟弟，溥杰的婚事和生育问题，就成了日本人改变爱新觉罗家族血统的重要"切入点"，当时，日本人先是"逼我与溥杰离婚，接着是令溥杰与特选的日本女子结婚，再下一步的阴谋和如意算盘是，设法让溥杰生个有日本血统的儿子，再有，他们更大的阴谋是，将来让这日本血统的溥杰之子，继承不能生育的溥仪的伪满洲国皇帝大位，实现日本统治满蒙进而染指全中国的美梦"。

唐石霞回忆说，当时在日本人的威迫下，溥杰为了保护唐石霞，防止唐石霞被日本特务暗杀，最终被迫"同意"与唐石霞离婚，并秘密潜回家中，"找到我，说明紧急情势，催我迅速逃跑保命：三十六计走为上！溥杰怕我应付日本特务追捕时发生不测，竟然塞给我一把手枪，说必要时保命自卫"。

1937年4月，溥杰最终与日本人安排的妻子嵯峨浩结婚；1938年3月，关东军又强迫溥仪签字通过了《帝位继承法》，要求"父死子继、兄终弟及"，来为溥杰有着日本血统的孩子，未来"承接皇位"做好准备。

溥杰与日本妻子嵯峨浩，先后生下了两个女儿爱新觉罗·慧生、爱新觉罗·嫮生，1945年日本战败，后来慧生于1957年被杀；嫮生则嫁给了日本人福永健治，婚后随夫改名为福永嫮生，并生下了5名子女。

至此，同治、光绪、宣统三位皇帝最终绝嗣，而日本人则通过曲线方式，最终通过溥仪的弟弟溥杰，拥有了他们渴望的、带有爱新觉罗家族血统的日本"继承人"，只是日本人没有想到，他们会在二战中败得如此之快、如此彻底，以致当初的如意算盘最终都落了空。

但天绝帝胤，属于爱新觉罗家族的帝国时代，早已归于尘土。

"普通话"是如何诞生的？

语言中潜藏的，是一部曲折的中国史。

对于14多亿中国人来说，普通话是如今的民族共同语，然而，对于说着粤语、客家话、闽方言、吴方言、赣方言、湘方言等六大方言体系的南方中国人来说，普通话却显得如此陌生；而对于北方民众而言，这些南方方言也有如"鸟语"一般，根本听不懂。

但很多人或许不知道的是，这些如今听来有如"鸟语"的南方方言，却与我们的祖先和中国史有着千丝万缕的关系。

1

公元前560年，晋国召集北方诸侯商议如何讨伐楚国。

然而此时楚国强大，刚刚挫败了晋国的盟国吴国，国力日趋衰弱的北方盟主晋国，对于自己无力率众伐楚的外强中干感到恼怒，但又需要找到发泄点，于是，晋国大臣范宣子将焦点对准了北方姜戎的首领驹支，指责是戎人在搞破坏挑拨北方诸侯，以致南征楚国出现分裂。

作为与中原华夏族先民语言不通的戎人首领，此时驹支却不卑不亢，并当场朗诵了一首《诗经·青蝇》："营营青蝇，止于樊，岂弟君子，无信谗言。"

意思是说，有人好似苍蝇一般进献谗言离间，作为君子，我们应该勿信谗言。

戎狄言语向来与华夏不通，驹支却能朗诵《诗经》，并且亲自与各诸侯国君臣公开辩论，这就涉及一个语言问题，即驹支说的，究竟是什么语言，能让自身也让说着各种方言的各诸侯国人一听就懂？

难道，先秦时期的远古中国人，已经说着一门类似今天普通话一样的民族共同语了？

对此，《论语》中给出了答案。

《论语》记载："子所雅言，诗、书、执礼，皆雅言也。"意思是说，孔子在诵读《诗经》《尚书》和主持典礼的时候，都说的是"雅言"——而雅言，正是中国历史上最古老的民族共同语。

对于门下弟子三千的孔子来说，如何与来自各地的弟子们沟通，以及在游历诸国时向各国国君推广自己的思想，只能是通过一门远古时期的华夏族共同语——"雅言"来进行交流。

语言学家指出，上古时期，"雅"和"夏"相通，所谓雅言即是指夏朝人流传下来的，广泛使用于今天的黄河、洛水一带的河洛古语。由于从夏朝、商朝到周朝都定都于河洛一带，到了东周迁都洛邑后，作为各个诸侯国与天下共主东周交流的共同语，雅言此时开始向洛阳音倾斜，这也就是后世汉人广泛使用的"洛阳读书音"的古老源头。

说起来，无论是位处北方的戎人首领驹支，还是位处今天山东一带的孔子，他们所说的都是春秋战国时期的汉人"普通话"——雅言。而雅言背后的河洛古语，正是今天流传于江浙一带的吴方言，以及存在于福建、广东以及台湾地区的闽方言、客家话、粤语等的共同祖先。

换句话说，在今天被大家认为"难懂"的吴方言、闽方言、粤语、客家话等语言，要更为接近中原汉人祖先所使用的语言，而普通话，此时尚未诞生。

内部方言杂立的古老华夏族，正是通过雅言，紧密团结在了一起。也正是通过雅言，春秋战国时期各国的沟通往来，孔子的游历诸国，以及诸子百家的纵横游说，才得以说得清、听得懂。

2

从夏商周以降到西晋时期，由于中国各个王朝的首都，都是基本从西向东摆动于黄河洛水的长安、洛阳一带，尤其是东周、东汉、西晋都定都于洛阳，这就使得河洛古语中的雅言"洛阳读书音"，逐渐成为古代中国人所共同尊奉的共同语。

相传为周公旦所著，实际上成书于两汉时期的《周礼·秋官·大行人》，就记载了先秦时期，作为周王掌管诸侯朝会和出使邦国传达王命的官员的"行人"，经常要为各国人员培训先秦版"普通话"雅言和文字的事例（"属象胥，谕言语，协辞命"）。

西晋八王之乱以后晋室南迁，但是南迁的士族们却仍然说着来自中原的雅言"洛阳读书音"。当时，籍贯陈郡阳夏（今河南太康）的名士谢安（320—385 年），在南迁建康（南京）后，仍然喜欢用洛阳的书生腔读书念诗，由于谢安从小患有鼻炎，他发音时鼻音很重，可能有点类似于今日汉语拼音中 ong 的发音，但当时整个建康城（南京）的人都觉得，谢安的"洛阳读书音"实在太好听了，以至于满城的人，都喜欢捏着鼻子学谢安说话，这也就是历史上有名的"洛生咏"。

而谢安的"洛生咏"，正是古老的汉族共同语"雅言"在西晋衣冠士族南渡后，所带到南方的远古版中国"普通话"。

作为东晋以及后续的宋、齐、梁、陈等南朝的官方语言，洛阳雅音在金陵（南京此时从建康改名金陵）也逐渐吸收了部分古老的吴越方言，到南朝的齐、梁时代，南方士族阶层逐渐形成了一套较为统一的雅音系统。这就是以东汉、东晋洛阳皇室旧音为基础，浸染金陵（南京）某些语音而形成的"金陵雅音"。

也就是在南北朝时期，日本人渡海东来，在学习汉字的同时，又学习了作为"金陵雅音"的"吴音"，日后，日本人又在唐朝时期将长安的"唐京雅音"作为"汉音"传入。而今天的日语，正是在中国的"金陵雅音"和"唐京雅音"的基础上，融合日本本地方言形成的。

3

西晋灭亡后，尽管中国经历了近两百年的南北朝（420—589 年）大分裂时期，北方异族不断南下，但中国的雅音系统并未遭到大的破坏。

在当时的南方士族眼里，他们认为金陵雅音才是中原的正统，而北音在长时期的异族浸染下已经"渐杂夷虏"，反而是南音更多地保留着洛阳雅音的特色。

梁武帝时期，陈庆之（484—539年）护送元颢北上洛阳，与北魏大臣杨元慎就梁朝和北魏谁是国家正统发生争论，对此，用雅音与北魏杨元慎进行辩论的陈庆之，用睥睨的姿态藐视说："魏朝甚盛，犹曰五胡。正朝相承，当在江左，秦皇玉玺，今在梁朝。"

梁朝的陈庆之说着一口金陵雅音，但作为北魏大臣的杨元慎却听得懂，这首先归结于北魏孝文帝（467—499年）的改革功劳。

南北朝时期中国尽管大分裂，异族不断南下，但到了公元490年，23岁的北魏孝文帝开始从平城（大同）迁都洛阳，并强行推行汉化运动，其中就包括禁止胡服、改易汉俗和规定30岁以下的鲜卑人一律改学汉语"雅音"。

孝文帝规定，不学习汉语雅音的鲜卑官员一律"降爵黜官"，对于孝文帝强行推广汉语，当时孝文帝的皇后冯氏坚决反对。为此，北魏太和二十年（496年），孝文帝直接将冯氏从皇后废为庶人，理由就是皇后拒绝改说汉人的雅音"伊洛正音"。

对此，孝文帝解释说，假如不学习汉人雅音，那么几代人以后，怕是鲜卑人又将成为披发左衽的蛮夷之人（"若仍旧俗，恐数世之后，伊洛之下复成被发之人"）。对于孝文帝来说，鲜卑人以少数民族身份入主中原，能否说上一口标准的汉人雅音——伊洛之音，是与南方王朝争夺"正统"的重要标志。

在魏晋南北朝的乱世中，当时，无论是在西晋时期建立汉国的匈奴贵族刘渊，还是后来的北魏孝文帝，他们都极度推崇汉化和汉语，这就使得尽管魏晋南北朝时期，整个北方动荡两百多年，但源自河洛古语的汉语雅音却一直在北方得以保存——因为在当时，无论是北魏，还是南朝的宋、齐、梁、陈，都始终在朝着一个方向，即向传统的洛阳读书音靠近，这就使得南北朝时期，中国南北两方的标准语并没有产生太大分歧。

4

隋朝一统南北后，音韵学家陆法言作《切韵》规范当时的国家标准语时，重新将南北朝时期有所隔离的南朝金陵雅音和北朝洛下雅音重新整合在一起，形成了隋朝新的官方雅音系统。

而继承隋朝体制的唐朝，也将从夏商周时期就延续下来的雅音，和后来经历秦汉统一帝国改造后形成的洛阳读书音继承下来作为官方语言，一直到后来的五代十国和北宋时期，洛阳读书音作为古老的汉民族共同语，仍然拥有极高的地位。

北宋时，名臣寇准跟别人讨论天下哪里的语音最正统，便说"惟西洛人得天下之中"。意思是说，洛阳读书音才是天下雅音的正统；而两宋交际时期的大诗人陆游（今浙江绍兴人），也在他的《老学庵笔记》中写道："中原惟洛阳得天下之中，语音最正。"

但汉民族的共同语，在安史之乱以后，已经开始酝酿剧烈的变化。

从安史之乱以后，到五代十国、两宋时期，北方的契丹、女真、蒙古人先后不断崛起，并南下剧烈冲击中华大地。由于北方平原地域广阔、一马平川，这就使得胡语在北方更容易渗透和流传，这就使今天的北方方言融合了更多少数民族色彩，而南方由于山河阻隔，却得以保存了汉民族古老语言基因的原因。

从西晋八王之乱以后，北方汉民族不断大规模南迁，在北方士族融合吴方言改造成金陵雅音，同时来自河洛古语地区的中原子民，也辗转南下迁移至福建和广东粤东地区，并吸收了部分当地越族用语，逐渐形成了今天的闽方言区，从而为汉民族保留了古老的语言种子。

当时，对于北方胡族语言不断冲击南下，汉人也开始出现了一些鄙夷性的语言，例如"胡说""胡来""胡作非为"等这些口语和书面语，其实就包含着早期汉人对于胡人等少数民族的鄙夷心态。

5

但语言的冲击不可避免。

前面说过，从夏商周时期开始至隋唐，中国的首都长期都是从西向东摇摆于长安和洛阳一带的黄河洛水地区，但是从五代十国开始，长安和洛阳开始衰落，取而代之的，是开封的崛起。

开封的崛起，意味着中国首都从汉末、魏晋南北朝时期开始的从西向东的摇摆趋势，即将转变进入从北向南的摆动趋势。

开封在五代十国时期崛起后，作为后续的北宋首都，开封的汴京话也对唐朝延续下来的唐京雅音产生了很大影响。北宋时，在汴京话冲击影响下，汉民族的雅音开始融合了开封特色，形成了后来所称的"宋音"雅言或"中州音"。

要注意的是，北宋时的开封话和"宋音"雅言，仍然属于古代汉族雅音系统，与现在的河南话有着较大的区别。

1127 年靖康之变中，女真铁骑南下灭亡北宋，随着宋室南迁和南宋的建立，此后，汉族的雅音系统再次分离，并逐渐分裂成了后来的南方官话体系和北方官话体系，这也是当时南北方政治军事对峙所造成的分裂结果。

另一方面，从唐朝以来，今天属于北京的幽州地区，一直都是契丹、女真等少数民族的活跃地带。当时，一种称为唐代幽州话的汉族边缘方言在幽州地区流行开来，在契丹、女真和后来的蒙古人影响冲击下，幽州话开始融合了大量的北方少数民族用语，并逐渐发展了后来的北京话。

而原本地处边缘，与河洛古语的中原雅音系统相去甚远的幽州话，随着蒙古人的到来，即将开始剧烈改变此后 700 多年间的中国语言史。

6

1127 年，女真人攻灭北宋，随后，北方地区在女真人和蒙古人的先后统治下，官话体系也发生了剧烈变化，从中古音转为近古音，也就是在这个时候，原本中国南北共同推崇"洛阳读书音"的局面被改变了。这时候，南方官话随着宋室的南迁和南宋的建立，发展成了南方官话，北方则随着契丹、女真以及蒙古人的先后入侵，逐渐形成了北方官话体系。

当时，南方官话以南京为基准，北方官话则主要流行于华北地区。

1279 年崖山之战后，蒙古人彻底攻灭南宋，在此前的灭金战争和后来的灭宋战争中，蒙古人对中国北方和四川等南方地区都实行了大屠杀政策，这就使得从契丹人入主幽州，女真人攻灭北宋后，北方一直在缓慢改变的语言语音体系，遭到了扫荡式的打击。

在蒙古人的屠刀下，由于北方汉人被大规模屠戮杀害，加上战争动乱导致的瘟疫、饥荒和人口的不断南迁，这就使得北方出现了广大的语言真空区，原本自夏商周以来一直延续流传三千多年的中原古代雅音系统，此时也在北方遭到了扫荡式的破坏。

元朝定都大都（北京）以后，作为唐代幽州话嫡系的"大都语"开始出现，这也就是今天北京话乃至普通话的雏形。

此时，受到契丹、女真、蒙古等少数民族语言先后侵蚀影响的幽州话以及后来的"大都语"，已经丧失了古代中原雅音系统所拥有的全浊音和入声。

而入声等中国古代汉族雅音和洛阳读书音消失导致的结果，就是用从元朝时期开始发端的大都语，也就是今天我们在说的普通话，来读古代的许多古诗词时，经常会出现无法押韵的情形。

出现这种问题很大的原因，就是这些古诗词很多都是押的入声韵，而从元朝开始崛起的北京话（普通话），在经过蒙古人对汉人的扫荡式改造后，入声韵已经几乎彻底消失。

这，就是今天用普通话来读古诗词，经常无法押韵的最重要原因。

在进行大规模的屠杀，将北方地区腾空出巨大的语言真空区后，元朝政府规定，学校教学必须采用以"大都语"（北京话）作为标准的天下共通语，这就使得"大都语"（北京话）开始在北方地区逐渐流行开来，并成为现在广泛流行的北方方言的源头。

也就是在这个时候，经历少数民族侵蚀改造的北京话开始逐渐成型。而元代时期盛行的杂剧和散曲，则大大促进了大都语（北京话）的传播。元朝时期，周德清的《中原音韵》主要根据元杂剧的用韵编写，基本上反映了元朝当时大都语的面貌，而当时的声韵调系统，已经相当接近今天的北京话。

也就是从这个时候开始，广大中国北方地区的汉人，开始在唐代幽州话的基础上，逐渐改变了祖先的语言，说上了大都语（北京话）。

祖先的语言，已经悄然改变。

7

而担负着汉民族语言中兴重任的，是横空出世的大明帝国。

在被元朝统治近百年后，"驱除胡虏，恢复中华"的大明帝国正式建立，此时，中华大地从文化到语言，已经被严重侵蚀改变。当时，在以大都语（北京话）为基础的北方官话体系中，古老的汉族发音系统例如入声已经被扫荡毁灭，但是在南方官话中，古老的汉族雅音仍然继续保留着，为汉民族延续着语言的血脉。

朱棣篡夺帝位迁都北京后，又从南京一带迁徙大量人口进入北京，同时也将南方官话体系再次带入了北京，在此情况下，从明朝建立后一直到清朝中期，南方官话体系一直强势影响着北方官话——尽管在明朝初期的北京话中，入声韵等古老的汉语发音已经消失，但来自南方官话的雅音注入，仍然尽全力为北京话注入了古老汉族雅音的种子。

在北京话中，以"剥"字为例，南音读 bo，北音读 bao，前者多用在书面语上，后者则经常用在口语上；另外例如"色子"中的"色"读成北音的 shai，而"颜色"的"色"则取南音 se。

这些多音字的出现，正是大明帝国建立后，利用南方遗留的古老的汉族雅音，对北京话实施拯救行动所结下的果子，从而使得融合了少数民族"血统"的北京话，始终还得以保留古汉语中"文雅"的成分。

1644 年明朝灭亡、满人入主北京后，强制将北京的汉人迁至南城（即今天的北京崇文区、宣武区），而满人则入据内城（今天的北京东城区、西城区）——当时，北京内城满人讲辽南方言，外城汉人则讲燕京方言，在满族人逐渐融合学习北京话的过程中，"满式汉语"最终奠定成型。这也就是今天北京话，乃至以北京话为基础的普通话的最终由来。

清朝建立后，北京话开始吸收满族、蒙古族和回族的语言要素，例如北京话中的"您""胡同"都是来自蒙古语;而"帅""耷拉""打发""大夫""呵斥""嬷嬷"等词语则来自满语。

以中国四大名著之一的《红楼梦》为例,这部成书于清朝中期的作品,也是曹雪芹在北京生活时期,融入大量满语所创造形成的。《红楼梦》第十四回讲到宝玉说:"巴不得今日就念才好。"其中"巴不得",正是来自于满语"babacituttu";第十六回中赵嬷嬷说:"我们这爷,只是嘴说得好,到了跟前就忘了我们。"而"跟前",正是满语"jakade",指的是地点和时间。

对此红学专家周汝昌说:"没有满汉两大民族的融合,是没有产生《红楼梦》作者与作品的可能的。"满族作家老舍也说:"满族应该分享京腔创造者的一份荣誉。"由此可见满语对北京话,乃至普通话的影响之深。

8

但语言延续的强大惯性,使得"满式汉语"的北京话推进并不顺利,当时,清朝初期的北京话,仍然具有强烈的明朝南音色彩。另外,很多南方官员根本说不利索北京话,更不要提全国尤其是南方的老百姓了。

对此,雍正六年(1728 年),雍正皇帝终于发飙了。

自从登基后,雍正就一直对南方人不会说"官话"(北京话)感到很烦,搞得他听都听不懂。在雍正看来,南方人尤其是以福建人、广东人为首,每次上朝奏对的时候,都鸡同鸭讲一样,于是,雍正决定先拿福建和广东人开刀。

1728 年,雍正正式下令,要求以八年为期,在福建和广东设立"正音书院"推行官话,并且规定,如果八年后福建人和广东人还学不会官话(北京话),那么到时福建和广东的童生、监生、贡生和秀才、举人,将一律禁止参加科举考试。

作为封建时代实现社会阶层晋升的最主要途径,雍正威胁取缔福建、广东学子科举考试资格的命令,立马将两省的官员和学子们吓了个半死,雍正谕旨下发后一年多,仅仅广东省内就成立了 2000 多所专门教导官话(北京话）的正音社学。

但此后，由于缺乏经费等原因，雍正的官话推广运动并没有在广东和福建持续深入下去，但是在雍正的推动下，以满式汉语为根基的北京话，作为国家共同语的地位开始正式奠立，并逐渐取代了此前南音版的北京官话。此后一直到晚清时期，以满式汉语为基调、融合了南北两系官话的北京话流行度越来越高。到了清末民初，北京官话作为通用语的江湖地位已经不可撼动。

在雍正看来，推行作为共通语的官话，是构建大一统帝国的重要组成部分，但是在满汉民族斗争的语境下，语言也成了民族和阶级斗争的工具——对此，太平天国运动时期（1851—1864 年），作为广东客家人出身、说着一口古老汉族雅音——客家话的洪秀全，就指斥满清推行满式汉语"是欲以胡言胡语惑中国也"。

9

但是民族语言融合的潮流已逐渐成型，且势不可挡。到了 19 世纪，随着德意志、意大利等民族国家的逐步形成，从德国到意大利，再到日本，都在努力建构一种民族共同语。

光绪二十八年（1902 年），京师大学堂总教习吴汝纶去日本考察学政，发现日本已经在全国普及了以东京话为标准的国语。吴汝纶深受启发，回国后就提出希望以北京话统一全国语言，并定名为"国语"。

在吴汝纶提出这个想法以前，清朝的"国语"一直是满语，所以吴汝纶的建议遭到了强大阻力。但鉴于时代风雨欲来的不利局面，为了构建统一性帝国，1909 年，清朝正式下令将以北京话为基础的官话改名为"国语"。可还没来得在全国范围内实施，1912 年，清朝就灭亡了。

尽管从元朝定都北京以来，北京话的雏形大都语就已开始出现，但随后历经明清两代的变迁，北京官话也融合了南音和北音以及满语、蒙古语、回语等诸多语言特征。对于清末时期未能完成的国语统一运动，民国政府接棒进行了努力。

1913 年，民国政府召开"读音统一会"，准备确定"国音"的标准。会议期间，有代表提出，作为深受蒙古语、满语和回语影响的语言，北京话虽然是汉语的一个分支，但是北京话在经历多次融合后，古汉语中的全浊音和入声等发音都消失了。最终会议投票决定，在以北京话为基础的老官话中，杂糅进古汉语的入声和尖团音等发音，以此来解决北京话无法押韵古诗词、与古汉语相去甚远等问题。这就是著名的"老国音"。

但作为现实中没有人使用的语言，按照古汉语标准设定的"老国音"没有实际语境，人们根本无法自然地说出口来，这就使得 1913 年通过的这门"老国音"成了一门"死语言"。尽管如此，由于取消入声会打乱中国传统诗词的格律和降低古文的节奏感，主张在国语中保留入声的力量仍然相当强大。但作为反方，反对者则主张应该尊重现实，使用实际有人使用的北京话作为新国音。

1919 年五四运动以后，随着白话文的广泛兴起，传统诗文逐步失去了过去独霸文坛的地位。在此情况下，1924 年，"国语统一筹备会"决定放弃"老国音"，改为以北京语音作为"国音"的标准，这也就是"新国音"的由来。

此后从 1924 年至 1949 年，除了 1937—1945 年全面抗战期间"新国语"推广受到影响外，其他时间，"新国语"都在国内广泛推广开来。

1924 年，学者洪业回到福州四处讲学，他当时就惊奇地发现，"各校学生都会讲国语，使他非常诧异，仅仅十年之前，他还是全校师生中唯一会讲官话的人"。

建国后，国语改革运动继续推进。1955 年，北京官话被选定为新国语的标准语。考虑到民族共通融合问题，官方决定将"国语"改名为"普通话"。1956 年 2 月 6 日，国务院发出《关于推广普通话的指示》，并将普通话正式定义为"以北京语音为标准音，以北方话为基础方言，以典范的现代白话文著作为语法规范的现代汉民族共同语"。

至此，一个以北京语音为基础，失去了古汉语的入声、全浊音等发音特征的当代版"普通话"正式成型。尽管与古代汉族先民的发音相去甚远，并受到诸多少数民族语言的深刻改造影响，但在中华大地上，一门广泛的多民族共同语，终于扎根发芽了。

·
·
·

第四章

重审明清历史

·
·
·

是非留待后人评

与海为敌：一项致命的决策

当明朝大海商汪直（1501—1559年）被拉到杭州一个港口处死的时候，不知道他会不会扇自己两耳光：为什么信了徽州老乡胡宗宪的鬼话？

但浙直总督胡宗宪也是没有办法。

为了平息东南沿海的"倭患"，胡宗宪与汪直的海商集团斗智斗勇多年。两人互相影响，竟然产生了共同语言。

汪直做过盐商，后来加入海上走私集团。随着势力和威望攀升，成长为东南海域乃至日本一带的海上一哥。最鼎盛时，汪直拥众十万余，大小船只无数，自称"徽王"。过往的船只，都要打着"五峰"（汪直，号五峰）旗号方能通行。

然而，关于汪直的身份，朝廷和民间的认识却出现了撕裂。汪直自认是一个利国利民的商人，经营海外贸易，既能赚钱，又能为国家守卫海疆。因此，他还曾自称"净海王"，海氛澄清，边疆无事，有他的一份功劳。但任何时代，朝廷都不能容忍任何私人武装的存在。于是，汪直毫无争议地被官方定性为海寇。纵容？合作？都是不存在的。

胡宗宪正是作为汪直的死对头，来到东南任职的。

在长年的斗争中，胡宗宪慢慢地有些被汪直"洗脑"了。他逐步认识到，只有开放海禁，才能彻底平息沿海海寇，所以想改剿为抚。

胡宗宪与汪直谈条件，许诺其不追究前罪，并开放海禁。有了总督大人的包票，汪直进入杭州，畅游西湖，就这样被诱捕了。

胡宗宪立马上奏，一心想兑现他的承诺，请求皇帝免汪直一死，让其充当沿海防卫，以安倭奴人心。

奏疏刚发出去，地方官员闻讯，纷纷传言胡宗宪收了汪直几十万两金银，才为其求情。

胡宗宪吓蒙了，赶紧派人追回那封奏疏，重新发了一封。在新的奏疏里，胡宗宪措辞严厉，说汪直是制造沿海紧张局势的罪魁祸首，罪不可赦！

这一刻，汪直已经知道，自己的生命将画上句号。

讲这段史实，不是为了八卦这一对徽州人的恩怨，而是为了说明：在明代，对待海洋的态度，关乎每个人的身家性命，无论你是商人还是高官。支持海禁，抑或反对海禁，是两条路线的殊死搏斗。汪直的崛起与死亡，胡宗宪的反悔与自保，都被裹挟在这场旷日持久的路线之争中。而从世界的角度来看，他们也将预见一个庞大帝国终将衰落的肇因。

1559 年，汪直被处死的那一年，一个叫努尔哈赤的人降生了。

同年，伊丽莎白一世加冕为英国女王。英国在她的治下，一跃成为欧洲最强国。她因为纵容和扶持海盗集团的扩张，后来被称为"海盗女王"。

1

在朱元璋之前，中国从未有海禁政策。远的不说，在老朱建国之前的宋、元两代，均以开放著称。

宋代的皇帝，无论如何荒唐或恐惧战争，经济意识却都十分超前。商税是国家财政收入的重要构成，其中源自进出口贸易的市舶收入亦十分可观。相比之下，明初的商税年收入，仅为北宋时的 1%，可见宋代商品经济的发达，以及老朱建国后的倒退程度。

宋代皇帝奉行实用经济理性，不但不禁止海外贸易，有时还特别提倡和鼓励。元代基于大一统的开放性，较前朝有过之而无不及。最典型的表现，是在南粮北运中采取了海运。由于元代的政治中心在北方，当时的经济中心在江南，这就需要启动南粮北运工程，将江南出产的粮食运输到京城。

隋代以后，南粮北运基本都靠漕运，即通过大运河运输。但元代从 1282 年开始海运尝试，历经十余年的冒险和试错，终于找到了一条经济、安全、快捷的航线，从浙西运粮到京师，只要十多天时间。从此，海运与元代统治时期相始终。

更深刻的变化随之而来。因为海运的昌盛，促进了元代商品经济的活跃，以及航海技术、造船业的大发展。以至于有历史学家感慨，如果循着这条道路前进，中国将成为世界上的海上强国，将加速资本的原始积累过程。

但是，历史在这里拐了个弯。

明朝建立后，朱元璋亲手葬送了中国的海运之路。

具体来说，朱元璋建国后，数次发布禁海令，包括将各地市舶司撤掉，颁布法律，规定片帆不许入海，民间不许贩卖舶来品，也不许将圈定范围内物品贩运出境。违者，最高将处绞刑。

朱元璋为什么要实行海禁呢？这就涉及统治者的自私了。

明初海疆不靖，张士诚、方国珍等原本占据江南的抗元力量，被朱元璋打败后，残余势力逃亡海上。这些海上反明势力，被定性为国家的不稳定因素。既然剿杀不尽，朱元璋想到的办法就是禁止人民通海，一来与反动势力隔绝，二来是想从经济上切断反动势力的补给。总之，为了大明政权的稳定，海洋经济以及沿海人民的生计，都可以牺牲，而且必须牺牲。

如果朱元璋的海禁政策终其一朝而止的话，那中国也就失去三四十年，不至于失去数百年。

但是，他是朱元璋，是开国太祖，他的话和政策被尊为"祖训"，变成国家的最高意识形态，后世子孙都必须严格恪守。这就对后来整个明朝历史产生了极其恶劣的影响。

2

朱元璋的海禁政策，开了一个很坏的先例。在他之后，海运由盛转衰，海运与海禁进行了长期激烈的博弈，中国逐步由对外开放走向了闭关锁国。

这中间的历史颇多曲折反复，海禁政策并非一成不变，但统治阶层的观念禁锢却越来越严重了。

从明成祖朱棣时期开始，郑和七下西洋，声势浩大，影响深远。我们一直以此自豪，说中国人的远航，比哥伦布、麦哲伦早了一个世纪呢。但是，真实情况是，郑和的远航，是去海外宣扬盛世王朝的德威，要四夷遣使来朝，称臣纳贡。这是服务于明朝的朝贡体系，政治性远大于经济性。这个理念跟近代的殖民主义迥然不同，不仅不追求经济利益的最大化，反而是去做赔本买卖。简言之，郑和下西洋就是去撒钱的，撒完了，换些奇珍异宝、异域风物跟皇帝交差完事。

可惜了中国那时航海技术与造船工艺的世界领先性。这得益于宋、元的传承。但在郑和之后，中国在海洋世界的荣光慢慢褪去，再回看历史，大家才惊觉，这竟是一次无可复制的回光返照。

到了明宪宗时，皇帝想派人第八次下西洋，兵部车驾郎中刘大夏站出来阻止。他先把郑和当年出使西洋的档案资料藏匿起来，准备销毁，然后劝谏说，郑和下西洋"费钱数十万，军民死且万计，纵得奇宝而回，于国家何益？"

刘大夏说出了郑和下西洋的本质——投入和产出不成比例，但他没有进一步想怎么去重新设计这个传统项目的效益，而是直接叫停了。

明朝就这么"心甘情愿"地进入了一个彻底守成的阶段。私人的海外贸易，这条路早被朱元璋堵死了；如今官方的朝贡体系，也坐等四夷来朝，而且经常任性，要么对朝贡口岸时开时停，要么对某国实施经济制裁，敕令"尔等别来了"。

此时的明朝还是世界第一大国，然而，这样一个保守的老大哥，在近代化的前夕将会把整个东方世界带向何方？是带往大海星辰的征途呢，还是带进沟里？

嘉靖一朝（1522—1566年），中国的海禁进入史上最严时期。嘉靖帝的政策，居然比"祖训"还要严得多，简直是比朱元璋还要朱元璋。

肇因其实很无厘头。嘉靖二年（1523年），日本一下子来了两个使团，都想跟中国进行朝贡贸易。明朝政府根本没有人了解日本国内情况，不知道当时日本处于"战国时代"，别说来俩，来四个也很正常。大明官员摆出一副"我们只承认一个日本"的姿态，导致两个使团为争正统，在中国家门口打起来了。这场使团仇杀，最后殃及宁波、余姚等沿途官民，被政府扣上"倭寇侵扰"的帽子。

大明官员们借此大做文章，搬出"祖训"是最高指示那一套说服皇帝。

嘉靖帝一怒，都别搞了。于是连市舶、朝贡口岸都关闭了，省得生事。

官军出动，在海上巡逻，缉捕出洋走私者。以走私起家的海商们，和靠权力寻租获利的官绅们，这下都坐不住了。他们暗中联合起来，武装反抗缉私官军。一场海禁与反海禁的战争，开启了。而在史书上，反抗者都被贴上"倭寇"的标签。事实上，他们大多数是大明的子民。

大海商许栋、李光头势力最强，与巡抚浙闽的朱纨进行了殊死搏斗，最终二人均被俘。朱纨在给朝廷报捷的奏疏中，指责浙闽的世家大族与"倭寇"有勾结。这不啻于在浙江、福建的沿海豪势富贵家族中扔下一颗炸弹，炸开了。

两地的豪门大族开始反击，说被俘的许栋、李光头等人都是良民，不是贼党，更不是倭寇，要求从轻发落。求情无效，被俘者96人均处死刑。

这一下，浙江、福建籍的朝廷言官纷纷出动，弹劾朱纨。转瞬之间，"禁海"名臣朱纨，成了待罪之徒。

朱纨无限感慨："去外国盗易，去中国盗难；去中国濒海盗犹易，去中国衣冠之盗尤难。"

衣冠之盗，指的是那些主张开放海禁的朝野士大夫。

朱纨陷于绝望之中，自知民愤极大，"纵天子不欲死我，闽浙人必杀我"，喝下毒药自杀。

这场海禁与反海禁的斗争，表面看来势均力敌，各伤五百。但在十年后，继承许栋崛起的大海商汪直被诱捕后，胡宗宪明知海禁才是制造所谓"倭寇"的原因，但他为了自保，却不敢说出来。

可见，支持海禁的势力已经达到了顶峰。

3

物极必反。1567年，隆庆帝继位。一名福建官员斗胆上疏请开海禁，居然获准。

此后，私人海外贸易仍受到各种限制，例如出海要有"由引"（即凭证），船数和贩卖物品都有限制，而且不准前往日本。不过，私人出海贸易毕竟获得了合法的身份。这在整个明代应该说是一种根本性的变化。

在明朝历史上，"隆庆改元"颇有政经革新的意思。这都是被现实逼出来的。

朱元璋建国以来两百年，明朝以物换物的赔本买卖，到此时难以支撑下去。用史学家杨念群的话说，明朝的经济肌体循环中，逐渐出现了"白银中毒"的症状。无论是官方还是民间，白银都是最硬的通货。白银需求量剧增，而中国本土出产白银甚少，无奈只能通过海外贸易换取。据估算，从 16 世纪中期到 17 世纪中期，流入中国的白银有 7000 ～ 10000 吨，世界上发现的白银，最终绝大部分都流入了中国。

晚明的经济狂飙，与海禁松弛关系巨大。但这不能归功于政府的作为，恰恰是政府的无能为力，才开创了一个经济的新时代。一个弱势的、失控的朝廷，造就了经济繁盛的局面，这真是历史的讽刺。

那么，朱元璋的"祖训"是不是在这时就被抛弃了呢？并没有。中晚明以后的皇帝，没有一个有魄力去更易整套意识形态，相反，"祖训"时不时以各种形式复活。

在政策制定这种形而下的层面，"祖训"被暂时搁置不议。但在思想意识层面，"祖训"永远是灵魂。

万历年间，意大利传教士利玛窦来华。他绘制了《舆地山海全图》，朝廷官员看到了：大明竟然不在图的中央，这是邪说惑众啊！

利玛窦情商很高，重新绘制了一幅《坤舆全图》，献给万历帝。这次，大明被他放在了世界中央。

但背地里，他在书中提出了尖刻的批评："因为不知道地球的大小而又夜郎自大，所以中国人认为所有各国中只有中国值得称羡。"

不仅如此，利玛窦还惊诧地发现，"倭寇"凭两三只船就能随处登岸，攻击城镇，肆意烧杀，就是利用了中国人怕海的心理。海路运输既迅捷又节省，中国人却极度害怕海盗打劫破财，宁可循规蹈矩，龟守在内地风平浪静的河道中运输货物。

他的观察还是相当犀利的。哪怕在名义上开放海禁的时代，他仍能洞穿中国人对于海洋的内心恐惧。

隆庆年间，漕运总督王宗沐提出南粮北运，想学习元代走海运，不走漕运。朝廷舆论，整个炸了。关于海运与漕运之争，官员们进行了漫长而又无意义的争吵。

唯一的结果是，什么都没有改变。元代那种拥抱大海的心胸，从来就未被明代的官僚精英感受到，即便有一两个人感受到了，也会被集体的唾沫淹死。

4

回望历史，晚明畸形的经济繁荣，更像是无根之木。它的衰亡，只是时间问题。

在中西方历史发展的分岔口，两个至关重要的年代很快到来，而我们一个也没有把握住。这就是 17 世纪 40 年代和 18 世纪 50 年代。

17 世纪 40 年代，英国爆发资产阶级革命，标志着西方社会进入资产阶级世界革命阶段。而中国在这个时候，完成了新一轮朝代更替，明亡清兴。清朝一入关，推翻了老朱家的江山，却把老朱的衣钵继承了。为了封锁海上反清复明势力，清初几乎没有犹豫就照抄了朱元璋的海禁政策。

一百年后，18 世纪 50 年代，英国开始爆发工业革命，推动资本主义经济的第一次腾飞。几乎与此同时，乾隆二十二年（1757 年），清朝下令关闭了沿海 3 个口岸，仅留广州一口通商。

本来，康熙在战胜郑氏海商集团之后，在上谕中说："先因海寇，故未开放海禁。今海氛廓清，更何所待。""更何所待"四个字，把康熙迫切要求海外贸易的心情表达得淋漓尽致。可见康熙还是稍微有世界视野的皇帝，清初之所以照抄朱元璋的海禁政策，是迫不得已的权宜之计。但到了他的孙子，就是真"孙子"了。

大概在乾隆十七年（1752 年），湖北发生了马朝柱反清案。马朝柱在深山里安营扎寨，名为"天堂寨"，同时宣称"西洋不日起事，兴复明朝"。

纵观当时的史料档案，对此事进行复盘，马朝柱基本是后来的洪秀全初始版。他的信徒很快就被抓获，根据地也被捣毁，但马朝柱失踪了。这就给了各种反清势力神化马朝柱的基础，也成了乾隆的一块心病。他一听到"天堂""西洋"这种词汇就头大。

当时，西欧各国不断进行海外殖民活动，亚洲许多国家相继沦为殖民地。没有证据表明乾隆是否真的相信马朝柱的鬼话，认为洋人会参与到反清复明的谋逆之中。但此事的长尾效应恰是，乾隆宣布中国对世界关上了大门。

只是这一次，再也不是天朝不陪你们玩了，而是天朝被世界彻底抛离了近代化轨道。

很奇怪，满人入关，一直有怕被当作蛮夷的自卑心理，文化自信严重不足，所以处处模仿汉制，不惜全盘走朱元璋道路。但是，到了洋人面前，汉化的满族统治者就表现出了他们极端的傲慢与偏见，真是把老朱家的自大学到骨子里了。

假如，清代承续的是宋代，而不是明代，那么，他们的皇帝是否就能像元代一样，学到宋代对海洋的开放心态，而不会受到朱元璋海禁思想的"毒害"呢？

可是，历史啊，永远无法重置，只能叹息。

人才"逆淘汰"：皇帝见过的虱子捉不得

逆淘汰，是一个残酷的概念，但它所折射的历史真实，更加残酷。

官场上，小人淘汰君子、庸才淘汰天才、狗熊淘汰英雄，这样的逆淘汰进程，历朝历代都少不了。当逆淘汰成为一个朝代选人用人的根本状态时，小人当道，君子远走，或遭迫害，或遭放逐，这个朝代就跌入发展的谷底；反之，当正淘汰的原则顺利运转时，君子、小人各归其位，一个朝代就会迎来上升期。

逆淘汰—正淘汰交替的规律，从先秦开始，就成为中国历史的一条隐线。与之对应的明线，则是朝代的兴衰与更替。

不过，大概从明英宗正统年间（1436—1449年）开始，逆淘汰几乎单方面主宰了此后历史的发展，一直到清代灭亡（1911年），从未退出历史舞台。这将近500年的时间，简直就是精英人才的至暗时期,逆淘汰独霸中国的倒退时期。

1

明英宗统治时期，为什么是中国人才逆淘汰五百年的开端？这里面有两个原因：宦官专权和廷杖泛滥——逆淘汰的两根导火索，均从此时埋下。

明朝第一代专权宦官王振，此时出场。这个落第秀才出身、为求发达自阉入宫的太监，史书称他"狡黠"，善于伺察人意，一开始在东宫服侍皇太子（即后来的明英宗），即获得皇权的青睐。

1435年，明宣宗去世后，9岁的英宗继位，王振成为宦官中权力最大的司礼太监。不过，此时朝中有张太后垂帘听政，有三杨（杨荣、杨士奇、杨溥）忠心辅政，王振还掀不起什么大浪。相反，他必须把自己伪装成正淘汰原则的信奉者，才能立得住脚。

一次，小英宗和几个太监在宫内击球玩耍，被王振看见了。第二天，王振故意当着三杨的面，跪劝英宗说："先皇帝为了球子，差点误了天下，陛下今天复踵其好，是想把国家社稷引到哪里去呢？"

三杨为王振的责任心而感动。实际上，王振在暗中开始抓权。

等到三杨病死的病死，辞职的辞职，王振已经羽翼丰满，本性暴露。朝中选人用人，全凭王振一句话。谁若顺从和巴结他，谁就立刻得到提拔；谁若违背或抵抗他，谁就立即受到贬黜。

一个叫王佑的工部郎中，很会阿谀奉承。一天，王振问王佑："你为什么没有胡子？"王佑回答："老爷您没有胡子，儿子我怎么敢有？"王振一听很高兴，立马给王佑升官，提拔为工部侍郎。

想要升官发财的人，如法炮制，溜须拍马，送钱贿赂。当朝中充斥小人之时，正人君子就都靠边站。王振形成了自己的集团势力。

王振的"巅峰之作"，是怂恿英宗御驾亲征瓦剌。太监干政，直到左右皇权，莫此为甚。

这次亲征，英宗被俘，王振丧命。坏人集团貌似戛然而止，实际上"阴魂不散"。王振之后，明朝大太监代有人出，从汪直到魏忠贤，一个比一个胆肥，难怪明朝被称为"最大的太监帝国"。

2

太监弄权的土壤，正是从明英宗时期培育起来的。据说，明太祖严禁太监干政的祖训铁牌，就是王振当权后摘下丢掉的。

组织打赢北京保卫战的救时英雄于谦，最早尝到了这一波逆淘汰的恶果——心怀社稷的忠臣，下场不如满腹诡媚的变色龙。明英宗复辟后，杀掉了于谦，同时为王振竖碑立像，整个帝国的价值观完全颠覆。

价值观颠倒之后，人才的逆向淘汰变本加厉。从明中期到晚期，政治、文化上天才辈出，但这些人才，没有一个过得顺当，一个个都经过百死千难。论原因，不是他们狂傲不羁什么的，而是已经被异化的政治环境，接纳不了他们。

由太监、宠臣、权相把持的政治生态，导致清廉的不如腐败的，亲民的不如霸道的，琢磨事的不如琢磨人的，不站队的不如站对队的。一个人只要心中有道德戒律，他就适应不了这种环境，要么被淘汰出局，要么只好主动放逐自己。

举两个对应的例子。

一个是被逆淘汰的海瑞。海瑞事实上是嘉靖时期一名改革闯将，无论反腐败，挑战官场潜规则，还是治理地方，实施经济改革，都有一手。但就是这样一名干将，在官场沉浮数十年，被冷藏的时间过半，最后还落得一个迂腐的骂名，为什么？

因为他清廉，不站队，不与大队伍同流合污呗。就这么简单，没有第二个原因。

另一个是抵抗逆淘汰的张居正。张居正是个伟大的改革家，但是他之所以比同时期的海瑞伟大，恰恰不是因为别的，而是因为他做出了妥协，牺牲了原则，甚至抛弃了道德，从而换来了实施伟大事业的空间。

比如，张居正为了上位，必须坚定地与大太监冯保结成同盟，必须耍手段挤走前任内阁首辅高拱。这些都是他对抗逆淘汰生态的妥协之策，你要么改变自己，适应环境，要么成全自己，远离这个环境。

张居正是一个典型的马基雅维利主义者，为了达到一个高尚的目的，不惜使用卑鄙的手段。要做事，做大事的人，在那样的政治生态下，只能豁出去声名，与狼共舞，直到自己也慢慢变成了狼。

3

现在说说，明英宗时期开启逆淘汰时代的第二个原因——廷杖。

廷杖，顾名思义就是当庭杖打。当着文武百官的面，用棍子打屁股，让被打的官员精神、肉体遭受双重暴击。

廷杖是从何时"被发明"出来对付士大夫的？清人编的《明史》说是从明太祖开始，这不对。

根据考证，廷杖最晚在东汉就出现了，只是有时叫作"鞭杖"，有时叫作"天杖"，还有的啥都不叫，直接就说"于殿廷打人"，够直接够粗暴。

但必须承认，廷杖的运用在明朝达到了常规化、规模化、准制度化的状态。当然，明朝对廷杖的运用程度也是分阶段的，从明太祖到明宣宗时期，廷杖用得并不多，明英宗时期开始，这一处罚官员的手段才从"试用期"转正，进入大规模实行阶段，无论是执行次数、被杖责人数、残酷程度，都前所未有。

这一时期，伴随王振专权，廷杖作为消除异己的手段，被他运用得很纯熟。通过身体羞辱的形式，实施人才逆淘汰。

朝廷的棍棒，一点点在改变士大夫的精神面貌。

到了正德、嘉靖两朝，廷杖尤其惨烈。规模最大的两次都是上百名官员被集体廷杖，那真是血溅玉阶，肉飞金殿。

一次是在正德十四年（1519 年），武宗皇帝要出游被阻拦，一怒之下廷杖阻拦的大臣 146 人，一下子打死了 11 人。另一次是嘉靖三年（1524 年），嘉靖皇帝因为大礼议之争，廷杖大臣 134 人，16 人当场死于殿廷之上。

整部《明史》中，光有名有姓被廷杖的官员就达 157 人，其中 38 人被杖死，比例接近 1/4。可以想见，还有相当众多的官员遭廷杖之刑，只是名字未被记载下来。

4

廷杖泛滥的直接结果是，官员士大夫经此大辱，精气神全无。

回忆唐代，三公可与皇帝坐而论道。到宋代，虽然没得平起平坐，但皇帝与士大夫共治天下，却成为国家治理的共识。而这些对于士大夫的优遇，到了明代通通取消。

不仅如此，明英宗之后，还动不动要公开被打屁股，是可忍孰不可忍？

然而，吊诡的事发生了——这羞辱人的惩罚发展到后面，极大扭曲了官员的精神世界，催生了一大批受虐狂，为的就是博取名气和地位。

因为触怒圣颜而被廷杖的多是耿直之士，往往获得舆论的同情，有辱斯文的廷杖便演变成一种荣誉性标志。黄仁宇评价说："有的人却正好把这危险看成表现自己刚毅正直的大好机会，即使因此而牺牲，也可以博得舍生取义的美名而流芳百世。"

万历五年（1577年），内阁首辅张居正之父去世，以情以理，张居正都应离任回乡服丧。结果，权势如日中天的张居正不肯去位，导演了一场"夺情"。这时候，吴中行、赵用贤等五人，先后上书，请求皇帝让张居正回乡守丧。结果，五人遭到廷杖处罚。赵用贤是个大胖子，被打得血肉横飞，他的家人把打飞的肉捡回来，制成腊肉，当作荣耀的纪念。可见士人的怪异追求，到了何等荒诞的程度。

廷杖被受虐者的荣誉感利用到这个程度，连皇帝后来都想主动放弃廷杖之罚。万历皇帝曾对此十分郁闷，你们啊，不就是想故意惹怒朕，让朕廷杖你们，好成全你们的名声吗？朕偏偏不打你们，怎么着吧！

就是这么硬生生让国家治理从是非之争变成了意气之争。明代中后期，朝堂上很多闹得天大的事，其实都无关国家利益。这样的王朝不垮掉，才怪。

有明史专家指出，廷杖泛滥和异化之后，很多士大夫"以冷淡的和不够关心的态度从事他们的职业"。士大夫们终于发现，所谓尽忠报国、内圣外王的建功立业理想不过是傻瓜的痴人说梦，只有献媚、投机和相互倾轧，才是取得功名富贵的"成功之路"。

官员士大夫或虚声窃誉，或巧宦取容，或爱恶交攻，充斥官场的是赤裸裸的争权夺利，明目张胆的结党营私，毫不掩饰的溜须拍马。

崇祯皇帝临自尽前，无奈地哀叹："君非亡国之君，臣乃亡国之臣！"这，应该是明英宗时期以来人才逆淘汰最大的报应了。

5

明亡之后，中国迎来清统治者。我们以往习惯认为，明朝有一大批死忠之士，不惜以身殉国，激烈反抗清军。事实上，按照傅山等反清复明一线人物的说法，降清的士大夫，占了绝大多数。

剩下的死硬派，只有两种人：一种是传统道德的坚定践行者，另一种是为了反抗清军的残忍屠杀政策。而这两种人，在明末政坛，基本属于外围人物。

也就是说，明末政坛的核心圈层，大多数都当了投降派、软骨头。这在意料之中，凡是有理想、有原则、有能力、有骨气的"四有新人"，都在政治冲洗中早早被淘汰出局了。明朝的逆淘汰，为大清入关开路，堪称"居功至伟"。

到了康熙年间，清廷组织博学鸿儒特科之后，游离在新政权之外的汉人知识精英，几乎被一网打尽，尽入彀中。

与此同时，清朝把明代逆淘汰的两大表征——太监专权和廷杖处罚——都革掉了。有清一代，没有出现一个独揽大权的太监，也没有出现一例廷杖官员的个案。

这种种做法，是否说明清代，尤其是清初出现了人才正淘汰的良好趋势呢？

对不起，答案是否定的。

明英宗以来的 500 年间，人才逆淘汰未曾中断过。清初大异明末的各种做法，本质上并未构建起人才正淘汰的政治生态，相反，一种更加成熟、更加深入骨髓的政治操纵术开始弥漫整个帝国：招揽汉人知识精英，只是为了消除他们的抵抗，而不是尊重他们的气节；彻底消除太监专权，说明了专制皇权的高度集中，而不是用人制度的完善；取消恶劣的廷杖，是因为清朝统治者找到了更加高效而万恶的思想控制方法，而不是出于体恤士大夫的人格尊严。

总而言之，在所谓的"康雍乾盛世"之下，统治者为了政权的稳定性，布下了两张大网，比明朝更加变本加厉地施行人才逆淘汰：一是通过文字狱，摧毁任何自主思想，使天下士人唯唯诺诺；二是通过密折制度，鼓励相互告密，形成全国性的思想监控网络。这些手段，说白了都是糟蹋人的"艺术"。

雍正时期，曾静策动陕西总督造反，本应枭首示众，但他坐了一年大牢后，竟然洗心革面回到湖南老家，痛哭流涕诉说皇上的恩德，成为雍正思想的宣传主力。

江南才子钱名世，牵连进年羹尧案，不过，雍正没在肉体上折磨他，而是亲书"名教罪人"四个大字，让他挂在家中大厅，还不时让当地官员上门窥察，防止钱名世自行摘下来。紧接着，雍正让朝中三四百名大臣集体写诗骂钱名世，骂完了编成集子，要钱名世自己掏钱印发。

明代的廷杖，以身体羞辱的方式，适得其反地激起了官员以受虐性的气节相标榜；相比之下，清代统治者不动士大夫的屁股，也不大在肉体上折磨人，而是通过思想按摩，让整治对象自惭形秽，又一脸真诚地扇自己的嘴巴，一边扇，一边还觉得很舒服。

曾有这么一句话：人类历史上最邪恶的力量，不是致力于剥夺人的财产，消灭人的肉体，而是致力于贬低人的尊严，摧毁人的信念，破坏人的亲情。

清朝在这方面的政治驾驭术，堪称炉火纯青。整个"康雍乾盛世"，社会上游走的，几乎都是没有灵魂的躯壳。

这一次的人才逆淘汰，比以往任何一次都可怕。以往是把独立个性的人才淘汰出体制，这次直接让独立个性的人才，从世界上彻底消失。

6

清朝267年，朝廷官员在皇权面前都是服服帖帖的。他可以是清官廉吏，也可以是能臣酷吏，可以三朝不倒，也可以平安落地，但无论如何，他都必须保持与皇帝主体思想的一致性。

这种官场逆淘汰，以思想格式化的形式进行。

大家熟悉的刘墉，历史上是个清官，但随波逐流的事儿没少干。

一次，刘墉受到乾隆皇帝的召见，一只虱子顺着刘墉的衣领爬上去，一直爬到他的胡须边上。乾隆帝忍住笑，什么也没说，而刘墉还不知道这件事。

等到刘墉散会回到府邸，仆人看见了虱子，请示是否要把虱子去掉。

刘墉听了，直摇头："这虱子一直待在我的胡子上，皇帝已经见过了，有福分，千千万万捉不得。"

刘墉对皇权的服从，由此可见一斑。而这件小事，也是清代整个用人环境的绝妙讽刺。谁管你是虱子还是老虎，能干还是窝囊，只要被皇帝垂青，那就等着一步登天。

嘉庆十八年（1813年），天理教教首林清率领众教徒，秘密潜入紫禁城，发动了暴动。

但事实上，在暴动发生前，情报已被清廷上下多个部门侦知。然而，没有一个官员上报，都生怕揽责。大家都在捂盖子，坐等出事。反正只有皇帝是威武圣明的，我们什么都不是。

事发时，坐镇京师的大学士曹振镛手足无措，直到叛乱平定才镇静下来。后来，有人讽刺他"庸庸碌碌"，他自我解嘲说，那个时候的庸庸碌碌，也颇不容易啊。

的确，那时候，朝中多的是曹振镛这样的高官。他是嘉道两朝名臣，生前官居高位，死后备极哀荣。有门生曾问他为官秘诀，他说得坦坦荡荡："无他，但多磕头，少说话而已。"

我们知道龚自珍写过两句诗："我劝天公重抖擞，不拘一格降人才。"为什么这么说？因为那时候，整个帝国官僚阶层，都是一个模子出来的、没有自主思想的庸官啊。

官僚人才逆淘汰并未到此为止，最可怕的是，它还向体制之外延伸，往下一代灌输。《增广贤文》这类蒙学读物在清代的流行，就是逆淘汰从娃娃抓起的典型。

传统的经典教人怎么行善修身，而清代广泛流行的蒙学读物怎么教小朋友？"人善被人欺，马善被人骑。""人无横财不富，马无夜草不肥。""逢人且说三分话，未可全抛一片心。""画龙画虎难画骨，知人知面不知心。""山中有直树，世上无直人。"……灌输给下一代的东西，几乎都是如此扭曲的价值观。

可见，由政治滑坡引发的整体社会道德滑坡，到了何等严重的地步。

晚清面对西方侵略者的溃败，现在看来，除了一直强调的武器装备代差之外，人的因素恐怕影响更大。相当于两个世界的人打起来，一个是有创造性、有自主性的人，另一个是无创造性、无自主性的人，谁输谁赢，结局不是早就写好了吗？

同治七年七月（1868年9月），平定太平天国运动数年后，曾国藩被任命为直隶总督。此时，他终于有机会第一次见到慈禧太后、同治帝、恭亲王奕䜣以及文祥、宝鋆等高官，并在几天之内四次受到慈禧太后的召见。

后来，曾国藩对人说，这些人皆非能担当王朝中兴重任之人。

帝国最高层的人物，尚且如此，他们以下的人就更加庸碌无为。曾国藩不禁哀叹清王朝的未来"甚可忧耳"。

历史学者雷颐指出，这种局面，正是一个衰朽政权用人制度逆淘汰的结果，但反过来，这种逆淘汰又会加速这个政权的衰败。

光绪二十年（1894 年），甲午中日战争前夕，一个年轻的医生怀揣一篇长达八千多字的《上李傅相书》，请求面见当朝大红人李鸿章。李鸿章听闻来者情况，笑说，医生也懂治国，真是笑话。遂不予接见。

仅仅十多年后，这名被笑话的年轻医生领导的体制外革命，终结了清王朝这个腐朽的庞然大物。而他，从一个被无视的医生，变成了新政权的"国父"。

想当年，在《上李傅相书》中，他提出，中国效仿西方 30 余年，仍无法与西方抗衡，首要原因在于——人未能尽其才。

人才逆淘汰盛行近 500 年，请问，人如何尽其才？

晚清最著名的"裱糊匠"李鸿章，一生风雨修破屋。谁曾料到，最后把一个人关在门外，这个人求进不得，却招呼了一群人把屋子全拆了。

这是偶然吗？恐怕不是！

这本书，曾经被狠狠地忽略了

用史学家黄仁宇的话来说，万历十五年（1587 年），是一个无关紧要的年份。

江西人宋应星，出生在这个无关紧要的年份。

他出生之时，家、国双衰——比国家衰落得更快的是他的家族。从三代俱封尚书的高光家族，到暗淡无光的普通家族，只用了三四十年。

据说，宋应星少年天才，过目不忘。但这个本事对于他个人命运、家族命运的扭转，毫无益处。

他一生最大的光荣，就是和哥哥宋应昇在江西乡试中，双双考中举人。

此后，他五次进京考进士，每次都当了炮灰。

没办法，纵有凌云志，他一辈子也只能苟且在县城教谕这样无权无钱的职位上。

但他始终心有不甘，时常没日没夜、吭哧吭哧地写书。

大概 50 岁的时候，他的书杀青了。这时，他告诉世人：

伤哉，贫也！欲购奇考证，而乏洛下之资；欲招致同人商略赝真，而缺陈思之馆。随其孤陋见闻，藏诸方寸而写之，岂有当哉！

翻译过来就是，贫穷限制了我，我没有钱购买参考资料，也没有条件邀集同人集思广议，只能写成这个样子了，能不伤心吗？

还好，他有个好朋友涂伯聚，帮他把书印刷出版了。

这一年是 1637 年。

很多很多年以后，历史学家说起 1637 年，总会强调这是一个奇特的年份。这一年，东西方分别出版了一本深刻影响人类历史的书。

一本是欧洲近代哲学奠基人笛卡尔的《方法论》，另一本，正是宋应星的《天工开物》。

令人嗟叹的是，这两本伟大之书的命运截然不同。前者树立起理性主义的大旗，借助科学实践掀起产业革命，科技文明的曙光照亮西方。

而后者，却开启了一段过山车般的奇幻传播旅程。

1

宋应星是个奇人。在《天工开物》问世大约 300 年后，地质学家丁文江如此评价他：

> 士大夫之心理，内容干燥荒芜，等于不毛之沙漠，宋氏独自辟门径，一反明儒陋习，就人民日用饮食器具而究其源，其活力之伟，结构之大，观察之富，有明一代，一人而已。

这几乎是把宋应星捧上天了。

《天工开物》到底是本什么书，会让宋应星赢得"有明一代，一人而已"的极高赞誉？

简单说，这本书总结了大量农业、工业中所需要的培育、生产知识，形成了一整套完整的科普体系，并有意识使用数据记载，使整本书更加实用。

西方人称这本书为"中国十七世纪的工艺百科全书"。

这本书初版时，在国内的销量并不好。没几年，大明亡了。清初，有个叫杨素卿的福建书商发现了这本书，并把他包装成了畅销书。

当时很多人因此知道并读到《天工开物》。

宋应星撰述此书，目的是通过实学，来达到富国强民。他的骨子里还是有为时代把脉，并开出药方的想法。

晚明的思想、经济以及科技发展势头，实际上并不落后于西欧。当时，资本主义萌芽在江南产生，一些思想家呼吁人性解放，另一些人倡导实用主义，摆脱既往的道德话语束缚，不再将科学技术视为"奇技淫巧"。

他们通过田野考察、收集整理、记录数据、归纳分类等方法，写出了一批科技著作。比如，地理学有徐霞客的《徐霞客游记》，药物学有李时珍的《本草纲目》，水利工程有潘季驯的《河防一览》，农学有徐光启的《农政全书》等等。

大家公认，宋应星的《天工开物》，是这股实学潮流的集大成之作。

如果没有清军入主中原，并在康雍乾时期实行倒退的政策，按照晚明的发展势头，中国并非没有可能走上类似西欧的近代化之路。

可惜，历史没有如果。

明清易代之后，晚明重视科学技术的潮流就逐渐被掐断了。

2

宋应星的《天工开物》在清初火了一阵子之后，突然间销声匿迹，完全绝版。

他本人在贫困中度过了晚年的时光，大约在康熙五年（1666 年），离开了人世。临终前，他把一生的经验教训，作为"宋氏家训"留给子孙们：一不参加科举，二不去做官，只在家乡安心耕读，以书香传家。

略有宽慰的是，他没有看到自己寄予厚望的书将被冷落到何种程度。

乾隆时期，朝廷以编修《四库全书》的名义，对全国的图书进行大规模的审查。原先流通的许多书籍，在这次号称"伟大的文化工程"之后，就在历史上无故"失踪"了。

严格来说，《天工开物》并未被禁毁，它只是被四库馆臣置之不理。

这么好的书，为何被官方无视？

原因有两个：一个是《四库全书》的收录，沿袭传统尊经重史的惯例，对科技书籍不感冒；另一个是，宋应星这本书中对明朝的推崇、对女真族的鄙夷，触犯了政治禁区。

然而，不被《四库全书》收录本身并不是最可怕的，最可怕的是，不被收录后的命运。

由于《四库全书》的态度传达了官方舆论导向，致使《天工开物》被无限上纲上线成为政治不合格的书籍。在政治正确的主导下，以及文化的权力控制下，再也没有人敢印刷这本书了。

这一文化高压的结果，导致《天工开物》在中国消失近 300 年。

吊诡的是，这本书在中国销声匿迹的同时，在另外的空间却异常火爆。

《天工开物》在欧洲，被翻译成 12 国语言，传播甚广。欧洲学者称，这本书"直接推动了欧洲农业革命"。宋应星则被称为"中国的狄德罗"。狄德罗是 18 世纪法国启蒙思想家，百科全书派的代表人物。

在日本，这本书从 17 世纪末传入后，就火得一塌糊涂，不断被再版和重印。因为这本书，日本还曾流行过富国济民的"开物之学"。日本人将此书奉为"植产兴业"的指南，非常实用。

一直到了民国时期，这本书"出口转内销"。许多中国人通过日本的版本，才知道我们原来有这么伟大的一部书。

3

同样的事情发生一次还不足以证明清朝统治者的愚蠢，必须让它发生两次才行。这是最可悲的地方。

时间已经到了道光二十三年（1843 年），鸦片战争后，大清在天朝上国的良好幻觉中，挨了英国一顿暴揍。又是赔钱，又是割地，惨痛至极。

这一年，湖南人魏源的《海国图志》在扬州刻印出版。

这部书第一次全面而系统地描述了天朝之外的世界状况，不仅包括各国地理，还包括关于外国造船技术和武器生产的尽可能完备的论述。

在大清新败的时候，出版这样一部大书，无疑是想为习惯了闭关锁国的中国人，打开一扇通向外部世界的窗户。所谓"知己知彼，百战不殆"，这条古训，并不过时嘛。

然而，魏源还是太天真了。

书一出版，顽固派的骂声就扑面而来。他们无法接受书中对西方蛮夷的"赞美"之词，他们的自尊心强到听不进一句别国的好。在他们的心里，鸦片战争输了，但天朝还是天朝，蛮夷还是蛮夷，世界未曾因为一场战争而改变。

有官员主张将《海国图志》付之一炬。

遭到无端非议的《海国图志》，在国内仅印刷了 1000 册左右，随即就被列为禁书。

再后来，连谈论这部书都成为禁忌。左宗棠曾无奈地指出，《海国图志》问世 20 年，中国根本没变样，"事局如故"。

魏源公开刊印《海国图志》，其实需要极大的勇气。尤其是，他在书中提出"师夷长技以制夷"的口号，更让动辄"老子天下第一"的帝国统治者备感不爽。

就算是林则徐，昔日的对英强硬派，在真切感受到中英的实际差距后，也选择了沉默。

从政经验丰富的林则徐，或许早已悟到：你不可能叫醒一个装睡的帝国。

在发配充军的前夜，林则徐约曾经的幕僚魏源长谈，将自己未编纂完成的《四洲志》托付给他。

魏源勇敢地站了出来，这才有了《海国图志》。

假如魏源当时能够预见到在他死后 20 年，光绪年间一个湖南老乡的命运，不知道他会做何感想？

他的这个湖南老乡叫郭嵩焘。

担任驻英公使后，郭嵩焘在日记中说了英国的好话，穿了洋人的衣服，学了洋人的礼节，这就引起官民两界人神共愤。

在湖南长沙准备乡试的考生，不仅烧毁了郭嵩焘修复的玉泉山林寺，还扬言要捣毁他的住宅，开除他的湖南省籍。连郭的老友刘坤一也质问他："何以面目归湖南？更何以对天下后世？"

你要知道，《海国图志》的初版，还在此之前 30 年。魏源没被逮起来，仅把他的书当作禁书，已算万幸了吧？

4

可是，比起日本人初见《海国图志》如获至宝的兴奋，大清统治下的中国确实是不幸的。

在《海国图志》初版 8 年后，1851 年，一艘中国商船驶入长崎港。日本官员在例行检查违禁品时，翻出了 3 部《海国图志》。

从此，日本人对这部书上了瘾。

当时，黑船事件使得日本面临中国同样的命运。列强向日本伸出侵略之手，日本的有志之士都在寻找出路。《海国图志》的出现，恰是时候。

日本人通过这部书"睁眼看世界"。

一时间，《海国图志》成为日本官员和学者研读的经典著作。因为过于畅销，一书难求，短短几年间，这部书的价格就涨了三倍。

日本维新派人士将此书作为"必读之书"，引魏源为"海外同志"。佐久间象山、吉田松阴、西乡隆盛等都深受此书影响，以至于梁启超后来说，日本的明治维新是《海国图志》间接促成的。

与此同时，在中国，兵部左侍郎王茂荫向皇帝推荐《海国图志》，奏请广泛刊印。结果，收不到一点儿反馈。

难怪得到《海国图志》滋养的日本人，不好意思地感慨说：

呜呼！忠智之士，忧国著书，不为其君所用，而反被琛于他邦。吾不独为默深（魏源，字默深）悲矣，而并为清帝悲之。

在近代的国家较量中，中国并非没有机会。只是清朝皇帝和官僚阶层普遍不给力，盲目自大和排外，以至于一次次错失变革的机遇，悲哀啊。

等到甲午战争，中国被日本碾压。思想认知的差距，终于变成了两国的实力差距。

后来，伊藤博文高调访华，面对日本崛起经验的求教，他只是淡淡说了一句：你们应该好好读读《海国图志》！

从《天工开物》到《海国图志》，大清帝国亲手扔掉的宝贝太多太多了，连马克思都看不下去，尖锐预言了这个帝国的末路：

一个人口几乎占人类三分之一的大帝国，不顾时势，安于现状，人为地隔绝于世，并因此竭力以天朝尽善尽美的幻想自欺。这个帝国注定要在一场殊死决斗中被打垮……

清朝是如何错过船坚炮利的？

自诩为"十全老人"的乾隆，曾不止一次有机会和西方接触，可他面对西洋来使时，总是摆出傲慢态度。

在给英王的书信中，他说："天朝物产丰盈，无所不有，原不籍外夷货物以通有无。特因天朝所产茶叶、丝帛为西洋各国及尔国必需之物，是以加恩体恤。"这是说，我们天朝上国啥都有，生产力噌噌往上涨，本来不屑于跟你们洋人通商，不过我们的茶叶、丝绸到底是你们生活必需品，只好体谅一下尔等。

1

乾隆五十八年（1793 年），英国马戛尔尼访华使团到达北京。他们以给乾隆补贺八十大寿为名访华，实为请求增加通商口岸，减免关税，以开拓中国市场。

马戛尔尼此次前来，还带来一些工业革命的最新发明成果作为寿礼，共计 600 多箱，随行人员也多有科技、医学、航海等方面的人才。英国人赠送的天文仪器被收藏在乾隆建造的天文馆，该馆是中国最早的天文馆，后来被英法联军一把火烧了。

然而，这些都不是乾隆关心的，初见马戛尔尼，他纠结的是对方应该以怎样的礼仪朝见。照理说，外国使者前来"纳贡称臣"，就该行跪拜礼。

可马戛尔尼坚持以单膝跪行礼，表明大英帝国与大清居于同等地位，这让乾隆十分不满。

就在乾隆为这些细枝末节大为恼火时，英国海军已悄然露出咄咄逼人的势头。马戛尔尼此次访华，船队中最大的军舰"狮子"号，装有 64 门火炮，就停泊在浙江象山北部的海域。英国使团带来的礼品中，还有一门装有 110 门大炮的英国军舰模型，原型是当时英国最大的军舰"君主"号。

这样的"大规模杀伤性武器"，大清满朝文武都闻所未闻。对此，乾隆只是传谕各督抚严防海口，没有采取任何实质性的措施。乾隆不知道，工业革命已经让英国乃至世界，发生天翻地覆的变化，也不知道，这一年，法国国王路易十六刚被他的子民推上了断头台。他更没想到，47 年后，英国用他们的坚船利炮强行敲开了中国的大门。

黑格尔曾如此评价这一时期的中国："它翻来覆去只是一个雄伟的废墟而已，任何进步在那里都无法实现。"

2

其实，清朝统治者并非一直固步自封，他们也曾学习西方先进科技。清军之所以能够入主中原，就与一件西洋武器息息相关，那便是"红夷大炮"。

万历四十七年（1619 年），萨尔浒之战，明军大败。满洲的精兵强将能征善战，让明朝大为惊骇。此时，大臣徐光启上书朝廷，提出设险守国，建炮台，造"大铳"。

"大铳"，就是红夷大炮。这是 16 世纪后期，由英国人改良的一种西式火器，属于重型加农炮，炮身各部分以口径的尺寸为基数，按一定比例设计，在当时设计先进，相当科学。

这类火炮具有炮身长、管壁厚、射程远、威力大、命中率高等优点，用来击杀密集进攻的敌人恰到好处，正好可以对付满洲骑兵。

红夷大炮东传，最早来自荷兰殖民者。16 世纪末，进行海外扩张的荷兰人，闯入中国海域。这批殖民者赤发红须，中国老百姓称他们为"红毛夷"，这也是红夷大炮名字的由来。

万历年间，荷兰人多次侵犯中国沿海。有一回，荷军与明军在海上相遇。明军不知荷兰人是何方神圣，取来平时所用的旧式火器进行攻击。荷兰人立马用船上的红夷大炮遥相呼应，只见一缕青烟，炮弹落到明军船上，砸碎甲板，威力巨大。随后，荷兰人徐徐扬帆而去，不费一弓一箭，而明军死伤惨重，从此对红夷大炮心有余悸。

时人以为，荷兰"所恃唯巨舟大炮……发之可洞裂石城，震数十里"。红夷大炮声名远扬，科学达人徐光启听闻，相信这就是大明的护国神器。

苦于当时还没有正规的进口途径，无法从欧洲直接购买红夷大炮。徐光启只能通过居住于澳门的葡萄牙人做"代购"。葡萄牙人便作为中间商，将英国的舰载大炮卖给明朝。徐光启、李之藻等人以私人捐资的方式，购买4门红夷大炮，并于天启元年（1621年）运送回京城。

在徐光启的领导下，大明王朝的红夷大炮研发取得飞跃性进展，随后又对其加以仿制。这一新式武器很快被运送至前线，在军事上得到广泛应用。

3

红夷大炮的成名之战，当数天启六年（1626年）宁远大捷。

这年正月，努尔哈赤得到消息，明朝罢免孙承宗，以另一个大臣高第取代他为辽东经略，并将部分关外守军调往关内。努尔哈赤得知孙承宗走了，大喜过望，率后金军6万，号称13万，西渡辽河，气势汹汹地要拿下宁远这座关外要塞，随后进军山海关。

可是，努尔哈赤的对手不是高第这个懦弱无能的阉党党羽，而是从三年前就镇守在宁远的袁崇焕及11门红夷大炮。

宁远城中，守军不满两万，文官出身的袁崇焕初经战阵，这局势乍一看就是一边倒，努尔哈赤应该稳操胜券。

面对大军压境，袁崇焕寸步不让，写下血书，誓死守城。之后，他下令坚壁清野，将城外民居焚毁，百姓、粮草撤入城中，又将红夷大炮架于四面城墙，命令曾在京接受葡萄牙人训练的管炮官彭簪古负责指挥，待机射击。

正月二十三日，后金军兵临城下，在厚盾的掩护下拥云梯等攻城器械猛攻城墙西南。城上红夷大炮突然发威，对准后金军就是一轮炮击。许多后金士卒以为天降惊雷，还没反应过来就送命了。双方激战数日，以后金军伤亡1.7万人，攻城器械尽数被毁，无奈撤军告终。

朝廷对袁崇焕和红夷大炮大加赞赏，提拔袁崇焕为兵部右侍郎，巡抚辽东，并封其中一门红夷大炮为"安国全军平辽靖虏大将军"。徐光启本人称，受封的这门大炮，就是他从葡萄牙人购买的首批红夷大炮之一。

68 岁的努尔哈赤带领残兵败将回到沈阳。起兵 40 余年的他从未遇如此惨败，身患毒疽，愤恨不已，于当年 8 月郁郁而终。

宁远之战一年后，努尔哈赤的继承人皇太极，在宁锦之战中又吃了一次红夷大炮的亏。

吃一堑，长一智，皇太极意识到这红夷大炮真是"大杀器"，一定要搞几门来研究研究。要知道，女真人起初连铁都少见，箭簇都是用鹿角做的，后来在与朝鲜人、汉人的贸易中才逐渐精通炼铁术，如今皇太极想学造炮，那是相当地励志。

崇祯四年（1631 年），皇太极围攻辽西的大凌河。

毛文龙旧将孔有德、耿仲明接到命令，从登州赶去救援，行至吴桥，这支军队突然哗变，反攻登州。这哥俩本来就对明廷不满，在大闹一场后叛明降金，不仅给皇太极带去了登州贮备的 20 多门红夷大炮，还虏走了几位葡萄牙炮师，这些"国际友人"不但做代购靠谱，对制造、使用火器也很在行。

皇太极终于得到了他梦寐以求的红夷大炮，顿时爱不释手。孔、耿二人由此平步青云，屡立战功，后来名列清初四大藩王。他们的叛乱很快就引起连锁反应。

困守大凌河近百天的祖大寿，因城中弹尽粮绝，不得已于当年十月开城投降。据明朝兵部的资料记载，城中红夷大炮、灭虏炮、大将军炮、佛郎机炮、子炮等各式火炮 3500 件，以及其他各种火器，全部为后金军所得。

孔有德、耿仲明的叛变和大凌河的失守，让明朝自天启年间以来购买、仿制的红夷大炮遭到巨大损失，同时这些装备落入后金手中，成了女真人的攻城利器。还有不少负责仿制火炮的工人也被掳去满洲，为后金军带来制造技术，这使两军的军备竞赛再次拉回到同一起跑线上。

崇祯四年的冬天，对明朝来说，比以往更冷一些。

4

偏偏这时候，明朝在宁远大捷后兴起的"红夷大炮"热迅速冷却下来。徐光启等人年迈退休，又无人继承。崇祯皇帝顾着整顿朝政，逐渐忽略了武器装备。

即位之初，崇祯也曾命人去澳门购买红夷大炮，继续聘请葡萄牙炮师进行训练。可是朝中言官们却把"华夷之辨"那套老掉牙的理论搬了出来："我堂堂天朝上国，为何要借助外夷之力方能御敌呢？"崇祯听罢，把红夷大炮丢一边，不了了之。

孔有德、耿仲明等人叛变后，崇祯甚至迁怒于红夷大炮，处死了曾跟徐光启学习西洋火器的大臣孙元化。孙元化著有《经武主编》，是当时著名的西洋火器专家，却得不到明朝的重用，反而被皇帝以为是由于他们研制红夷大炮，才让后金有了攻城器械，最后竟卷入孔有德谋反案，含冤而死。

明亡以后，徐光启为引进红夷大炮、整顿边防军务所作的《徐氏庖言》还留存于钦天监，热爱学习的顺治帝多次阅读此书，感慨道："使明朝能尽用此言，则朕何以至此也！"

在这场军备竞赛中，明朝抢占先机，却半途而废。满洲人没有放弃任何一个机会，在缴获红夷大炮后很快进行仿制，并将传统的"失蜡法"应用于铸炮工艺中，加紧训练炮手，使其成为攻城略地的有力武器。

到崇祯十二年（1639 年），清军已经拥有 60 门自主制造的红夷大炮，为避"夷"字之嫌，改名曰"红衣大炮"。皇太极也给自主研发的红夷大炮取了响亮的封号，称之为"天佑助威大将军"，并组建了一个新兵种"乌真超哈"，汉译为重兵，组成相当规模的炮队，"自此，凡遇行军，必携红夷大将军炮"。

在崇祯十四年（1641 年）的松锦大战中，清军用红夷大炮攻城。塔山、杏山两座明军重兵把守的要塞，被红夷大炮一下轰开 20 多丈的缺口，清军一拥而入，将坚城一举攻下。明军只能束手投降。

清军入关后，红夷大炮威力不减。

顺治元年（1644 年），李自成退守潼关，最后一道防线正是被红夷大炮攻下。

李自成与皇太极一样，也因明军的红夷大炮吃过亏，后来在与明陕西三边总督孙传庭作战时缴获了不少火器。大顺军进攻北京城时，明军几乎不战而溃，大量枪炮为大顺军所夺。进城后，李自成更是掌握了这个在当时布防炮兵、炮位最多的城防系统。

但是，在同样拥有红夷大炮的情况下，两军交战时，清军善于用骑兵在红夷大炮的掩护下高速冲击，而大顺军没有专业的火器军队，仍用过时的步骑阵法，一被炮轰就惊慌失措，最终一败涂地。

顺治二年，江阴军民抵制剃发令，起义后独守孤城三个月。不曾想，投降清廷的吴淞总兵李成栋，从南京拉来 24 门红夷大炮，狂轰滥炸，一夜之间，城门失守。

据意大利传教士卫匡国记载，南明政权的重要据点，杭州、金华、广州等城，无一不是被红夷大炮攻破的。

对此，曾经指导明朝铸造红夷大炮的传教士汤若望分析道："清军人壮马泼、箭利弓强，早已胜过明军，近来火器又与明军相当。火器中威力最大的，莫过于西洋大炮，今则清军不但有，而且为数甚多。明军虽说掌握西洋大炮在先，可惜发展迟缓，素无多备。"

5

清军凭借着红夷大炮这一舶来品大杀四方，其对火器的研究却逐渐趋于停滞。

康熙在位时，还下诏称急需火器，命兵部督造。有学者统计，康熙一朝造红夷大炮 900 多门，专供皇室和满八旗之用。在平定三藩、统一台湾、战沙俄、征噶尔丹等战场上，红夷大炮依旧发挥着举足轻重的作用，打遍天下无敌手，且这一时期的大炮体型硕大，雕饰精美，堪称明清铸造火炮的最高水平。

但是，清朝皇帝始终认为，骑射才是"满洲之根本"。同样喜欢捯饬西洋玩意的雍正皇帝，在即位后就下令："以满州凤重骑射，不可专习鸟枪而废弓矢，有马上枪箭熟习者，勉以优等。"西式火器不再是清廷最倚重的武器，皇帝就爱看武士骑马摔跤耍大刀，甚至到了近代，慈禧还相信义和团那一套。

直到马戛尔尼访华时，清军的武器仍然是火器与冷兵器并用，并以冷兵器为主。

一直到近代以前，清军所使用的"鸟枪"，都是一种前装滑膛火绳枪，发射前要从枪口装填弹药，塞进弹丸，以火绳为点燃装置，引爆火药后发射。这种装备，每分钟只能发射一到二发，射程只有100米左右，且使用时要携带火绳、火种、火镰、火药、铅弹等。若是遇到下雨潮湿天气，便无用武之地。

相反的，此时西方已经普遍使用燧发枪。这种枪是用击锤上的燧石来撞击产生火花，从而引燃火药，简化了装填火药的过程，去掉了火绳，射速每分钟可达四至五发，射程达到200米。

清军早已落伍的火炮更是惨不忍睹，以红夷大炮为代表的旧式武器造型笨重，重量高达上吨，威力和射程却远不如洋人的新式火炮，而且在战场上还容易造成炸膛、弹道紊乱等问题。

据《筹海初集》记载，1835年，即距鸦片战争开打不过才五年时间，广东水师提督关天培在加强虎门防御时，新造了60门大炮。

结果，在试射时，60门中有10门当场炸裂。关天培马上派人检查，发现由于技术落后，这些武器大都带有瑕疵，炮身有大量沙眼，内部竟有很多碎铁渣。有一门甚至内部出现空洞，大小可以装下四碗水。关天培心中愤恨，又无可奈何。

试问以这样的武器和英国人作战，如何不败呢？恐怕还未开战，先把自己人炸了。

6

更讽刺的是，即便是西方人也无法否认，火药和火器的故乡，其实是中国。

早在10世纪初，中国就出现了火器军用的设计，到宋朝时这一想法付诸实践，特别是在宋金战争中。

南宋高宗年间，从未上过战场的虞允文能在采石矶以少胜多，大破金兵，不只因为他指挥得当、宋军同仇敌忾，还在于军中的一大秘密武器。这赖以制胜的法宝叫作"霹雳炮"，是一种爆炸型火器。它是用竹筒塞满火药，并加入石灰、瓷屑，其声如霹雳。

采石矶之战是一场水战，霹雳炮在此发挥的作用，犹如赤壁的火遇上了东风，势不可挡。两军战船相近时，南宋军就将霹雳炮点燃，抛向对方船中。只听见一声巨响，伴随着烈火焚烧，石灰散成烟雾，迷晕了金兵的双眼，他们慌不择路，相互踩踏。

南宋时，还结合冷兵器的特点，发明了管状火器"突火枪"。

突火枪以竹为枪身，内部装填火药和子弹，子弹由瓷片、碎铁、石子之类组成，发射时，声闻五十步。这玩意儿可说是所有近代枪炮的鼻祖。

元代，火器西传，先由蒙古人传到西亚，再从西亚传到了欧洲，就像马克思说的，"火药把骑士阶层炸得粉碎"。

14 世纪 30 年代，在意大利的佛罗伦萨，这个曾被唯美地译为"翡冷翠"的文艺复兴发源地，欧洲的科学家们开始仿造东方的管形火器，研制近代枪炮。

两百年后，当葡萄牙的舰队驶向中国，明朝官员惊讶地发现，这些不请自来的异域来客竟然拥有前所未闻的先进武器。

正德十二年（1517 年），葡萄牙向明朝派出首位使臣皮雷斯，一支由四艘帆船组成的舰队到达广州。

为表敬意，对中国礼仪毫不了解的葡萄牙舰队指挥官费尔南多下令，升旗鸣炮。三声炮响，城中皆惊，害怕天灾降临，四处逃窜。负责接待的明朝官员还以为葡萄牙人是在开炮挑衅，欲行不轨。

这件让大明子民震惊的武器，叫作佛郎机炮，流行于 15 世纪末到 16 世纪前期，与中国传统火器相比，具有明显的进步。它很好地解决了管内闭气问题，并提高了灵活性、命中精度。

佛郎机炮的出现，让明朝第一次感觉到，在军事科技上与西方的代差。可是面对这一新式武器，明朝不是对火器加大研发力度，迎头赶上，而是和后来对待红夷大炮一样，采用"拿来主义"，直接购买、仿制，知识分子们把更多精力用在八股、经学、党争上。

7

从 16 世纪后期到 19 世纪中叶的近 300 年时间里，中国的火器制造大都墨守成规，鲜有进步，明朝如此，清朝尤甚。

乾隆二十一年（1756 年）颁布的《钦定工部则例造火器式》中，列举了 85 种炮名，完全没有创新的炮种，都是几百年传下来的老古董，还是原来的配方，还是熟悉的味道。

马戛尔尼带来的礼物中，那艘装有 110 门大炮的英国军舰模型，很快被乾隆送入圆明园封存，当成宝贝收藏起来。只是因为乾隆在藏品中没有多看它一眼，早已忘掉了它容颜，清朝再次抛弃了向西方学习的机会，没有将其用于改进清朝的火器技术。

道光二十年（1840 年），当清朝还沉浸在盛世的美梦中时，英国的战舰盛气凌人地驶来，敲碎了清廷的幻想。

第一次鸦片战争后，代表清廷签订《南京条约》的耆英，登上了英国战舰。参观一圈后，他不禁感叹：“洋人这战舰，船坚炮猛。我以前也只是听到传闻，如今亲自上来一看，看到它们装载的火炮，更加知道，这不是我们的兵力所能对付的。”

一次又一次的错过，最终换来的是，近代百年的屈辱和失落。

康乾盛世：被世界反制的134年

乾隆的爷爷康熙，自称历代皇帝中最懂科学。

据说为了了解人体解剖学，他亲自解剖过一头冬眠的熊。他曾任用比利时传教士南怀仁，作为自己的天文和数学老师。他还向两名法国传教士学过几何、代数等课程。

谁能想象，300多年前，当几乎所有中国人对地球的概念还一无所知的时候，他们的皇上已在紫禁城的深宫内玩对数机、开平方根。

但这正是康熙所要的效果：科学这玩意儿，我知道就好，你们不用知道，也不能知道。

他要垄断权力，也要垄断新知。

对于真正意义上的科技书籍，他不仅不鼓励翻译传播，而且设法禁止，尤其是禁止流向民间。

1

早在康熙二十年（1681年），南怀仁就做出了蒸汽驱动的玩具。康熙将其锁入宫中，作为自己的玩物。

与康熙大帝同一时期的俄国，出了个彼得大帝。

彼得对科技也很着迷。他刻意隐瞒帝王身份，像个普通人一样去西欧游学。

在瑞典，他扮作一名普通游客，爬到这个国家的制高点，去测绘人家的要塞形势，为此差点和守军发生肢体冲突。

在英国，他又摇身一变，成为学者，上门拜访牛顿，还和数学家弗哈森交上朋友，一起探讨学术问题。

最重要的是，他将个人对科技的痴迷，化作了国家的决策和行动。他仿照西欧模式创办学校，开设数学与海洋学校、炮兵学院等。

科技，不是帝王用来玩的，用来垄断的。它终究要服务于振兴国家的抱负。

彼得有句名言："作为君主，落后于自己的臣属，会使我感到非常惭愧。"

这句话，康熙爷孙三人听了都会蒙圈——康熙会问"落后"是什么，雍正会问"臣属"是什么，乾隆会问"惭愧"是什么。

顺着康熙的道路，顺着彼得的道路，中俄两国走了两条平行线。当它们在近代再次交集的时候，一个被逼向另一个割地求饶。

2

康熙和他的子孙，都害怕海洋文明。

当英法扩大造船工业，大力开展海外殖民贸易的时候，清廷规定："如有打造双桅五百石以上违式船只出海者，不论官兵民人，俱发边卫充军。"

中国本来能制造巨大的帆船，出航远洋。到康雍乾时期，世界各国的航海业突飞猛进，船只越造越大，中国的船却越造越小。

康熙的晚年一直担心东南沿海出现"郑成功第二"。

他下过一道谕旨，说他南巡的时候，微服私访苏州的一些船厂，才知道每年出海贸易的船只多达上千艘，但回来的仅有十之五六。这可不行，要严禁。

雍正继位后，曾发表讲话，说当今世界局势复杂多变，北有俄罗斯，南有欧西各国，西有回人，都可能是影响我国政局的不稳定因素，所以我们的海禁政策"宁严毋宽"，除此之外，没有更好的防范办法。

到乾隆末年，中国的造船和航海技术，还停留在康熙初年的水平。这中间，至少延误了100多年。

在这爷孙三人眼里，造大船等于造反。

为了帝国的"长治久安"，他们采取禁海和迁界政策，不惜牺牲沿海经济，导致国防战略上长期"有海无防"。

对待武器，他们同样战战兢兢。

三藩之乱期间，康熙曾指派南怀仁造神威战炮。仗一打完，战炮便被弃之如敝屣。

火器专家戴梓发明了"连珠铳"，从原理来看，绝对是近代机关枪的鼻祖。康熙理都不理，还听信谗言，以私通日本之罪，将戴梓发配辽东。

同一时期，彼得大帝下令，全国每三个教堂就要贡献一口钟出来铸造大炮。

什么都可以为武器让路，包括宗教。

而康熙将很多有远见的热兵器成果雪藏，以至于后来断绝。他的想法很简单：这些东西可不能让汉人学去了。

国衰兵弱，全在这根深蒂固的一念之间。

后来的事我们都知道了。当西方的巨型战舰出现在中国沿海的时候，我们的祖先称之为"怪物"；当他们挺着长枪大炮跟中国开撕的时候，我们的祖先认为这是"妖术"，于是采用马桶阵和女人的秽物"驱邪"。

难怪史学家说，康熙爷孙三人统治时期"窒塞民智"。

3

乾隆与他的父亲、爷爷，三代人，都在深入研究一个治国大问题：如何让这个国家的人更好管理？

他们想到的方法是"萝卜＋大棒"。

大家都来考科举，考试范围圈定了，标准答案也有了。只要你能以孔孟之是非为是非，以孔孟之思想代替自己的思想，完全丧失独立思考能力，那么恭喜你，你离中举当官不远了。

这是萝卜，还有大棒。

文字狱是这一时期的基本国策。通过制造大量文字狱，给人们的思想自由、文化创新以最后的致命一击。

有个书生写了首诗，里面有"一把心肠论浊清"的句子。结果被上纲上线，"加浊字于国号之上，是何肺腑"？

当时的典型文字狱，基本都是这种路数。刻意经过过度解读来制造冤案，让你彻底放弃最后一丝表达的欲望。

文字狱被乾隆玩到极致，数量之多，罗织之奇，用刑之酷，史无前例。在他统治时期，连没有正常思维能力的精神病患者，都是文字狱收拾的对象。

乾隆十六年（1751 年），有个叫王肇基的人，献上一首恭颂皇太后寿诞的诗联。各级部门层层把关审查，到了山西巡抚手里，巡抚大人指出，诗联后面的文字，有毁谤圣贤、狂妄悖逆的嫌疑啊。

这下不得了，了不得。

乾隆兴奋不已，下令迅速严审。

几轮折磨下来，王肇基依然供称，这是为了"恭祝皇太后万寿，不过尽我小民之心，欲讨皇上喜欢"，"实系我一腔忠心，要求皇上用我，故将心里想着的事写成一篇……何敢有一字讪谤"？

申辩无用。乾隆降诏，将他押赴城内交通要道，活活打死。

这一年，在法国，狄德罗和达朗贝尔主编的《百科全书》第一卷出版。这部书包括自然科学和社会科学的各种知识，并且介绍工业技术和各种机器、工具。

启蒙运动在西欧，如火如荼。人权、理性、主权在民等政治思想，开始普及。

当伏尔泰、孟德斯鸠、卢梭等人的著作畅销西欧的时候，中国发行量最大的书叫《大义觉迷录》，里面在辟谣论证雍正继位的合法性；中国最大的图书工程叫《四库全书》，以编书的名义，大肆删改、销毁统治者认为有反动思想的书籍。

乾隆末期，一个英国使团进入中国内地，沿途看到兵丁监督民夫的情景："（兵丁）手中的长鞭会毫不犹豫地抽向他们的身子，仿佛他们就是一队马匹似的。"

英国人表示很吃惊，他们怎么可以这样对待自己的同胞？还有没有人权，有没有法理了？

反倒是中国人很淡定，康雍乾盛世的秩序，一直就是这样建立起来的。

就像鲁迅说的，有人历来喜欢炫耀封建专制历史上的什么"中兴"或"盛世"时代，其实对于老百姓来说，永远只有两种可以预期的时代，那就是：想做奴隶而不得的时代，和暂时做稳了奴隶的时代。

4

这个英国使团是在 1793 年，即乾隆五十八年来到中国的。

使团规模庞大，多达 700 人。文书上说是来给乾隆皇帝祝寿。

在准备礼品的过程中，团长马戛尔尼煞费苦心，"把我们最新的发明，如蒸汽机、棉纺机、梳理机、织布机介绍给中国人，准会让这个好奇而灵巧的民族高兴的"。

他们甚至带来了一个热气球驾驶员，如果皇帝感兴趣，可以坐着英国的热气球上天。

这个时候，英国的工业革命已经进行了 30 来年，珍妮纺织机、瓦特蒸汽机把英国推向世界之巅。

但我们的"十全老人"乾隆皇帝问了一个问题，就把满朝文武给难倒了。

乾隆问，英吉利国在哪里？

是啊，意大利、法兰西还有所耳闻，英吉利是什么鬼？

最后找到一个传教士，才算解决了这个问题。

这已经预示着马戛尔尼的来访不可能一帆风顺。

马戛尔尼邀请清军将领福康安，检阅英国使团卫队演习新式武器。福康安拒绝说："看亦可，不看亦可。这火器操作，谅来没有什么稀奇。"

一个清军将领都这么傲娇，皇帝就更要表现出一副"什么世面朕没见过"的样子了。

乾隆说，这些地球仪、望远镜、铜炮、火炮什么的，我们祖上就有了。

马戛尔尼原本带着"世界最强国家"代表的心态来访，那也是有几分新兴资本主义国家的心骄气傲。但他不知道，他要面对的是天朝！天朝！天朝！

马戛尔尼觐见乾隆时，人家要求他双膝下跪叩头，把他的礼品说成"贡品"，气得他满嘴"shit，shit，shit！"

乾隆回了马戛尔尼一句名言："天朝物产丰盈，无所不有，原不借外夷货物，以通有无。"

英国人与中国通商的希望落空了，而世界留给中国的最后一扇机遇之门，也关上了。

马戛尔尼后来在书里写道，中国自从"满洲鞑靼占领以来，至少在过去 150 年里没有前进，或者更确切地说反而倒退了。当我们在艺术和科学领域前进时，他们实际上正在变成半野蛮人"。"满洲人打仗爱用弓箭，当我告诉他们，欧洲人已放弃弓箭而只用来复枪打仗时，他们愕然不解，认为在奔驰的马上射箭，比站在地上放枪豪迈。"

他在给内阁的报告中说："中华帝国只是一艘破旧不堪的旧船，只是幸运地有了几位谨慎的船长，才使它在将近 150 年期间没有沉没……假如来了个无能之辈掌舵，那船上的纪律与安全就都完了。"

"只需几艘三桅战舰就能摧毁其海岸舰队。"马戛尔尼的观察，在 40 多年后的鸦片战争中得到了证明。

当时，鸦片战争已经打了两年，道光皇帝还在问同一个问题：英吉利国在哪里？

5

18 世纪，是世界从分散走向整体的一个世纪。

对于欧美正在发生的巨变，紫禁城里的主人要么看不上，要么看不到。

1688 年，康熙二十七年。英国结束了斯图亚特王朝的统治，建立了资产阶级君主立宪制。

1783 年，乾隆四十八年。美国宣布独立。一直到 30 多年后，两广总督报告美国的政治制度，还说这个国家是部落制，通过抓阄轮流当头人（总统）。

1789 年，乾隆五十四年。法国大革命爆发。四年后，国王路易十六被杀头，这件事乾隆和他子孙都不知道，最好也不要知道。

康雍乾三任皇帝，不用睁眼看世界，因为他们就是世界。

他们沉浸在自己的世界里。他们的帝国正处于"盛世"，他们是天朝上国，他们是天下第一。

康雍乾统治的 134 年间，被习惯性称为"盛世"。但这一叫法是怎么来的呢？

根据史料记载，这一说法最早是皇帝自己叫出来的。康熙五十二年（1713

年），当时康熙帝以"恩诏"的形式宣布，实行"盛世滋生人丁，永不加赋"。自称"盛世"，很不谦虚啊！

后来，要面子的乾隆帝也多次宣称，他治下的国家处于"全盛"。再后来，大臣们使劲跟进，各种赋诗撰文，歌颂盛世王朝。

真实的情况是，当时的中国，大一统和人口爆炸性增长是偌大帝国仅有的两件"盛事"，足够上大清日报头版头条宣传半个月。除此之外，大清的经济成就只有量的增加，而没有质的提升。

对中国历史进行纵向比较，确实可以产生"盛世"的自恋情结。然而，只要将康雍乾盛世放在世界历史中进行横向比较，就会明白"盛世"的真正内涵。

用史学家史景迁的话来说，这个盛世是"镀金的盛世"。

当时中国的 GDP 确实是世界第一，但是，脱离人口数量讲经济总量，只是浮于表面。

算人均 GDP 的话，中国早被英美甩开几条街，而且越甩越远。根据测算：1700 年，中国的人均 GDP 大约是英国的 1/3，美国的 7/10；1820 年，约为英国的 1/5，美国的 1/4；1840 年，约为英国的 1/6，美国的 1/5。

其他在科技、军事、文化、政治上的差距，更不用说了。

虽然同处一个时间，人家是近代国家，我们的康雍乾盛世则是一个古国。

6

中国的皇帝很忙很忙，康熙忙着"再活五百年"，雍正忙着整人，乾隆忙着宫斗。

1796 年，86 岁高龄的乾隆宣布禅位，由他的儿子颙琰接任新皇帝。

那一刻起，乾隆成为太上皇。

不过，乾隆退而不休，仍以"朕"自称，颁旨仍称"敕旨"，继续他的老人统治。他的儿子、新任的嘉庆帝已经 38 岁，猛然发现，自己依然是一个提线木偶。

乾隆对权力的迷恋，至死方休。

与此同时，大洋彼岸的华盛顿，两届总统任期即将结束，人们挽留他继续竞选连任。

华盛顿坚决地拒绝了。

卸任后，华盛顿回到久别的家园，成为一名普通的农场主。

1799 年，华盛顿和乾隆同年去世。

·
·
·

第五章

乱世出奇人

·
·
·

历史的篇章里，浓墨重彩的一笔 ◇

胡林翼：一个被严重低估的晚清名臣

悲剧，从来不是孤立的。

1861 年 9 月的一天，湖北巡抚胡林翼骑马走在长江边上。江面上，两艘洋人轮船高鸣汽笛，纵横驰骋，速度之快，让人吃惊。所经之处，中国渔船均被巨浪冲翻。目睹这一幕，胡林翼"变色不语，勒马回营，中途呕血，几至坠马"。

时人薛福成在《庸庵笔记》中说，胡林翼本来久病在身，突然受到洋人轮船刺激，一口鲜血吐了出来。整个人差点从马上摔下来。这下病情加重，到当月月底就离世了。年仅 50 岁。

病逝前，胡林翼曾对左右说，没救了，长毛（太平军）被消灭是迟早之事，但洋枪洋炮长驱直入怎么得了？这是我的一块心病。

在此一年前，第二次鸦片战争落幕。外敌入侵，而中国人内战正酣。当胡林翼意识到这一点的时候，他已经时日无多。

"晚清中兴四大名臣"，历来有不同的版本，共涉及胡林翼、曾国藩、左宗棠、彭玉麟、李鸿章、张之洞等六个人。一个个都是当时天下第一等的牛人。这中间，胡林翼的人生更具悲剧色彩。他的才干、品性和威望，在世时就公认在曾、左之上，李、张这些晚辈就更不用说了。

但他又是走得最早、享寿最短的一个。天不假年，让他抱恨以殁，空有一身才气，来不及舒展。

一声叹息。

1

胡林翼（1812—1861 年），出生于湖南益阳一个官宦之家。他的父亲胡达源曾以一甲第三名进士及第，俗称"探花"，考完直接进入翰林院，授编修。

有的人有背景，有的人只有背影。比起曾国藩、左宗棠这些私塾教师家庭出身的孩子，胡林翼是个妥妥的京官二代。但这个"背景"，对胡林翼的影响有好有坏。

好的影响是，他打小在皇城根下成长，起点很高，眼界非凡。据说，他年少时就说过一句话："今天下之乱不在盗贼，而在人心。"深刻得吓人。

1819 年，湖南近代人才的领军人物陶澍，将赴任川东兵备道，顺路回老家，在益阳拜谒乡贤，见到了陪在祖父身边的胡林翼。史书说，陶澍对胡林翼"惊为伟器"，当场欣喜若狂地说："我找到一个好女婿了！"当时，胡林翼年仅 7 岁。胡、陶两家就定下了娃娃亲。

官二代的身份，对他的坏影响也显而易见。因为出身好，胡林翼向来负才不羁、挥金如土，在当时人看来，颇有纨绔子弟的习性。

他曾风流成性，流连于秦淮河畔，夜夜笙歌。他的岳父陶澍知道后，却不以为意，坚信自己没看错人。陶澍说，此子是瑚琏之器，将来必成大事，年少纵情，不足深责。他现在不玩，国家用材之时，他就没有时间玩了。

胡林翼后来考中进士，做了江南乡试副考官。但在他主试的那一年，江南发生科举舞弊案，他受到降职处分。这成了他的一个污点。他父亲也被这个"不走正道"的儿子气得够呛，不久撒手人寰。

1841 年，胡林翼回乡丁忧守孝。那几年他幡然醒悟，潜心读书，逐渐从一个纨绔子弟，修炼成理学的圣徒。这个路径，和曾国藩有几分相似。曾国藩年轻时，内心也充斥着各种世俗的欲念，后来通过"克己"的功夫，才修炼成表里如一的贤人。没有人一出生就是圣贤，人性、品格的修炼，其路漫漫。

插句题外话，从胡林翼的转变，不得不佩服陶澍的确眼光独到。他亲自挑了一个女婿胡林翼，一个亲家左宗棠，均在两人名不见经传甚至还是孩童之时，就认定他们将来必成大器。果不其然。

2

若不是朋友们力劝胡林翼重新出山，晚清中国可能多了一个隐士，而少了一个名臣。

返乡蛰居，一住就是五年多。也只有历经繁华奢靡、如今苦练心性的胡林翼，才守得住这份清寂。

他甚至打起了退隐山林的主意。但朋友们觉得可惜，国家遭遇千年未有之变局，正是用人之时，这样的人才却深居乡间，想想都觉得不应该。浪费人才，比浪费粮食还可耻。

朋友们凑了一笔钱，让胡林翼去捐官，重返政坛。

胡林翼本是科举正途出身，却因时运不济，需要花钱捐官复出，自己觉得十分羞耻。于是，他主动选择到边远之地贵州为官，以区别于那些输金为官、汲汲于功名的人。

朋友们愣了，你好歹找个核心地区呀，怎么去一个大家都不愿去的地方？

胡林翼说，我第一次做地方官，贫瘠之地或许可以保持清白之风，不辜负大家资助我复出的深情厚谊。

胡林翼初到贵州，任安顺知府。

当时的贵州，盗贼如毛，寇乱渐萌，官员无所作为，百姓苦不堪言。

胡林翼到任后，第一件事就是打黑除恶。他亲自担任缉捕队长，短衣芒鞋，深入深山老林，打击盗匪。同时兴办保甲团练，招募了一支由他直接掌控的练勇武装。这支数百人的武装，日后成为他出黔协助对抗太平军的资本。

在安顺，胡林翼恩威兼济，多年匪患，宣告荡平。他很快赢得了人心，树立了极高的威信。

任职贵州七年间，胡林翼辗转多地，带领官兵与盗匪作战数百次，积累了丰富的带兵作战经验，并编成《胡氏兵法》。

以《胡氏兵法》为基础，到民国年间，蔡锷融合曾国藩、胡林翼的军事思想，编了《曾胡治兵语录》。这本书滋养了黄埔军校、八路军一代代的军事将领。民国的很多军事大咖，均奉胡林翼的治军思想为圭臬。此是后话。

帝国的大臣们，慢慢地都知道遥远的贵州，出了一个会做官、会带兵的猛人。

3

胡林翼的机会，来了。

1854年初，太平军席卷而来，湖广总督吴文镕奏调胡林翼驰援湖北。胡林翼立即率600多名黔兵，从千里之外出发。

尽管胡林翼抵达之时，吴文镕已经兵败自杀，导致这名风尘仆仆的猛人一时处境十分尴尬。但毋庸置疑，胡林翼一旦出了贵州，时代的舞台就都为他搭建好了，只等他登台。

彼时，湘军初起。曾国藩最终接纳了胡林翼。

曾国藩认为胡林翼"胆识过人，才大心细"，极力向朝廷举荐。咸丰帝同意胡林翼率军随从曾国藩行动，从此曾、胡联手，湘军进入狂飙阶段。

加入湘军后，胡林翼以强势作风，对所部湘军进行了一系列影响深远的改造和重铸：第一，吸纳以东北马队为代表的北岸军精英，加入湘军战斗序列，形成多兵种协同作战局面；第二，面对太平军的堡垒战术，设计并实施了长壕围困的应对之策，把单纯的战场厮杀转化为人力与物力的比拼；第三，一面招募老兵，另一面提拔行伍出身的将领，使得湘军更加务实和凶悍。

经过胡林翼重铸后的湘军，成为太平军在西线战场上最强悍的对手。

不仅如此，胡林翼胸有谋略，根据战局，制定了"以上制下，步步进逼"的战略。历史证明，湘军正是遵循了这一战略思想，从武汉—九江—安庆—金陵，沿长江自上而下，一步步挤压并战胜了太平军。

这几大战役中，武汉战役、九江战役主要由胡林翼指挥；安庆战役由他和曾国藩共同指挥，后因肺病恶化而退居次位，但此战胜后，曾国藩一再强调，首功当属胡林翼；最后的金陵之战，胡林翼则已病逝，无缘分享胜利成果。

入湖北作战后，胡林翼就因将才难得，获得屡次升迁。仅一年多后，咸丰五年（1855）三月，署理湖北巡抚，跻身封疆大吏之列。升迁之快，无人能及。

胡林翼成为湘系集团中，第一位能够有效施政的疆吏大员。

在他之前，江忠源获任安徽巡抚，但来不及施政，就在战场上战死。而曾国藩的遭遇，更加微妙。胡林翼的湖北巡抚之位，咸丰帝原来打算给曾国藩的。咸丰认为，曾国藩乃一介书生，竟然能够领军攻下武昌，建立奇功，很难得，应该给予官位。但很快就有军机大臣进言说，曾国藩回乡丁忧，犹如匹夫，在乡间振臂一呼，竟然有万余人响应，这恐非国家之福。咸丰顿时"黯然失色"，迅速收回成命，仅赐给曾国藩一个兵部侍郎的空衔。一直到咸丰十年（1860）以前，曾国藩始终未获得实权。

曾国藩受到的猜忌，亦是胡林翼需要面对的。

4

在胡林翼之前，连续四任湖北巡抚死于非命，不是战败自杀就是被军法处斩。这究竟是偶然还是必然？胡林翼不得不认真思考一下。

虽是非常时期，但手握兵权、身居高位的汉人，始终让满族统治者心有犹疑。皇帝们的应对之道，就是在同城任用更高官品的满人，形成监视与制约。

满洲正白旗出身的官文，于是几乎同时被任命为钦差大臣兼湖广总督，与胡林翼一同进驻武昌城。

官文是一个典型的八旗混世官僚，仗着是咸丰的心腹，无所作为，而又为所欲为。胡林翼此时已初现名臣范儿，对这样的官员，非常看不惯，曾说官文"左右无一正人，无一谋士，其忌刻倾险，尽是内务府气习"。

两人刚上任时，关系十分紧张，势同水火。

胡林翼常常悲愤欲绝，甚至到了准备率部"一意东下，觅我死所"的地步。他多次愤而参奏官文搞腐败，但因后者背景强硬，不了了之。

官文为此曾向胡林翼示好，但胡林翼拒不相见。

后来，胡林翼突然意识到督抚两人这样刚下去，始终不是办法。他决定顾全大局，对官文实施权术。他主动前往拜访官文，表示冰释前嫌，并送给官文每年三千两的盐务陋规。

　　为了与官文交好，胡林翼还采取了"小妾路线"。官文的家事，都由其小妾和家丁管理，所以胡林翼千方百计讨好官文的小妾，让自己的母亲认其小妾为义女，"家人往来如骨肉焉"。

　　凡有战功，胡林翼皆推让于官文。

　　官文"有功可居，有誉可邀，有钱可使"，心满意足，遂对胡林翼做出了回报：别人弹劾胡林翼，官文一概不署名，不但不署名，还为胡林翼辩护；胡林翼有事上奏折，都要拉上官文一起署名，官文从不回绝。

　　在湖北，督抚牵制的局面，最终变成了督抚合作的格局。凡军政吏治，一切事务，都由胡林翼独掌大权，官文只起到橡皮图章的作用。从某种程度上来说，官文的满人旗籍身份，成了胡林翼的一把政治保护伞。

　　曾国藩起初嘲笑胡林翼处处讨好官文，有失大丈夫气节，后来才慨然赞叹，胡林翼能够"借其威重之名，行自己之志"，是"柔弱胜刚强"。

　　胡林翼曾说，"吾辈不必世故太深，天下惟世故深误国事耳"，"当痛除此习，独行其志，阴阳怕懵懂，不必计及一切"。这是说要以"懵懂"来对抗误国事的"世故"。但在具体的关系处理上，又不能"太懵懂"。胡林翼的高明与底线，正在于此。

　　搞定了官文，他才可以去做大事。

　　而在胡林翼病逝后，继任的两任湖北巡抚，均因未能处理好与官文的关系，而草草去职。这又是后话。

5

　　胡林翼抚鄂的数年间，多方改革，将"天下第一破烂鄂"治理成"天下第一富强省"。

　　他刚到湖北独当一面时，手上仅有分自曾国藩的 2500 兵力，如今，最高峰时兵力已逾 6 万。

　　清廷始终对曾国藩不放心，当初任命胡林翼出任湖北巡抚，也有钳制曾国藩的意图。

　　随着胡林翼在湖北做大，湘系集团内部实际上形成了"三驾马车"并驾齐驱的态势：湖北——胡林翼；湖南——左宗棠；江西——曾国藩。

三人中，左宗棠是以湖南巡抚骆秉章幕僚的身份左右湘军；曾国藩则长期率军客寓江西，并无督抚之权，处境尴尬；只有胡林翼有权有职，名实相副。这一时期，胡林翼的实力与声望，实际上已经超越了曾国藩。

但清廷想用胡林翼打击曾国藩，却用错了人。胡林翼对曾国藩，可谓推心置腹，肝胆相照。

湖北在财政上崛起后，每年为湘军提供的军费，大约是湖南的三倍。胡林翼知道曾国藩客寓江西，倾食于人，总是按时给曾国藩拨去足额军饷。

1857 年，曾国藩因父亲去世回籍丁忧，但他希望清廷能够夺情，让他继续率军打仗。结果清廷不为所动，负气返乡的曾国藩被弃置了一年多。这期间，胡林翼三番五次拉上官文，一起上奏请求起用曾国藩，说他"金石孤忠，可敬可念"。

1860 年，时任两江总督何桂清在江南大营被攻破后，远逃上海。这个至关重要的位置由谁接替，一时成了朝廷用人的焦点。胡林翼当时是热门人选，但他拉上官文上奏，力荐曾国藩出任此职。战局仍未明朗，清廷不想再任用何桂清之类的庸流，只好让曾国藩出任两江总督。至此，曾国藩才算东山再起，否极泰来。

曾国藩上任后，胡林翼深知他喜欢用忍、用稳，于是送给他四个字——"包揽把持"，力劝曾国藩为了挽救天下安危，一定要置东南半壁江山于一手遮揽之下。

不仅如此，胡林翼还将自己部下精锐的两个营——霆营六千人和礼营两千人，拨归曾国藩。

如此大义，难怪胡林翼病逝后，曾国藩黯然神伤，回忆往事，说自己都是靠胡林翼"事事相顾，彼此一家"，才有今日。从此以后，一起共事的人中，再无胡林翼这般"极合心者矣"。

众所周知，湘军三大灵魂人物中，左宗棠恃才傲物，性情偏激，和曾国藩搞不到一起。胡林翼经常居中调停，充当黏合剂，确保了湘军核心的稳定。

胡、左两家是世交，二人又是原两江总督陶澍的女婿和亲家，关系密切。胡林翼对左宗棠的性情，始终不与计较，并多次举荐。最危急的一次，左宗棠被人构陷，性命岌岌可危，胡林翼以私人关系，说服官文保全了左宗棠。胡林翼病逝后，左宗棠异常痛心，有泪如丝，在祭文中写道，自此以后，"孰拯我穷，孰救我褊？我忧何诉，我喜何告？我苦何怜，我死何吊？"

可以说，没有胡林翼，就没有后来如日中天的曾国藩，也没有后来收复新疆的左宗棠，更没有湘军内部团结一致的精气神。

后来出任过广东巡抚的郭嵩焘曾说："数十年来封疆大臣，治、行、才、望，莫获逮公。"几十年来，论能力、品行、才干和威望，各省的督抚们，没有一个超过胡林翼的。

6

除了陶澍，谁曾想到，一个浪子回头的纨绔子弟，最终成为一个如此伟大的人物！

在湖北巡抚任上，胡林翼说过一句话："官是苦海，不努力不能保全地方，过努力则一身一心之苦累，不可言状。"他本已脱离官场苦海，但为了救时救世，重返苦海。最后吐血而死，践行了他的信条。

复出为官后，他的清廉，举世难见。他在神明和祖宗墓前，都曾立誓做一个清官。用他的话说，只有廉吏"可以保清白风，而不致负国"，反之，官员"不十分廉，不足以服众人之心"。

因此，他做官后，几乎未给家中补贴家用。在给妻子的信中，他说："自从政以来未尝以一文寄家，家中苦况，何尝不知，惜不能助，且不可助。家中窘时，可以田为质，即罄产何足惜！"

官拜巡抚之后，手握一省财权，家人希望他多照顾本家人，胡林翼断然拒绝："我必无钱寄归也，莫望莫望。我非无钱，又并非巡抚之无钱。我有钱，须做流传百年之好事，或培植人才，或追崇先祖，断不至自谋家计也。"

不仅没往家中寄钱，在湘军困难之时，他反而把家中粮食用作军粮。

郭嵩焘说，胡林翼"位居巡抚，将兵十年，于家无尺寸之积"。诚非虚言！

胡林翼临终前，还在遗嘱中强调，自己尚欠着谁谁谁的债，子孙应永世不忘，陆续还清。而他生前，把自己的养廉银都用来买地，在家乡造箴言书院。因为财力不足，至死，书院仍未竣工。他又在遗嘱中说："吾死，诸君赙吾，唯修书院，无赡吾家。"意思是：我死后，诸位给我的奠仪，就用来修书院，不必用于赡养我的家人。后来，曾国藩等人将奠仪全部用在箴言书院的建设上，使得书院得以落成。

如此人物，放眼整个晚清，屈指可数。可惜，胡林翼走得太早，没能活过知天命之年。他的早逝，也使得他的名字，过早地湮没在同时代名臣的光影之下。

与他同年出生的左宗棠，活到了七十三岁。年近六十，抬棺出征，平复新疆，创下不世功业。彭玉麟、李鸿章、张之洞，一个个皆享寿过七十，是是非非，晚年皆不易，但都在历史上留下浓墨重彩的一笔。曾国藩算是寿短的，亦年过六十。他们都在后来的洋务运动中，扮演了重要角色。

唯有胡林翼，清醒地意识到外国入侵才是心腹之祸，以至于受刺激吐血，加剧病情而逝，却再无机会在世界的洪流中翻腾。悲矣！

众所周知，国共两党的领袖，对曾国藩都十分推崇，但鲜为人知的是，他们对胡林翼同样十分服气。蒋介石曾潜心研读胡林翼和曾国藩文集，然后得出结论："胡林翼之才识略见，确高出一世，实不愧为当时之名将。"胡林翼，字润芝。毛泽东在湖南一师读书时，了解了胡林翼之后，对他的人品才华佩服之至，遂将自己的字改为"润芝"（亦作润之）。

然而，随着岁月无情流逝，今人皆知曾国藩、左宗棠，几人识得胡林翼？

这六只"羊"，影响两百年

1951 年 2 月 3 日，北京利薄营胡同 11 号，68 岁的载沣病逝。

此前一年，他刚把原本居住的醇亲王府出售给国家，并将家中珍贵的文物古籍捐赠给北京大学。

在当时的条件下，载沣的丧事本应一切从简，但族人仍以上好的金丝楠木为其做棺材，并在嘉兴寺停灵 21 天，出殡时不忘黄杠大换班的旧礼，由两班杠夫共 64 人轮流抬棺，到福田公墓下葬。

前清醇亲王就这样风风光光地走完了人生的最后一段路。

在移风易俗的解放初期，这样的葬礼已然十分隆重，引来了不少百姓围观。他们知道，这个人是末代皇帝溥仪的生父，也是清朝的最后一位监国摄政王。

载沣走了，悄然带走一个时代。出生于光绪九年（1883 年）的他，属羊。"羊"这个生肖，曾经在风云变幻的晚清掀起过一波又一波的滔天巨浪……

1

咸丰十一年（1861 年），年仅 31 岁的咸丰皇帝病逝于承德避暑山庄。

此前 11 年，咸丰这皇位坐得一点儿都不安稳。即位第二年（1851 年）就赶上太平天国闹事。清军打仗水平一般，太平军很牛，一路从华南推到华中，并占据富庶的江南为根据地，江山似乎就要改姓了。

咸丰虽然倒霉，但并不无能，面对忧患，他也知八旗、绿营等官军兵微将乏，于是大胆起用汉族士绅，命各省在籍官绅组织团练，成立地方武装，抵御太平军进攻，局势才稍微好转。

在危难之际力挽狂澜，将清廷从悬崖边上拉回来的，是曾国藩创建的湘军。

怎奈屋漏偏逢连夜雨，英法俄美等国看清廷疲弱，也想趁机捞一把，1856 年，英、法悍然发动第二次鸦片战争，4 年后，战火燃至京津。

咸丰吓坏了，以"木兰秋狝"（清代皇室的秋季围猎盛事）为名，带着老婆孩子和一众大臣移驾承德避暑山庄避避风头。万万没想到，这一来就回不去了。咸丰临终前口授两道朱谕，一是立皇长子载淳为皇太子，二是以载垣、端华、肃顺等八人为顾命大臣，"尽心辅弼，赞襄一切政务"。

载淳的生母懿贵妃叶赫那拉氏，本是中下等官僚家庭的小姐，作为秀女被选入宫，人美歌甜气质佳，在咸丰年间备受宠爱，甚至参与披览各省奏章，还生下了皇位继承人载淳（即同治帝）。载淳即位后，她与皇后钮祜禄氏一同被尊为皇太后。叶赫那拉氏是女强人，有进取心，也热衷于政治，觉得这顾命八大臣太碍事，凭什么我老公死了就得听你们的。

于是，叶赫那拉氏一回京城，就和小叔子恭亲王奕䜣合谋发动政变，下诏以"专擅""欺蒙"等罪解除顾命八大臣的职务。载垣、端华等人还没等辅佐小皇帝就被下诏撤职，抗议道："我辈未入，诏从何来？"抗议无效，关进宗人府治罪。

这场宫廷政变被称为"辛酉政变"，此后，叶赫那拉氏两度垂帘听政，统治清廷长达 47 年。叶赫那拉氏，我们更习惯称她为慈禧太后，她出生于道光十五年（1835 年），属羊。

属羊的慈禧此后两度垂帘听政，执掌清廷近半个世纪。

2

辛酉政变这一年，太平天国已近强弩之末，清军在各地节节胜利，进展皆在曾国藩"欲拔本根，先剪枝叶"的计划之内。

1864 年，在太平天国的大本营天京（南京），城外清军气吞山河，城内太平军困兽思斗。李秀成、洪仁玕等骨干意欲护送幼天王弃城突围，却最终走向覆灭。

攻陷天京之时，曾国藩坐拥 30 多万精兵，手下猛将智士如云，各省督抚半出湘系，日后更有"中兴将相，十九湖湘"一说，但他始终没有放下对清廷的忠诚，而是选择在功成之后卸下权力的包袱。

即使这样，朝廷仍对其有些忌惮。

同治七年（1868 年），曾国藩奉命调任直隶总督，离京 12 年的他赶在过年前，进京拜见同治皇帝与慈禧太后。

这是曾国藩第一次面见慈禧，巧的是，出生于嘉庆十六年（1811 年）的曾国藩，正好比慈禧大两轮，也属羊。

曾国藩到京城后，连续三天进宫。同治帝年方十二，小孩子什么也不懂。问话的人，是慈禧。她最关心的无非是两件事，一是"撤勇"，二是"洋务"，前者是要曾国藩彻底放下兵权，后者是想听其师夷制夷的富国强兵之策。

除此之外，两人仅聊了一些家常，比如问老曾家中有几口人，曾国荃是否是他亲弟弟，离京多少年了云云。

慈禧似乎也听不太懂曾国藩的湖南话。有一日，曾国藩对慈禧说，自己现在老了，精力不好，不能多说话，没法多与属员（其统属的官员）见面，这番话也是为了撇清自己与旧部联系的嫌疑。慈禧听不清楚"属员"二字，还需要陪同人员帮忙翻译。

一个是战功赫赫的封疆大吏，一个是专权擅势的年轻太后，这两位大人物相遇，没能进一步探讨治国方针，实在是一大憾事。

回去之后，曾国藩在日记中写道，慈禧才智平常，没有治国之能。时人何刚德对此评价道："甫经听政，诸事究未娴熟"，就是说这只能怪慈禧还不熟悉政事，毕竟那时候，她才 33 岁。

3

曾国藩觉得慈禧还嫩，慈禧却已经想着怎么收拾这个老头了。

曾国藩到达直隶之后，此地灾害连连，他本人的身体也每况愈下，到 1870 年（同治九年）5 月已经无法坚持工作，不得已请病假一个月。不曾想，6 月 21 日，当地民众与外国教会产生激烈冲突，爆发了震惊中外的天津教案。

尚在放假的曾国藩带病审理此案，最终对外妥协，杀百姓 20 人（实际处决 16 人），流放 25 人，将府、县官革职充军，并向洋人赔款谢罪而结案。

表面上看，是曾国藩本人对列强卑躬屈膝。实际上，背后是慈禧在左右此案，她"一心曲全，维护和局"，让曾国藩背负卖国贼之罪名。

一时间舆论哗然，天津群众义愤填膺，曾国藩有口难辩，心中积郁，病情加重。当时还有人写了副对联挖苦他："杀贼功高，百战余生真福将；和戎罪大，早死三年是完人。"

就在审案期间，两江总督马新贻遇刺的消息传来，慈禧想打发曾国藩出任两江总督。曾国藩以病重为由推辞，并称等天津教案解决后便告病退休。慈禧态度很坚决，道："毋再固辞。"

曾国藩只好走马上任，两年后病逝于任上。

4

在天津教案后，接替曾国藩担任直隶总督的是李鸿章，他出生于道光三年（1823 年），比曾国藩小一轮，也属羊。

李鸿章的崛起离不开曾国藩的扶持，他的父亲李文安与曾国藩是同榜进士，有同年之谊，李鸿章对曾国藩则以师事之。

太平天国起事时，年轻的李鸿章一开始以翰林的身份在安徽办团练，处处受到排挤，不由得感叹"我是无家失群雁，谁能有屋稳栖乌"，走投无路之际只好到曾国藩处做幕僚，干批稿拟奏之类的工作。曾国藩对李鸿章寄予厚望，认为他"将来建树非凡，或竟青出于蓝，亦未可知"。

1860 年，李鸿章的机会来了。当时，太平军破江南大营，上海岌岌可危，地主豪绅们向湘军请求支援。曾国藩派李鸿章率军援沪，李鸿章回乡招募淮勇 7 千人，这支军队连战连捷，声名鹊起，日后发展成为与湘军齐名的淮军。

李鸿章大有继曾国藩之后成为汉人官僚代表的势头。太平天国亡后，他接下曾国藩的担子剿灭捻军，担任直隶总督后，又处理天津教案后续事宜。几年之内，兼任北洋通商大臣，随后晋升为文华殿大学士。时人评曰："李文忠坐镇北洋，遥执朝政，凡内政外交，枢府常倚为主，在汉臣中权势为最巨大。"

李鸿章身为栋梁之材，眼见清廷衰颓，心中怀有"外修和好，内图富强"的抱负，欲扶广厦于将倾。

5

可是，慈禧老佛爷当真不好伺候，腐败无能的清廷确实扶不起。曾国藩好歹是到了晚年审案才受唾骂，李鸿章却大半辈子都在忍受"丧权辱国""卖国贼"之类的骂名。

光绪二十年（1894年），甲午中日战争爆发，恰逢慈禧六十大寿，挪用部分海军经费缮修颐和园。北洋水师和日本海军在前线交战，战况愈烈，有人上书请求停止祝寿工程，慈禧大发雷霆，骂道："今日令吾不欢者，吾亦将令彼终生不欢。"老娘想过生日就过生日，你们管得着吗？

结果，北洋水师全军覆没，清军惨败，李鸿章跑到日本签订《马关条约》。去到那边还遇到刺杀，受了重伤。刺客小山丰太郎是个激进分子，之所以刺杀李鸿章是因为他觉得仗还没打够，希望日军把清军好好教训一顿。

光绪二十六年（1900年），八国联军侵华，一路打到北京。这次慈禧倒是不用过生日，打着"西狩"的名号，带着光绪帝和宫里男女老少，一路逃到西安。

次年9月，远在西安的慈禧命李鸿章等人与列强谈判，要"量中华之物力，结与国之欢心"，于是78岁高龄的李鸿章再度上阵，代表清廷与列强签订《辛丑条约》。史载，签约之后，李鸿章吐血不止，不久病逝于北京，大概是因为积劳成疾引发的胃血管破裂。

为了清廷，李鸿章四处奔波，操碎了心，他死的时候，慈禧"震悼"，顿时失去了重要的依靠。

李鸿章的才能是得到当时国内外公认的，日本首相伊藤博文称他是"大清帝国中唯一有能耐可和世界列强一争长短之人"，慈禧称其为"再造玄黄之人"。可是当国势衰微，他也只能一次又一次地出来收拾烂摊子，有心报国，无力回天，也难怪梁启超要"敬李鸿章之才，惜李鸿章之识，悲李鸿章之遇"。

6

随着《马关条约》《辛丑条约》等耻辱的条约一签订，光绪皇帝似乎成了有清一代最窝囊的皇帝，没有之一。

光绪皇帝载湉出生于同治十年（1871 年），也是属羊，而他这一辈子活着就像羊圈中的羔羊。

载湉的父亲是醇亲王奕譞，母亲是慈禧的亲妹妹。1875 年，同治帝死，无子，慈禧以为咸丰帝续嗣为名，立载湉为帝。

当时载湉不过 4 岁，进宫的路上，他一直哭喊，最后累得睡着了，直至在"舆中犹酣睡矣"。此后的宫廷生活给光绪带来极大的心理创伤，他失去父母的爱，经常受到慈禧的严厉责罚，变得愈发自卑、懦弱。曾经当过光绪皇帝英语老师的德龄回忆说，光绪帝"一至太后（慈禧）前，则立严肃，若甚惧其将死者然，有时似甚愚蒙"。

光绪十三年（1887 年），本应让成年的光绪帝亲政，慈禧却发懿旨称"再行训政数年"，两年后，太后"归政"，可实际上仍然掌握大权。只要慈禧不死，光绪帝将一直是个傀儡，大权旁落，毫无自由。

百无聊赖的载湉只能靠读书解闷，想从书本中觅得治国良策，他读宋明经典，也习汉学经说，但是，时局使他注定做不成秦皇汉武、唐宗宋祖。于是他将目光转向了西学，找来不少西政要籍阅读。

侍郎张荫桓多次出使西洋，每次回来都要跟载湉讲讲出洋见闻，阐述欧美富强之道，载湉喜欢听，不时召见他进宫。如此，载湉虽身处宫闱，但也知道广阔天地，大有作为。他想要反抗，历史不是没有给他机会。

甲午战争之后，以康有为、梁启超等为首的维新派在各地活跃，变法运动高涨。康有为历经波折，终于在 1897 年 12 月被载湉破例召见，当面向他陈述改革方针。热血澎湃的载湉大为所动，以为自己终于找到了救国之法。

懦弱的载湉第一次克服了对慈禧的恐惧，宣称："吾不能为亡国之君，如不能与吾权，吾宁逊位！"1898 年（光绪二十四年）6 月 11 日，载湉下《明定国是诏》，开始实施变法，如果戊戌变法成功，这一刻将彻底地改变中国历史的走向。

理想很美好，现实很残酷。浇灭载湉心中那团热火的人，还是慈禧。

当新政上谕如雪花频频飞下时，以慈禧为首的守旧派全力阻挠，帝后两党形同水火。慈禧对载湉忍无可忍，早有"训政"的打算。

9 月中旬，载湉先后密召杨锐、林旭，颁予他们密诏，直言"朕位不保"。

康有为、谭嗣同等维新派骨干接诏，悲愤不已，决定铤而走险，发动兵变，率军围攻颐和园，强迫慈禧交权。

维新派找到了主持小站练兵的袁世凯，在变法期间，他一度倾向于维新派，更重要的是，他手下有兵，而且还是一支新式陆军。

9月18日夜里，谭嗣同前往法华寺面见袁世凯。谭嗣同慷慨陈词，把"围攻颐和园"的计划告知袁世凯，满口民族大义，忠孝廉耻，胁迫袁发兵勤王。袁世凯表示赴汤蹈火，在所不辞，先把谭嗣同打发走了，回头就跑去跟慈禧的亲信荣禄告密。

传统说法认为，袁世凯向后党告密，导致政变的发生。实际上，此时袁世凯已经知道慈禧将要临朝训政的消息，他为求自保，只好果断放弃维新派。袁世凯的告密不是导火索，却使事态更加紧急，慈禧知道维新派的计谋后，欲将其一网打尽。

9月21日，慈禧由颐和园移驾紫禁城，宣布临朝训政，罢黜新法，之后大肆搜捕维新派。光绪帝和维新派势单力薄，历时103天的戊戌变法注定只是昙花一现。政变后，载湉被软禁于中南海瀛台，此生再无亲政。

在戊戌政变中选择自保的袁世凯得到慈禧信任，1899年升任山东巡抚，李鸿章死后，他又署理直隶总督兼北洋大臣，一时万众瞩目，成为大清新的代言人。

袁世凯出生于咸丰九年（1859年），正好比光绪帝大一轮，也属羊。一切，好像早已命中注定。

庚子事变几年后，袁世凯手下的这支新军扩充到了近9万人，一跃成为当时北方最大的一支武装部队，即北洋军阀的前身。

7

在袁世凯春风得意的1901年，因德国公使克林德在此前的义和团运动中被杀，清廷要派使臣前往德国赔礼道歉。出使的不二人选是18岁的醇亲王载沣，他是载湉的弟弟，身份尊贵，可表诚意。

载沣出使德国，不卑不亢地圆满完成任务，由此走向政坛。他沿途还参观了德国的现代企业、工厂，学到了"集中兵权"的统治之术，惊叹于德国人的先进制度和科学技术。

光绪三十四年（1908年），载湉与慈禧相继去世，两人之死相隔不到一日，留下清宫另一大疑案。慈禧临终之际为保证权力的安稳过渡，立载沣之子溥仪为帝，载沣任监国摄政王。

载沣终于有机会施展抱负了，那时候，他才不过25岁，大清的未来或许是他的，而他心中也有自己的算盘。正如溥仪在《我的前半生》中所说："我父亲并非是个完全没有主意的人。他的主意便是为了维持皇族的统治，首先把兵权抓过来。"

兵权集中，第一个要除掉的便是手握北洋精锐的袁世凯。袁世凯没多久就被罢黜回籍，钓鱼去了。

载沣摄政三年，几乎都在想方设法巩固清廷，加强皇室地位，但是换汤不换药，越改越糟。

袁世凯的谋主徐世昌曾说，大清之亡，不是亡于革命党，而是亡在一班"小爷们"身上。这小爷们的带头人，就是载沣。

宣统三年（1911年），武昌起义一声炮响，清廷危矣。载沣不得已请袁世凯再度出山，自己退居幕后，而袁世凯也终成为清朝的掘墓人。

1912年2月12日，在革命党和袁世凯的逼压下，溥仪宣告退位。大清，亡了。

载沣的处境和当年他哥哥载湉是相似的，空有满腔热血，想要抵抗历史的洪流，但是不管如何努力，都是徒劳无功。他的政治生涯才刚刚开始，就戛然而止。此后半生，载沣低调行事，不再参与政治，他不鼓励复辟，也不投靠伪满洲国。

在载沣逝世十年后，1961年，周恩来总理接见爱新觉罗家族，谈起载沣，称赞有加："载沣的满文很好，现在像他那样精通满文的人，不用说到外面去找，就连你们家族中恐怕也找不到了。"

随后又不禁惋惜："很遗憾，他学了一点科学，又不尊重科学，有病不治，有药不吃，只是相信命运，要不，他会多活些年，为国家和人民多做些工作。"

可是，作为清廷的"终结者"，作为晚清叱咤风云的第6只"羊"，载沣早早完成了自己的历史使命。

1909年，他开着舰艇到南海宣示主权

1911年10月，大清广东水师提督李准做出了一个艰难的决定。

他派出心腹幕僚谢义谦到香港，找到同盟会南方支部长胡汉民，表达了自己反正投诚的意愿。

作为大清剿杀革命党的得力干将，李准的心理包袱很大，过去的血海深仇，他没忘，革命党人更没忘。

没想到，胡汉民给了他一个安全许诺：革命党不报私仇！只要李大人愿意反正，尽忠于革命，可以将功赎罪。条件是，李准必须驱逐两广总督张鸣岐，并交出手中的兵权，包括要塞、兵舰和军队。

李准全部接受，并再次显示出办事干练的特点——同年11月9日凌晨，他公开宣布反正，下令炮台、部队都悬挂青天白日旗，然后给胡汉民拍电报说：张鸣岐走了，谘议局已公举你为都督，速来。

香港有革命党人怀疑李准居心叵测，劝胡汉民别上当。胡汉民却深信不疑，当天乘夜船出发到广州。李准早已安排列队欢迎他就任都督。至此广东全省兵不血刃，宣告独立。

后来，胡汉民专门为李准摆功说，广东省城反正，李准的功劳最大。

的确，在当时的历史情境下，要是李准脑子转不过来，誓与革命党拼个你死我活，那到头来，受苦受难的还是广东老百姓。这种和平的权力转移，对老百姓功劳甚巨，堪称粤版"光荣革命"。

不过，在我们传统的教科书上，李准的形象是单一的，被定义为革命剿杀者，他的反正，也是以投机的形象出现的。很少人意识到这个历史人物的双面性。

1

李准（1871—1936 年），四川邻水县人，出生在官宦世家。其父李徵庸官至四川矿务大臣，但长时间在广东各地为官，为李准打下了良好的地方政治基础。

李准的外孙曾撰文说，李准年轻时爱读历史地理著作，从《天下郡国利病书》到《海国图志》，读得很用心，并十分景仰为国牺牲的广东水师提督关天培。

可惜，李准不是考试的料，人很聪明，但多次参加乡试都当了炮灰。

李徵庸一怒之下，给儿子捐了个——广西同知。

李准从此获得入仕资格。

一个帝国的年轻人，借着父祖的政治资源，以及自己的能力和智慧，闯出了一片天地，慢慢在广东编练出一支忠心于自己的武装。这支名为"亲军营"的武装力量，在以后镇压会匪、革命党起义的过程中，成长为广东最具战斗力的队伍，从而锁定了李准在两广军政界的地位。

李准虽然不是近代史上的一线人物，但他也算是晚清地方能吏，头脑活络，交游广泛，跟帝国政坛的许多大咖谈笑风生。张之洞、李鸿章、岑春煊、袁世凯、周馥……李准都与他们有过很深的交集或交情。

他曾因平匪有功获得慈禧太后召见。在对答中，慈禧告诉他，袁世凯、周馥保举你做江北提督，不过呢，岑春煊一定要你回广东，你就回去好好帮岑春煊，就当是帮我一样。

没想到，人回到广东后，因岑春煊与袁世凯、周馥一直政见不合，李准遭到了顶头上司的严厉训斥。

岑春煊告诫李准，年轻人啊，你怎么运动到袁世凯保你升官了？一个人要走一条路，不要走两条路，他会保你做提督，我不会保你做提督吗？你啊，以后要拿定主意才好。

岑春煊在庚子事变中保护慈禧有功，慈禧对他极其宠信，权势如日中天。李准虽然在岑春煊的保举下步步高升，内心却时常畏惧不已。

2

在镇压黄花岗起义之前，李准已有八九年的镇压起义经验，堪称"灭霸"级别的革命刽子手。革命党人对他恨之入骨，都要"食其肉而寝其皮"。

李准则沿着血路前行，在两广多次主导或协助扑灭各种起义，忙得不亦乐乎，也打出了名气。

大清最后苟延残喘的时日里，许多地方军政大员形同摆设，放水的放水，昏聩的昏聩。李准这种卖命的干将，成了珍稀动物。清政府也很珍惜他，又是一把手召见，又是赏赐名号，李准更加卖力了。

卖力镇压革命，无疑是他的职责所在，用李准自己的话来说，则是"食禄忠事，尽职于清廷"。传统的忠君观念，军人的服从意识，个人得失的权衡，对清廷的报恩思想，这些都决定了一个官吏越有能力，在镇压革命起义的道路上就会走得越远。

1911年初，黄花岗起义，革命党人不幸遭遇这名干将，在起义前基本就可以宣告失败了。之所以飞蛾扑火，纯粹为了挽救革命信誉，激励革命斗志。

李准卖力镇压，在成功摧毁这场起义后，又积极搜捕来往轮船、列车上的革命党人，并亲自审讯被捕的重要人物。

正是这场审讯，触动了李准的内心。革命党人林觉民大义凛然，至死不惧，在李准面前演说时局，至悲愤处，捶胸顿足，史载李准"为之心折"。

革命党人也很清楚，李准是广东军政的枭雄，欲谋大事，必先杀李准。单是1911年，李准就遭遇过两次谋刺：一次，广州将军孚琦成了替死鬼；一次，李准被炸受伤，死里逃生。

李准表白说"虽遭狙击，不变初衷"，实际上他对革命的强硬态度已经软化了。

他没有对炸伤他的革命党人陈敬岳实行报复，反而在两广总督张鸣岐面前为陈求情。他还暗中释放被捕的革命党人但懋辛，派人护送这名革命小老乡回了四川。

在镇压革命最疯狂的时刻，他突然间变了个人，对革命党人及其活动"眼开眼闭"，即睁一只眼，闭一只眼。

说起来，李准年轻时就很爱新奇，追时髦，光绪十八年（1892 年）已经玩起照相机。正是这种接受新事物的态度，为他以后反水清政府，投诚革命党，做了思想铺垫。

3

任何将历史人物脸谱化的做法，都无助于我们探求历史的真相。尤其是对李准这样的历史人物，因为已经将他定性为反面人物，他的正面事迹就被轻轻抹掉了。

很少人知道，这名镇压革命的能吏，竟是中国亮剑南海的第一人。

南海东、西、南沙群岛有 200 多个岛屿礁滩，整个晚清 70 年，英法德日等列强虎视眈眈，想侵夺南海诸岛。清政府基本上无暇也无力顾及。

前面说了，李准喜读历史地理著作，因而对清政府漠视南海主权极其痛心，时常叹息朝廷"向不以领海为重，故于海面之岛屿，任外人侵占而不知也"。

到他获任广东水师提督之后，在两广总督张人骏的支持下，重新整顿水师，遂有了巡视南海，宣示主权的打算。

宣统元年（1909 年），统治安南（越南）的法国殖民者向清政府发出照会，声称早在百余年前，西沙、南沙主要岛屿就有安南嘉隆王朝立下的界碑，这些地方是安南的领土。清政府拿出证据，据理驳斥：中国勒石刻碑的历史，至少比安南早五六百年。

然而，光打嘴炮是远远不够的。经朝廷批准，李准在当年部署了针锋相对的南海巡视。

李准率领 170 余人的队伍，包括官兵、工程师、测绘员、医生、工人等，驾乘伏波号、琛航号等小型军舰，从海南岛榆林港出发，前往西沙，进行了为期近一个月的勘察巡视。

李准的舰队所到之处，遇到岛屿礁滩，就上去鸣炮，勒石命名，升起大清黄龙旗。他为这次出征做足了准备，甚至带了种羊、种猪。有南海问题专家表示："现在我们在西沙群岛的一些岛上还能发现野化的牛羊，其实就是当时李准在 1909 年带去放牧繁殖的后代。"

李准对南海岛屿的命名很有意思，都是取自身边熟悉的事物。比如，采用出征的军舰名称，有两个岛屿被命名为"伏波"和"琛航"；还有用随行人员的籍贯命名，于是南海上有了霍邱岛、新会岛、宁波岛……李准也给自己的老家四川邻水亮了个相，将其中一个岛屿命名为邻水岛。

这次巡视和命名意义重大，学者指出，李准对西沙诸岛命名，是官方第一次对南海诸岛命名，标志着南海诸岛开始被纳入现代官方管辖体系。

晚清国势衰颓，巡视南海的李准，无疑是当时维护南海主权最有力的将领。今日的西沙群岛，还有以他名字命名的"李准滩"。

4

1911 年 11 月 9 日，公开反正那天，李准剃去了头发，与清王朝一刀两断。

广东军政府成立后，李准奉命留任，负责维持地方治安，对稳定过渡时期的秩序，起到了无可替代的重要作用。连当时的英国驻华公使朱尔典都说，广州城内虽有好战分子，但仍保持平静，这离不开李准等人维护和平的努力。

然而，过了没几天，李准却悄悄留下一封信，离职去了香港。

这次离职，悬念迭出，但可以肯定，是李准为了顾全大局，维护新生政权的稳定，才决定走为上策。

李准在留给军政府的信中说："数日以来，凡足以痛哭流涕之事，层见迭出。揆之始愿，实不及此，即欲勉为其难，徐图补救，无如权力不及，徒唤奈何。若再坐误事机，恐即粉弟一人之身，亦无以谢全粤，再四思之，只有毅然舍去，不敢复留。"

这番话，是什么意思呢？

原来，革命胜利后，一些民军忘乎所以，不受约束，以功臣自居，想大捞一把，甚至四处劫掠枪支以换取现洋，目无法纪。这把负有治安之责的李准推到了两难境地：坐视不管，社会秩序会更加混乱；强力弹压，自己又将背负扼杀革命之骂名。

他作为前清官员留任，大部分革命党人本来就有嫌隙和质疑，并未把他当自己人。

进退两难，不如出走，交让军政府"自己人"去治理，于公于私都好。

李准在信中恳切希望："粤东父老，外师泰西组织政党之法，以补建新政府；内筹永久安治之方，以保全性命财产。使民国之基，安于磐石，则弟身虽去粤，心亦安慰矣。"

一个前清反正官员，临走之际，还心心念念希望民国更好，希望人民安好，这种心胸和精神，不是什么人都有的。

此后，李准逐渐淡出官场，1917 年定居天津，做起了寓公。没有什么人会记得他这号人物。据说晚景比较凄凉，时常要靠卖字接济生活。

1933 年，法国武力侵占南沙群岛部分岛屿，全国舆论哗然，群起抗议。如此熟悉的情节，恍如清末故事重演。这时，一位 60 多岁的老人，走进了天津《大公报》报社，向记者详细介绍他当年巡航南海宣示主权的往事，殷殷寄望民国政府雄起。

他就是李准。

在外国威胁南海主权的时刻，这位老人的激愤，不亚于任何一个爱国青年。他说，我当年巡视南海，勒石命名，就是中国对南海诸岛拥有主权的铁证。

三年后，这位老人病逝。

也曾疯狂弹压革命，也曾激情巡视南海，也曾卖命求取权位，也曾淡然弃官而去。

多面李准，最终消失在历史的苍茫之中，是非功过，一声叹息。

吕碧城：被遗忘的女神

乱世出奇人。

1904 年 6 月，天津《大公报》社。报馆门房举着名片，入内通报：来了一位梳头的爷们！

21 岁的女编辑吕碧城，循声望去。

许多年后，她仍对当时看到那个穿男装、梳发髻的形象记忆深刻，说来者"长身玉立，双眸炯然，风度已异庸流"。

来者叫秋瑾，正是来找吕碧城的。

这是近代中国两位奇女子的第一次，也是最后一次见面。当时人称之为"双碧城会"。

秋瑾原来自号"碧城"。当吕碧城在《大公报》崭露头角，连连发表诗文呼吁女权，引起京津名流瞩目的时候，许多人误认为这个"碧城"就是秋碧城。

惹得秋瑾也很好奇，到底是何方神圣，名字跟她一样不说，观点竟然也像她一样。

她找来吕碧城的诗文阅读，一看就被深深吸引，遂引为同道和战友。

"待看廿纪争存日，便是蛾眉独立时。"

"流俗待看除旧弊，深闺有愿作新民。"

······

读完，秋瑾内心涌起一股冲动，我一定要会会这个同名的奇女子。

通过《大公报》创始人英敛之的搭线，两个"碧城"见面了。

当晚，她们畅谈到很晚，直至同床而眠。

根据吕碧城后来的回忆，秋瑾极力劝说她一起东渡日本，参与排满革命，吕碧城却说，她抱持的是世界主义，同情革命而无满汉之见。

结果，两人各自前行。

分别前，秋瑾对小她 8 岁的吕碧城说，"碧城"这个名字是你独有的，从今以后，我不会再用了。

仅仅 3 年后，1907 年，秋瑾被捕就义。

听闻噩耗，吕碧城甚为悲痛，说，谁能料到当年的同寝人，如今竟然喋血于街头？

有一种说法，秋瑾死后，无人敢去收尸，吕碧城冒着杀头的风险，派人到绍兴把秋瑾收殓，暂寄卧龙山下，而后由吴芝瑛、徐自华等人迁葬到西湖边。

吕碧城因此差点惹来杀身之祸。

官府有人声称搜到了她与秋瑾的通信，关键时刻，袁世凯出面说，我和吕碧城也有通信呢，难道我也是同党？

针对吕碧城的追查，这才不了了之。

民国后，吕碧城有一次和袁世凯的二公子袁克文等人游览西湖，拜谒秋瑾墓，百感交集，写诗缅怀：

残钟断鼓今何世，翠羽明珰又一天。
尘劫未销惭后死，俊游愁过墓门前。

从此，世间仅有一碧城。

1

吕碧城自小就是才女。

5 岁时，听到父亲吕凤岐说"春风吹杨柳"，她脱口而出："秋雨打梧桐。"

7 岁能画巨幅山水画。

据说十几岁时，已写出"夜雨谈兵，春风说剑，冲天美人虹起"这样豪情万丈的词句。

与她父亲同年进士的晚清民初一代诗宗樊增祥，对此惊为天人，后来曾写诗称赞吕碧城：

> 侠骨柔肠只自怜，春寒写遍衍波笺。
> 十三娘与无双女，知是诗仙与剑仙？

吕碧城的两个姐姐吕惠如、吕美荪，同样工诗词，有才华。姐妹三人并称"淮南三吕"，天下知名。

在吕碧城 12 岁那年，1895 年，担任山西学政的父亲吕凤岐猝然病逝。这彻底改变了吕碧城的人生轨迹。

父亲在世时，她与姐妹们衣食无忧，读书作词，是典型的闺阁才女。

但父亲去世后，因家无男丁（吕碧城两个同父异母哥哥早夭），族人为霸占寡母孤儿的财产，一度要幽禁吕碧城的母亲严氏。

严氏只好带着女儿们投靠娘家。

落魄之时，早年与吕碧城订婚的汪家，决然退婚。

多年后，吕碧城回忆这段经历，用了 12 个字形容："众叛亲离，骨肉齮龁，伦常惨变。"

可见这场家变，对少女时代的吕碧城打击有多大。

吕碧城后来随家人寄居天津塘沽舅舅家长达七八年。其间，发奋苦读，思想前卫。

到 1904 年初，思想守旧的舅舅听到外甥女要到天津探访女学，当即把她臭骂了一顿。

吕碧城受不了，决定离家出走，上了火车。

没有带行李，也没有带钱。

就这样开始了清末民国第一奇女子的人生旅程。

2

独闯社会的 21 岁才女，很快凭借才华与美貌，征服了京津文化圈。

最早收留并力捧吕碧城的是，《大公报》创始人英敛之。

英敛之无意间读到吕碧城寄往《大公报》的求助信，为她的文采和志向深深折服，当即赶到旅馆，力邀吕碧城出任《大公报》见习编辑。

吕碧城由此走上独立自主道路，成为中国新闻史上第一位女编辑。

上岗后，在英敛之的支持下，她发表了许多在当时看来颇为激进的女权诗文，引起政文两界名流的关注。

晦暗神州，欣曙光、一线遥射。问何人，女权高唱？若安达克。雪浪千寻悲业海，风潮廿纪看东亚。听青闺、挥涕发狂言，君休诧。

幽与闭，长如夜。羁与绊，无休歇。叩帝阍不见，怀愤难泻。遍地离魂招未得，一腔热血无从洒。叹蛙居、井底愿频违，情空惹。

——吕碧城《满江红·感怀》

这些诗词，才气逼人，识见高远，已经不是传统的闺阁才女所能比拟。

于是，文学界喜欢她，认为她可与李清照媲美；革命界喜欢她，认为她有助于推动女子独立；政治界喜欢她，认为她有新思想，适合办教育。

英敛之把吕碧城和她两个姐姐的诗词结集出版，并在序言中高度评价吕碧城，说她"能辟新思想，思破旧痼弊，欲拯二万万女同胞……与男子相竞争于天演界中"。

时任直隶总督兼北洋大臣袁世凯，想兴办女学，觉得吕碧城是合适的人选。遂委任翰林院出身的傅增湘，与年纪轻轻、声名在外的吕碧城一起筹办北洋女子公学（后扩建为北洋女子师范学堂）。

开学后，吕碧城出任总教习（相当于教务长），到1908年，她升任学堂监督（即校长）。

这样，她20多岁就成为中国近代第一所女子师范学堂的校长，被誉为北洋女学界的哥伦布。

有意思的是，她的两个姐姐，后来也都做过国内女子师范的校长。三姐妹均为近代中国第一批女教育家。

3

讲到这里，还不到30岁的吕碧城已经相当优秀，拿下了好几个"第一"：近三百年来第一女词人，中国新闻界第一个女编辑，中国最早一所女校的女校长，与秋瑾齐名的女权运动先驱者……

但吕碧城特立独行，反叛精神十足，她一生的传奇，远远未在此时止步。

当有人开始写"绛帷独拥人争羡，到处咸推吕碧城"的诗句，称赞吕碧城的名声如日中天的时候，吕碧城却与她的恩人英敛之决裂了。

个中缘由，如今已经扑朔迷离。有一种说法，英敛之早先对吕碧城有超越一般感情的爱慕，他虽有家室，却在见到吕碧城后的日记中，说自己"怨艾颠倒，心猿意马"。

不过，后来，英敛之更加倾心吕碧城的二姐、性情相较更为柔和的吕美荪，从而导致了二人越走越远。吕碧城与二姐老死不相往来，或许也与此有关。

感情的事，很难说得清。所以学界普遍认为，吕碧城与英敛之决裂，是因为《大公报》发文抨击一些女教员的装束太过妖艳，说这是"师表有亏"。吕碧城向来以奇装异服、大胆装扮出名，又在北洋女师当校长，当即就认定这是在讥讽自己，于是在天津其他媒体撰文反击。

两人展开多日针锋相对的书信辩论后，吕碧城宣布脱离《大公报》。此后数年，全身心投入女子教育。

这场争论之后，产生了很多谣言，都在说吕碧城的不是。

然而，与英敛之熟识的严复，却对吕碧城多加回护，说他这个女弟子"高雅率真，明达可爱"，外界谣言四起，都是因为她为人孤高，"不放一人于眼里"导致的。

是非难断，而吕碧城一转身，继续创造她"第一"的纪录去了。

民国成立后，吕碧城被大总统袁世凯聘为公府秘书。她由此成为民国中央政府第一个女性。

3年后，袁世凯忙着称帝，吕碧城毅然辞职南下。

到上海，她又有了一个更加夺目的身份。

4

身处魔都上海，吕碧城摇身一变，成了女富豪。

关于财富的来源，她轻轻带过，说自己略懂陶朱之道。当时人猜测，她的暴富有可能来自股市，也有可能源于跟洋人合作贸易。

总之，没人说得清楚，只知道这个女人很神秘，举止豪放，出手阔绰。

这期间，她还苦学英语，准备赴美留学。

她是当时许多男人心目中的女神，但还一直单身。

1918年，在去美国之前，曾任民国交通总长的叶恭绰等人约吕碧城喝茶。喝着喝着，聊起了她的婚事。

吕碧城说："生平可称心的男人不多。梁启超早有家室，汪精卫太年轻，汪荣宝（当时江南四公子之一）人不错，也已结婚。张謇曾给我介绍过诸宗元，诗写得不错，但年届不惑，须眉皆白，也太不般配。"

又接着说："我之目的，不在资产及门第，而在于文学上之地位，因此难得相当伴侣，东不成，西不合，有失机缘。幸而手边略有积蓄，不愁衣食，只有以文学自娱耳！"

听得同座中人，个个咋舌。

又有人说，你不是袁世凯家二公子袁克文的红颜知己吗？

吕碧城笑而不答，过了一会儿，说："袁寒云（袁克文，号寒云）属公子哥儿，只许在欢场中偎红依翠耳。"

这么有才的富姐儿，始终坚持独身主义。有说她是因为少女时代被退婚留下的阴影，有说她对袁克文是认真的，无奈袁克文太花心……

吕碧城一笑而过。

随后赴美国，入哥伦比亚大学旁听，攻读文学和美术。

四年后，1922年，吕碧城学成回到上海。一回国，就在静安寺旁自建豪宅，装修得富丽堂皇，还请了两个印度人昼夜巡逻。

这时候，她成了上海滩最知名的交际花。经常穿着露背装，跳交际舞，还把自己的照片送人，俨然上海的摩登女郎。

掌故学家郑逸梅说，吕碧城放诞风流，就像是《红楼梦》中的史湘云，而且是沾染了一身西洋作风的史湘云。

吕碧城父亲的朋友、当时已经 70 多岁的樊增祥，看到吕碧城如此个性，却十分赞赏，说她是：

巾帼英雄，如天马行空，即论十许年来，以一弱女子自立于社会，手散万金而不措意，笔扫千人而不自矜，此老人（樊增祥自称）所深佩者也。

5

那时的吕碧城，是上海各大报纸追逐的新闻热点。就像如今那些当红明星，吃瓜群众都在盼着他们出点什么新闻。

有一次，她的宠物狗被洋人的摩托车轧伤，她立即请律师出面交涉，霸气十足。报人平襟亚知道此事后，写了《李红郊与犬》一文发表，影射吕碧城为狗打官司。

吕碧城大怒，将平襟亚告上法庭。平襟亚一看势头不对，躲起来避风头。吕碧城并不罢休，登报悬赏捉拿平襟亚，说谁能缉拿平襟亚，她就以慈禧太后亲绘的花鸟图一幅作为酬劳。

也许是厌倦了人红是非多的感觉，吕碧城又做出了一个"相当吕碧城"的决定：离开上海，周游列国。

1926年，她出发，再次去了美国，第二年转往欧洲，游历西欧多个国家后，最后长年旅居瑞士。

当年，她拒绝了秋瑾的邀请，说自己不是一个排满主义者，而是一个世界主义者。

如今，20 余年过去，她真的开始践行她的立场。

也许对她来说，生命的意义就在于折腾。

几乎没有人知道她在海外生活的真实情况。大家只知道，她又很前卫地成为素食主义者，出席了动物保护组织的国际会议。

人在欧洲，但她一直写她的词。她第一次把西方的事物，写入中国最古典的词，开拓了传统诗词的意境，被称为"三百年来第一人"。

她还做慈善，多次往国内捐钱。抗战爆发后，她给国内的赈灾机构捐款，帮助流离失所的难民。

她从一个激进的中国女权主义者，变成了一个佛教徒。晚年，她曾在曼谷做佛学演讲，说：人生最大的问题，是由何而来，向何而去。

而她却回不去了。

在最后的岁月，她想回到故土，于1940年初抵达香港。国内抗战正酣，感时伤世，她掩袂泪下。

随后，太平洋战争爆发，香港沦陷，她只能避入一座寺院。到1943年病逝，享年60岁。

一段传奇，就此落幕。

她留下一首绝笔诗：

护首探花亦可哀，平生功绩忍重埋。
匆匆说法谈经后，我到人间只此回。

又留下遗言，死后不留尸骨，火化后骨灰和面为丸，投入南中国海，喂鱼。

这，是她最后的倔强。

人生的长度或许是注定的，但宽度却可以凭人力撑开。吕碧城一生，活出了别人几生几世的宽度。

中国出了个鬼才：赵元任

说梁启超是跨界通才，应该没有人有意见吧？他的头衔很长：伟大的思想家、政治家、教育家、史学家、文学家……

但今天要讲的这个人，比梁启超还有通才范儿，跨界之大，百年难得一见：有人说他是物理学家，有人说他是数学家，有人说他是哲学家，有人说他是音乐家，有人说他是语言学家……

说辜鸿铭是语言天才，大家也没意见吧？据说他精通9国语言，靠背诵《浮士德》学成德语，靠背诵莎士比亚戏剧学成英语……

但今天要讲的这个人，比辜鸿铭还有语言天赋。他精通7国语言，看似比辜鸿铭少，但口音标准到让巴黎人、柏林人误认作老乡；而且，他能讲中国33种方言，学习速度之快，学习能力之强，令人咋舌。

这个人，正是被胡适点评为"留美人物第一"，与梁启超、王国维、陈寅恪并列为清华"四大导师"的赵元任（1892—1982年）。

1

1910年，18岁的赵元任报名参加庚子赔款留美考试。同批考试的人里面，有胡适。

成绩出来，赵元任考了第2名，胡适只考了第55名。赵元任碾压胡适。还好这一批招的人多，不然胡适都搭不上去美国的船。

有意思的是，在去美国之前，十八九岁的赵元任和胡适都有点问题少年的倾向。赵元任抽烟喝酒，样样精通。胡适则更离谱，在上海和一帮朋友赌博叫局吃花酒，花天酒地，醉生梦死。

考完后，赵元任和胡适坐上同一艘船赴美，一同进了康奈尔大学。

不得不说，100 年前的美国真是个改造青年的好地方。数年后，这两人学成回国，已从当年的问题少年，变成了人人敬仰的青年导师。

赵元任的兴趣相当广泛，导致他的理想很多变。还在海上漂着的时候，他打算做一个电机工程师；到了美洲大陆换乘火车后，他说他想做物理学家；1914 年，当他从康奈尔大学毕业时，他却获得了数学学士学位。

他的大学数学成绩好得惊人，长年保持了康奈尔大学平均成绩的最高纪录。

大学期间，他还选修了物理学、机械学、哲学、逻辑学、语言学、音乐等课程。事后证明，他在主修和全部副修领域都成名成家，简直是天才。

大四时，他同时具备申请数学或哲学研究生奖学金的水平。于是，他改行当了哲学研究生。

一年后，他进入哈佛大学攻读博士学位，主修哲学，选修音乐。

1919 年，他从哈佛拿到哲学博士学位后，回到康奈尔执教。

你要没了解过，打死也不会知道康奈尔给了赵元任什么教职。不是数学，也不是哲学！竟然是物理学讲师！

这个一直"心有旁骛"的人，就这样把爱好玩成了职业。但更神的还在后面。

2

在美国待了 10 年后，1920 年，赵元任决定回国。回国原因你肯定也想不到，他想回老家去退婚！

15 岁的时候，家族长辈强行为他和一名从未见面的女子订婚。当时他就很郁闷，但反抗不了，只能在日记里写道："婚姻不自由，至为伤心。"

如今，他想赶紧回国把婚退了，还自己也还那名女子自由。

不要以为他急着退婚，是赶着和新女友成婚。真相是，这个高知剩男，此时连女友在哪里都不知道！

听说赵元任回国，最高兴的是国内的高校。哪个学校能把这个"不务正业"的学术大腕纳入门内，知名度和美誉度少说要提升半个档次。

当时，胡适已经回国 3 年了，在北大当教授，是新文化运动的旗手。

赵、胡两人关系密切。胡适多次不吝赞誉赵元任，说"每与人评论留美人物，辄推常州赵君元任为第一，其人深思好学，心细密而行笃实，和蔼可亲，以学以行，两无其俦"。简单说吧，就是认为赵元任天下无敌。也许是鉴于这层关系，北大一再力邀赵元任加盟。

但惯于不按常理出牌的赵元任，最终还是选择了母校清华。

清华收了这么个鬼才，感觉怎么安排都行。起初说定让赵元任去教数学，到校上岗后又让他加授英文，随后又让他改教中国史和哲学……最后，你肯定又想不到，清华让他教心理学和物理学。

一个专才只能填一个坑，像赵元任这样的通才，能填六个坑，多划算。

很快，清华发现，还有一个更大、更急的坑在等人去填，而且这个坑一般人真填不了。那就是英国大哲学家罗素来华巡回演讲，急需一名现场翻译。

翻译门槛不高，留过几年洋就行；但充当罗素的翻译，门槛就比天还高了。

罗素博学多才，看看他当年在华演讲的题目：《爱因斯坦引力新说》《哲学问题》《未开发国之工业》《宗教之信仰》《数学逻辑》《物的分析》……内容五花八门，涉及高等数学、物理、哲学、逻辑学和教育，等等，都是当时前沿和精深的专业。

客观地说，当时的中国，只怕只有赵元任一人能当好这个全程翻译了。

通才对通才，罗素演讲唾沫横飞，赵元任翻译游刃有余。这对搭档，完美！

3

赵元任应该感谢罗素。在给罗素当翻译之前，他没有认定从事终生的专业，也没有一个可以陪伴终生的伴侣。在给罗素当翻译之后，这两样都齐了。

这两件事虽然与罗素本人没有直接关联，但发生的时间节点确实很巧。

先说伴侣。

当翻译期间，赵元任在北京认识了杨步伟——他后来的妻子。杨步伟出生在一个拥有 100 口人吃饭的大家族里，她的祖父是中国佛教协会创始人杨仁山。她与赵元任都有被包办婚姻，又信奉婚姻自由从而解除包办婚姻的经历。虽为女子，杨步伟却颇为豪爽，有英气。年少时，曾跟家族中的兄弟们去秦淮河叫局，胆大妄为。后来留学日本，学医，回国后与友人在北京开了一所私立医院。

赵元任与杨步伟很般配，二人出身相似，经历类似，性格互补，后来成就了现代最完美的婚姻之一。曾有人问他们家谁说了算，杨步伟故作谦虚地说："我在小家庭里有权，可是大事情还是让我丈夫决定，不过大事情很少就是了。"

认识杨步伟后，赵元任每次给罗素做翻译，都要拉上她一起。有次他和杨步伟吃饭，聊得高兴，忘了时间，等想起还有正事时，赶紧拉着杨步伟跑回讲堂。只见罗素一人在台上干坐着，开不了口，看到赵元任拉着女子进门来，只好低声对赵元任说："坏人！坏人！"

罗素在华期间，有段时间生病，赵元任的空闲时间多了，与杨步伟感情急剧升温。罗素离开中国前一个月，1921 年 6 月，赵、杨结婚。婚礼很简单，请了胡适和另一个朋友见证，四个人在家吃了顿饭，就完了。

事后，赵元任问罗素对自己的新式婚礼怎么看，花心到被称为"可以追逐任何一个穿裙子的女人"的罗素听后，连说："足够刺激！"

说完婚姻，再说事业。

像赵元任这样的鬼才、通才，其实也很痛苦的。可以选择的方向太多了，物理、数学、逻辑学、心理学、哲学、文学……样样在行，结果就是他自己所说的，"不晓得做什么、到哪里去，不论就地理、国别而言，抑或就学术及感情而言"。

对语言学，这个最终奠定他江湖地位的专业，赵元任既精通又热衷，但当时毕竟只是他的业务爱好，而非本行。尽管胡适、丁文江、蒋梦麟等好友都劝他把业余当成专业做下去，他还是颇有些犹豫不决。

直到给罗素当翻译之后，赵元任的语言天才得到了公认。他才下了决心，把语言学作为安身立命的专业。

其实，赵元任自小就是语言天才。他是常州人，但生在天津，10 岁以前跟着做官的祖父在各地生活，几乎一年就换一个地方，每到一地就学会了当地方言。

等到他在南京读中学的时候，他的语言天赋已经完全彰显出来。有次聚餐，一桌八人，五湖四海，讲八种方言，他都能以对方的方言与八人轮流对话，娴熟无碍。

大家戏称他的耳朵可以录音，大脑可以辨音。

跟着罗素到全国演讲做翻译，考验的不仅是英译中的本事，还有对各地方言的掌握能力。那个年代，国语并未普及，哪怕是读书人，什么地方人就讲什么方言。

这正好是赵元任的拿手好戏。

罗素在上海女子高等师范演讲时，赵元任用上海方言翻译。在杭州，用杭州话翻译。

在去湖南途中，赵元任跟湖南人杨端六学习湖南话，不到一周以后，在谭延闿会见罗素时，赵元任已经能把谭的湖南话译成英文。罗素在湖南演讲，赵元任直接用湖南话翻译，演讲后有听众冲到台前问他："你是哪县人？"可见赵元任学习方言能力之强，短短时间内就让湖南人错认他为老乡了。

正是跟着罗素各地跑，让赵元任看到了潜藏在自己体内的语言能量场。当他发掘以后，自己都差点被自己吓到了。

赵元任最得意的学生王力，后来在回忆文章中说："我勉励我的学生向元任先生学习，学习他的博学多能，学习他的由博返约，学习他先当哲学家、文学家、物理学家、数学家、音乐家，最后成为世界闻名的语言学家。"

4

1921年，婚后不久，赵元任偕夫人杨步伟回到哈佛大学，教哲学和中文。次年就升任教授。

但此时，他的主要兴趣，已经转到语言学上。

1925年左右，清华大学决定成立国学研究院，要聘任"四大导师"。赵元任似乎对清华没什么抵抗力，只要一召唤，就又回去填坑。

离开美国前，当时哈佛93岁的霍金教授很惋惜地对杨步伟说："你知不知道，元任是我所知道的人当中哲学最有希望的？"

杨步伟只能回答说："元任知道的东西太多，兴趣太广了，所以往往就各面乱跑不回家了。"

回清华后，赵元任负责教授音韵学和音乐，并开始从事方言调查工作。他所从事的这一系列工作，奠定了他无与伦比的地位，他也因此被誉为"中国语言学之父"。

那时的清华，真是大师云集，逸事很多。陈寅恪就住在赵元任家隔壁，每天到赵家蹭饭，日子久了，杨步伟开始想怎么把陈寅恪支走，于是给他找到了另一半——唐筼。

那个为林徽因"守了一辈子"的金岳霖，当时在一个小学教书，但他想到清华教逻辑学。赵元任说，你来正好，我就可以专门教音韵学了。于是，金岳霖就进了清华。

北大的刘半农突发奇想，说他想编一本中国各地"骂人专辑"，因此在报纸上公开征集各地的粗话、脏话。赵元任看到后，跑到刘半农宿舍，指着他的鼻子用湘、川、皖等地方言大骂一通，边骂还边讲解。

赵元任还与刘半农、钱玄同、黎锦熙、林语堂等人成立了"数人会"，一个研讨语言音韵问题的组织。"数人"的意思就是，国语的标准化，由这几个人定了就定了，可见气魄有多大。不过后来他们拿出来的国语拼音方案，因为太过精细复杂而被搁置了。

尽管已经成为大师级的人物，但赵元任还是保持了方言调查和持续学习方言的习惯。

他到清华后，历时十多年，对中国的主要方言进行调查。方法是亲自到当地民间，找人朗读，做笔录。当年到民间调查苦不堪言，全是步行，不能按时吃饭，有时晚上找不到旅馆，就向农家借宿。

跟随他十多年的助手杨时逢，曾回忆他们在江浙一带调查吴语的过程，说每天跑下来累得要命，他一到旅馆倒头便睡着了，一觉醒来，发现赵元任还在伏案整理调查笔记。

抗战期间，赵元任途经香港。陈寅恪的夫人唐筼和次女陈小彭，陪赵元任夫妇一起购物。在一家象牙工艺品商店，陈小彭听到赵元任与售货员以标准粤语交谈，但速度没有本地人讲得快，觉得奇怪。后来陈小彭才知道，赵元任之前并不会粤语，但他可以即时用拼音将粤语拼出，随口说出来。

1959 年，赵元任到台湾大学讲学，其间，他顺便学习了闽南话。

至此，全国主要方言，他都会说了。

赵元任掌握语言的能力非常惊人，除了他的语言天赋，主要得益于他能迅速穿透一种语言的声、韵、调系统，总结出一种方言乃至外语的规律。

学术界公认，赵元任是我国全面利用现代语言学理论方法研究中国语言并取得世界性声誉的第一人。

更令人称奇的是，赵元任不仅是天生的语言奇才，还是天生的音乐怪才。语言和音乐，在赵元任这里，基本就是硬币的两面，触类旁通。

他是中国第一首钢琴曲的创作者，"中国第一情歌"《教我如何不想她》的谱曲者。由他作曲的作品达 100 多首。

《教我如何不想她》是刘半农写的新诗，后来赵元任给谱了曲，一下子红遍中国，迄今仍是许多音乐会的必唱曲目。1934 年，在北京的一场音乐会上，《教我如何不想她》大受欢迎，有人发现刘半农就在现场，于是提议请诗人与大家见面。刘半农腼腆地站了起来，不料有一位姑娘喟然叹道："原来是一个老头子！"

刘半农事后作了首打油诗自嘲："教我如何不想他？但恨不能同吃茶。原来是个老头子，教我如何再想他！"

5

跟刘半农一样，赵元任也是个幽默之人。

赵元任留学前有个号，叫宣重，留学后就不用了。他回国后在清华时，有人请客，在请柬上郑重地写了"赵宣重先生"。赵元任一看，直接在这几个字的底下，签了一个"已故"。

用他自己的话说："后来就再没有人管我叫宣重了。"

胡适说赵元任"生性滑稽"，做学问也是如此。赵元任谈到中国语言的五声问题（阴阳上去入），为了便于分辨，发明了一句"荤油炒菜吃"

来解说。在《国语入门》一书中，赵元任讲到语尾助词"吧"字，幽默地举例说明它不宜和"王""鸡"这两个字合用。

当然，最经典的是，为了说明文字和语言具有相对独立性，他写了好几篇同声同韵单音字叙事的精妙短文章，在幽默风趣中尽显他的语言文字能力。其中，最著名的一篇是《施氏食狮史》：

> 石室诗士施氏，嗜狮，誓食十狮。氏时时适市视狮。十时，适十狮适市。是时，适施氏适市。氏视是十狮，恃矢势，使是十狮逝世。氏拾是十狮尸，适石室。石室湿，氏使侍拭石室。石室拭，氏始试食是十狮尸。食时，始识是十狮尸，实十石狮尸。试释是事。

翻译一下：住在石头房子里的诗人施先生喜欢吃狮子，发出誓言要吃十只狮子。施先生经常到市场上查看狮子。有一天，十点钟的时候，正好有十只狮子被运到了市场上。这时候，恰好施先生也来到了市场上。施先生观察这十只狮子，依仗弓箭的力量，把这十只狮子射死。他拾起这十只狮子的尸体，回到石头房子里。石头房子里很潮湿，他吩咐仆人擦拭石头房子。石头房子被擦干净了，他开始试着吃这十只狮子的尸体。吃的时候，才知道这十只狮子的尸体，实际上是十个石头狮子的尸体。请尝试解释这件事情。

这篇《施氏食狮史》原文，就算是专业新闻主播，用普通话读出来，也很考验功底。

赵元任就有这个本事，把枯燥的学问，做得风趣盎然。他曾告诉大女儿，他研究语言学，只是为了"好玩儿"。"好玩儿，不是功利主义，不是沽名钓誉，更不是哗众取宠，不是一本万利。"

他本人的性格也极好，说话风趣而不刻薄，和蔼可亲，遇事超然，从不与人大声争吵。他后来长期在耶鲁大学、哈佛大学、加州大学等美国一流院校执教，无论是道德、风采、修养，还是学问、文章，均得到国际公认。美国语言学界有一句话，叫"赵先生永远不会错"。

很多人敬佩赵元任，除了佩服这个百年难得一见的通才、鬼才，更敬服他纯粹的学者本色。

早在结婚之前，他就和杨步伟约定：将来什么都可以依你，但有一样你绝对不能逼我，那就是，你要明白我这个人一辈子都不做官，不喜欢做任何行政的事。

这一决定，赵元任终其一生，从未改变。其间，面对许多次名位的诱惑，他均坦然以辞，光拒绝担任国内名校校长，就达四次。

1947年，时任国民政府教育部长朱家骅，给在美国的赵元任连打多封电报，要他出任中央大学校长。赵元任急了，回电说我从不喜欢做行政事，也不会做。来一封电报，就辞一次。

朱家骅没办法，决定走"夫人路线"，给杨步伟打电报，要她做通赵元任的思想。杨步伟尊重赵元任的选择，回电说："我知他非行政人才，请另选高明。"

同时，杨步伟跟丈夫建议，只有暂停回国行程，才能免除校长之位。

他们于是决定等任命校长风波过后再回国。谁知道政局变幻莫测，这一等，他们就在美国待了20多年，直到1973年才重回大陆访问。

杨步伟曾回忆说，虽然因思乡而想回国，"但是元任说他的学问是国际上的有用人才，与政治一点关系都没有，而且他对政治既无经验也无兴趣，与现在国内无定时一点无用，还是留在外国好点。我说一个中国人国际上有名，也是给中国人留名，不也是一样吗？"

事实也是如此，留在美国的赵元任，成了中国有大师的标志。

至今，仍有无数的学者在感慨，几乎没有人能像赵元任那样，把自然科学和人文科学这两种文化融合得如此娴熟。在漫长的教学生涯中，他教过物理学、数学、哲学、中国音乐史、中国语言、汉语语法、理论语言学、逻辑学等课程。他是如此博学，以至于给他冠以数学家、语言学家、翻译家、哲学家、逻辑学家、音乐家等头衔，都不足以涵盖他的成就。

人们想不出有什么合适的词，才配得起这样一个鬼才。只能说，他是一个"文艺复兴式的智者"。

·
·
·

第六章

被遗忘的边缘人

·
·
·

两千年前，中国最后一个游侠被杀了

当侠客郭解因为接连发生的暗杀、恐吓案件，而接受审判时，官府内部发生了剧烈的争论。

一些官员替他求情，说这些恶性案件发生时，郭解本人并不知情，应判无罪。

不过，御史大夫公孙弘坚持说，郭解以一介布衣，任侠行权，睚眦杀人，他自己虽然不知情，但这个罪比他本人杀人还严重。

皇帝最后下令，对郭解进行灭族。

这是公元前125年左右，汉武帝在位时期的事。

史家说，郭解之死，不仅代表中央集权政府对民间势力的强力镇压，也象征着历史上游侠时代的终结。

迄今为止，中国大约有2500年的侠客文化传统，但严格来说，自西汉中期以后，纯粹的侠客阶层已经消亡了。余下的2100年左右，侠客仅作为一种精神境界、一种偶发的个体，以及一种文人想象而存在。

1

在汉武帝强力镇压侠客阶层以前，侠的影响力很大，大到经常可以与国家权威相对抗。

普遍认为，侠的产生很早，在春秋末年、战国初期已很活跃。当时，社会急剧转型带来了阶层变动和分化，"士"这一贵族阶层日渐落魄，分化出了许多群体。比如，早期的儒家、墨家、纵横家，很多人都是从士转变而来的。侠，也是这一时期从士里面分出来的一批人。

史学家吕思勉说，"好文为游士，尚武为游侠"。

但"尚武"只能说明游侠崇尚武力，不代表他们擅长武艺。事实上，司马迁在《史记》中一再强调，游侠是一种行为模式，或者说做人的准则，与武艺高低没有关系。他写道：

今游侠，其行虽不轨于正义，然其言必信，其行必果，已诺必诚，不爱其躯，赴士之厄困，既已存亡死生矣，而不矜其能，羞伐其德，盖亦有足多者焉。

什么意思呢？就是说，这些游侠，虽然行事不符合国家的法律，但是他们言必行，行必果，舍身解救困厄，然后隐姓埋名，不肯夸耀自己的能力和品德。

道德境界这样高的人，跟儒家所说的君子，几乎没什么差别，只是一个从文，一个从武。同时，跟墨家的表现更为接近，锄强扶弱，贵不傲贱，舍生取义，自我牺牲……游侠的行事风格简直是墨家的翻版，所以有人说，游侠就是"墨侠"。

司马迁《史记》有《刺客列传》《游侠列传》，里面所写诸人，大多都有侠者之风。在著名的荆轲刺秦王故事中，大家可能只记得刺客荆轲，而忘了侠者田光。

荆轲早年好读书击剑，流浪各国，到燕国后，结识了"狗屠及善击筑者高渐离"，还有名士田光。

燕太子丹想找人刺杀秦王，慕名找到了田光。田光说自己年迈，没有精力做这等大事了，遂向太子推荐了荆轲。

太子请田光引见荆轲，并叮嘱说："国之大事也，愿先生勿泄也。"田光没说什么，笑着点头。

在把事情告诉荆轲，并得到荆轲同意当刺客的保证后，田光做出了一个惊人之举。他对荆轲说，太子担心我泄密，一个人做事情而使别人疑心，这不是侠。说完，田光自刎而死。

司马迁说，田光是以自杀激励荆轲。但田光以死来让委托人彻底放心，这是当时游侠的一种必须践行的节操。"重义轻生"可以说是一个游侠的基本素质。

反倒是我们现在认为一个侠客必备的武艺，在当时，并非硬性规定。荆轲行刺失败后，当时人惋惜地说，可惜啊，荆轲平时不讲刺剑之术。

也就是说，尽管荆轲行刺失败，尽管荆轲剑术太水，但这不妨碍他成为当时最有名气的侠客。侠的标准和成名，不在于武艺是否高强，而在于是否符合侠义。所谓"侠义"，就是前面引用的司马迁的话，一个侠要勇于任事，一旦承诺，只身赴难，决不退避，功成则身退，功败则身死，不用多废话。

2

从战国到西汉，侠客都是一个完整的阶层。按司马迁的分类法，有布衣之侠、闾巷之侠、卿相之侠。大概就是根据侠的经济能力和影响力进行的划分。

其中，能力最大的，自然是以养私剑、广结宾客著称的卿相之侠。比如战国时代的"养士四公子"：

> 列国公子，魏有信陵、赵有平原、齐有孟尝、楚有春申，皆藉王公之势，竞为游侠，鸡鸣狗盗，无不宾礼。

战国四公子作为当时社会上最大的游侠，他们的身边分别集结了数千能人门客，势力足以与一国抗衡，甚至能够左右国家间的战争局势。

公元前257年，秦国击破了赵国长平军，进兵包围赵国首都。赵国向魏国求救，魏王派晋鄙率军十万驰援，行至半路，却怕秦国报复而驻足不前。名义上是救赵，实际上是观望。

情急之下，一个曾受信陵君礼遇的看门人侯嬴，向信陵君献计——窃符救赵。信陵君依照侯嬴的计谋，窃得虎符，击杀晋鄙，指挥魏国大军奔赴赵国，终于击退了秦军。

由于侠的能耐太大，又常游走在国家法度之外，对王权特别是正在形成的君主集权构成了威胁，所以对游侠的申讨和限制从未停止。

韩非子把威胁君主集权国家的五种势力，称为"五蠹"，首当其冲的两种势力就是"儒"和"侠"，"儒以文乱法，侠以武犯禁"。一文一武，作为战国民间成长起来的两大势力，对官方势力形成了消解和分散作用。一些官方人物、王侯将相为了扩张自己的政治势力，反过来要借重儒与侠的力量，结成同盟。这是韩非子最痛恨的地方，认为君王不分黑白，误用"五蠹"，最终将伤害整个国家。

秦国自商鞅变法以后，采用法家治国，严厉限制和打击游侠阶层在内的各种民间势力。待秦始皇统一六国，这一强力政策全面推向东方，史书说，"故隳名城，杀豪杰，民之秀异者散而归田亩。向之食于四公子、吕不韦之徒者，皆安归哉？"

在集权的打击下，游侠隐匿乡里，不敢出头。但他们带着国仇家恨，伺机报复。这群人中，就有很多原来六国的贵族子弟，以侠义相互期许，走上复国血仇之路。

公元前218年，出身韩国国相世家的张良，"与客狙击秦皇帝博浪沙中"，结果"误中副车"，秦始皇怒不可遏，下令全国追缉刺客。

秦始皇在位期间，多次遭遇暗杀，而杀手或其幕后主使，基本都是入秦以后备受压制的游侠阶层。

公元前209年，陈胜振臂一呼，发动反秦起义。虽然时人评价陈胜的格局并不大，但蛰伏已久的游侠，仍然纷纷响应。他们等着出这口气，等太久了。

秦王朝至二世而亡，只维持了十几年的统治。败亡的原因固然很多，但有一条绝对不能忽视。那就是，秦朝压制东方豪杰，用力太猛，使这些人没有出路，深恨秦制，一有变乱便趁势而起。秦朝最终在民间力量的反弹夹击下覆亡。

3

鉴于秦亡的教训，刘邦在建立汉朝之后，对国家与民间的关系进行了调整。总的来说，就是从法家的全面压缩民间势力，唯皇权独尊，调整为道家的无为而治，容许民间势力代替皇权在某些地方进行治理，有点"小政府，大社会"的意思。

对游侠而言，汉初也不再赶尽杀绝，而是有意识地放权，给他们生路和尊严。

刘邦曾路过赵国，对赵王张敖简慢无理。赵相贯高等一批人见赵王受辱，心有不忿，打算瞒着赵王刺杀刘邦。事情没有做成，两年后被人告发，刘邦下令逮捕赵王、贯高等人。

到京师后，贯高力陈此事与赵王无关。狱官用尽酷刑，终不改口。刘邦仍不信，派认识贯高的大臣私下询问，贯高说，谁人不爱自己的父母妻儿？现在我要被灭三族，难道会为了保赵王而牺牲亲人吗？只是因为赵王真的不曾参与谋刺计划，都是我们这些臣下自己干的。

刘邦听到这话，赦免了赵王，同时认为贯高为人能立然诺，也赦免了贯高。贯高则认为救助赵王的使命已经完成，遂自杀于狱中。

刘邦十分看重赵王手下这一批"能立然诺"的门客，把余下的人一个个都封了官。

这不是刘邦第一次对游侠表达宽容。

鲁人朱家，人称"汉家第一大侠"，以庇护豪士出名。这些"豪士"，都是由于种种原因被朝廷缉捕的人，朱家不惜与朝廷相抗命，把人救下来。特别是他营救季布一事，为游侠赢得极高的声誉。

季布原来是项羽部下的勇将。刘邦得天下后，悬赏千金缉拿季布，并明令，胆敢藏匿、庇护季布的，诛灭三族。季布只好扮作罪徒，卖到朱家府上为奴。朱家明知他的真实身份，仍然冒着灭族的风险把他收留下来。

随即，朱家进京，为季布打通关节，终于说服刘邦赦免了季布。

但在季布成为汉朝名臣之后，对他有救命之恩的朱家，却终生不再与季布见面。这一救人于危难、施恩不图报的侠者风范，使朱家名满天下。

应该说的是，朱家生在刘邦的时代，是游侠阶层最后的自由时光，再往后，游侠的命运恐怕就没这么好了。

汉初分封了很多诸侯国，这些诸侯国具有很大的独立性，形成"国中国"，皇权难以渗透进去。当诸侯国的实力发展到一定程度，势必对中央构成挑战和威胁。而诸侯国在势力扩张的过程中，必然要招徕人才。于是，兴盛于战国时代的养士之风，在汉初不仅没有消歇，规模反而更加庞大。据班固《汉书》记载，后来作乱的吴王、淮南王，"皆招宾客以千数"。

到汉景帝时，采取削藩政策，激起七国之乱。这是地方挑战中央的一次战争，而双方在战争中，均十分注重拉拢游侠势力。

吴王刘濞依靠游侠周丘，不费一兵一卒，就占据了下邳城。好在刘濞尚未把天下一流的游侠都招致麾下。名将周亚夫率军平乱，行至洛阳，与当时最著名的大侠剧孟见面后，兴奋得不得了，说："吴、楚举大事而不求剧孟，吾知其无能为已。"

七国起事却不知道要寻求剧孟的支持，凭这一点，我就知道他们没戏了。

史书没写剧孟的势力到底有多大，一人竟然可以影响到一场战争的成败，但从周亚夫的感慨来看，他一人的能量，绝对超过汉初一个诸侯国。

皇权并非在每个时期都十分强大有力，当它控制力有限时，需要借助民间势力（特别是游侠）来为它加持，甚至帮助它赢得战争；但当它控制力变强时，掉转头反噬各种民间势力，就只是时间问题了。

因为，在君主集权制度下，皇权是唯一的铁一般的法则，决不允许任何游离于皇权秩序之外的社会势力存在。

4

为皇权杀伐立威这件事，是由汉武帝来完成的。而本文开头被灭族的郭解，只是不幸遇上了强力整肃帝国秩序的运动，最终成为游侠时代终结，一个象征性的历史背影。

汉武帝时，经过汉初的休养生息，无论是国力、财富还是权力分配，都到了一个有必要也有能力调整的阶段。调整的方向，则是高度的集权，把原来放任民间的财富与势力，通通收归中央。所以，这一时期出现了盐铁国有专卖政策，以及针对游侠豪强的迁徙和捕杀。

西汉有"徙陵"制度，即把地方豪强迁徙到位于关中的帝陵周围居住，名义上使豪强享受"护陵"的政治名誉，实际上是强制他们离开原籍，处于政府的就近监视之下。被迁徙者的经济势力、社会影响力，都因此受到严重削弱。

面对游侠"权行州里，力折公卿"的挑战，汉武帝三次启动"徙陵"政策，将郡国豪杰以及家财300万以上者，迁去守茂陵。"内实京师，外销奸猾"，一举两得。

郭解原本不在迁徙名单内，但因为名气太盛，被举报为地方豪强，地方官员只好把他列为"徙陵"对象。

郭解，河内轵县（今河南省济源市轵城镇）人，"侠二代"。他父亲就是个侠客，汉文帝时因犯法被杀。郭解年轻时，像个古惑仔，后来改弦更张，仗义疏财，成为名满天下的大侠。

他干过好几件口碑极佳的事情。

他的外甥仗势欺人，强灌别人喝酒，对方一怒之下，拔刀将其刺死，来了个防卫过当。郭解找到凶手，但听凶手将事情经过讲述完，他非但没有怪罪凶手，还说"你杀得对"，把凶手放了。

他还充当洛阳城的纠纷调解人。洛阳的大纠纷，任谁出面都搞不定，但只要郭解来了，三言两语就化解。毕竟这么个头面人物，大家都要给面子。不过，郭解调解完，要求发生纠纷的双方假装尚未和解，等洛阳当地贤豪来调停后，再和解。把功劳让人，成人之美，正是游侠的基本品格。

郭解这类游侠的崛起，得益于汉初的无为之治，给了他们渗入和代管地方社会的空间。司马迁评论郭解的影响力，说"天下无贤与不肖，知与不知，皆慕其声，言侠者皆引以为名"。在地方社会，郭解的话，比官府管用。而且，他还能操控官府，替人免除劳役。

等到汉武帝决心压缩游侠的生存空间，针对游侠的负面舆论，也就开始满天飞了。

因为游侠一直游走在权力边缘的灰色地带，他们的所作所为都带有"两面性"。可以是帮助别人实现私力救助的侠客，也可以是扰乱社会秩序的"黑社会"，就看你站在什么立场去看。

关于郭解，除了司马迁等少数人给予了最高的赞誉，当时的主流观点则认为："郭解之伦，以匹夫之细，窃杀生之权，其罪已不容于诛矣。"

郭解被举报为地方豪强，列入"徙陵"名单后，国舅、大将军卫青替他求情，说郭解家贫，不符合"徙陵"的资产标准。

汉武帝一听，勃然大怒：郭解不过是一介布衣，但他的权势竟然发展到可以使大将军为他说话，可见其家不贫。

郭解一家遂被强制迁徙。

郭解入关之后，关中贤豪都主动与他结交。此种举动，就像是豪强与游侠势力联合向中央示威，进一步加深了朝廷的疑忌。

在此之后，举报者遭到郭解门客的暗杀。汉武帝得知后，下令逮捕郭解。在郭解被捕后，受命在郭解老家调查的一名儒生，只因为当众说郭解触犯国法，很快就遭到郭解门客的杀害，并被割掉了舌头。

随后，又发生了一系列针对朝廷官员的暗杀和恐吓案件，都被认为是郭解的门客所为。

至此，不管郭解是否知道手下杀人，力推皇权无远弗届的汉武帝，绝对不能容忍这样一个人活在帝国的土地上。

郭解被灭族，罪名是布衣"任侠行权"。

可见，为了大一统专制政权的需要，游侠阶层已经进入了消亡倒计时。

郭解之死，只是汉武帝消灭游侠阶层的一个步骤。中央政府采取彻底取缔、坚决消灭的方针，通过打击限制大臣养客、迁徙豪强、任用酷吏治侠等强力政策，对游侠群体造成了深重的打击和压制。

史家普遍认为，至此，游侠的黄金时代结束了。

5

汉武帝以后，游侠阶层发生了根本性的转变：要么转型，要么死。

在二选一的残酷抉择中，部分游侠主动向皇权靠拢，响应政府号召，走上通经入仕之路，从游侠变成了官员。曾经"以武犯禁"的那些人，经过"身份漂白"，收敛为皇权支配下的"侠官"。

看班固《汉书·游侠传》的记载，在汉武帝以后，还有游侠活动，但这些西汉后期的游侠，基本都是"侠官"，与西汉前期独立自主的游侠相去甚远。

而在东汉以后，历代史书已不再设立"游侠传"。

游侠衰亡，游侠文化也始终没有成为中国历史的主流。只有在每个王朝的末期，当皇权控制力衰弱不堪之时，以侠义相号召的豪侠之士才会卷土重来。无论是三国、隋末，还是元末、清末，都曾有过短暂的侠客时代的回光返照。

这应该就是战国至西汉游侠时代的历史记忆，虽然游侠消亡，但那些重义轻利、倜傥豪迈、勇于任事、不畏强权的品格，仍然为世世代代的中国人所向往。

相比真实世界里侠的消亡，在文学世界里，侠影萍踪却越来越盛。从唐传奇，到新派武侠小说，侠客从不缺少受众，但这或许只是国人对于早已失落的游侠历史的一种心理补偿而已。

历史终归是历史，而小说只能是小说。

当社会需要侠客的时候，侠客就会被创造出来。仅此而已。

千古文人侠客梦，小说里的侠客、江湖和武林，想象远远大于史实。而且，即便是小说，往往也只能遵循和默认现实中的皇权。

在高度专制集权的明清两代，出现了大量描写"正义"的侠义小说，这些小说中的侠客无论如何快意恩仇，但他们都要守住一根红线——无条件尽忠于皇帝。

比如，清代小说《三侠五义》中的南侠展昭，开始仗剑行侠，后来成为包公的左右手，铲奸除恶，最后被皇帝钦点为"御猫"。你看，只有被皇帝养起来当"宠物"，这才算是一个侠客最好的归宿。

从这个角度看，真正的侠客，确实早已湮灭了，仅余沧海一声笑。

贞节、自残与病态：被逼出来的烈女

假如西汉学者刘向读到后世的《列女传》，他可能会以为自己在看恐怖小说，受到不小的惊吓。

这些《列女传》的故事到底有多夸张？

《新唐书·列女传》记载，宰相房玄龄有一次病重，担心自己命不久矣，对妻子卢氏说，老婆，你不要为我守寡，好好伺候未来的丈夫。卢氏一听大哭，进入帐中，挖下一只眼珠，鲜血淋漓地跑出来，向房玄龄表明自己绝对不会另嫁他人。

后来，房玄龄病好了，夫妻二人感情和睦，相敬如宾。

《宋史·列女传》有这么一个故事，开封女子朱氏，一个有首都户口的姑娘，嫁给了一个整天饮酒赌博的市井无赖。家中贫穷，朱氏只能卖巾贩履，独自供养丈夫，可这哥们是个扶不起的阿斗，最后犯了法被流放武昌。

朱氏的父母要让女儿改嫁，朱氏宁死不从，在丈夫临行前上吊而死，一时为人称道。

《明史·列女传》有一个汪烈妇，丈夫死后她想要殉夫，家人都防范她自杀，后来她听说有种花的毒可以杀人，就让人每天把花送到她房里。等到一个月后的半夜，她饮下毒药自尽，死时年仅 23 岁。

还有一个张氏，死了丈夫要自缢，被家人救下来，她又拿起斧头砍自己左臂，还是被家人救下。冬天到了，天寒地冻，张氏见家人开始松懈，跑去河里，撞开冰层，投水而死。

这些自残的女子，无非是为了追求两个字——贞节。

有学者认为，这类正史中的所谓《列女传》都是以节烈为标准，从贞烈着眼，从守节载笔，著录的贞节烈妇，其名为"列女传"，实为"烈女传"。

西汉的刘向，当然不可能知道后世这些《列女传》取材这么暴力，这么扭曲人性。

若是刘向知道了，也许还要破口大骂，然后说一句，你们这玩意儿，也叫《列女传》？

1

在很多人的刻板印象中，古代史书中的女性，受到封建礼教和贞节观念的束缚，地位低下，绝大部分女子在历史叙事中毫无存在感。

不仅是在东方，西方也是如此，有人就以"History"（历史）一词调侃道，历史是"男人的故事"（His story）。不过，这句话明显带有讽刺的意味，在西方，"历史"一词源自古希腊语，亦是古希腊史学家希罗多德的同名著作——"Historia"，原义为"调查、探究"。

说回中国。事实上，中国古代女子因男尊女卑的封建礼教而被正史忽视，也是一个逐步发展的过程，起初并非如此。

受先秦遗风影响，西汉司马迁的《史记》中，收录了不少杰出女性的事迹，她们并没有受到儒家纲常伦理的约束。

汉高祖刘邦的妻子吕后，辅佐丈夫定天下，以太后的身份执掌朝政。司马迁在《史记》中不忘称赞她是一位优秀的女政治家，并单独成一卷"本纪"，其中写道："高后女主称制，政不出房户，天下晏然，刑罚罕用，罪人是希，民务稼穑，衣食滋殖。"秦末以来民不聊生的局面，在吕后执政时期成为历史。

《史记》中写了汉文帝时期，民间少女淳于缇萦上书救父，请求废除肉刑，之前他爸还后悔自己家里没有男孩，没想到却被女儿救了；写了蜀中巨富的千金卓文君刚守寡不久，被大才子司马相如所奏琴曲打动，不顾世俗眼光与他私奔；写了汉武帝的母亲王娡，先嫁给农户金王孙，生有一女，之后才进宫，被太子刘启（汉景帝）看上。

司马迁在记载这些女性的生平时，从来不以贞节为重，甚至毫不避讳皇室秘闻，哪怕是太后改嫁之事也照写不误。

到了西汉末年，有一位学者为女子立传，写出了我国史籍中最早专门记述妇女事迹的著作，那便是刘向的《列女传》。

刘向虽是一位儒家经学家，但他写《列女传》的目的是弘扬正能量，更多是教化意义，而不是为了压迫女性，这与当时赵飞燕姐妹得汉成帝宠爱有关。

赵飞燕与唐代的杨贵妃齐名，与其并称为"环肥燕瘦"，但这位绝代艳后名声极差，得宠后彻底放飞自我，祸乱后宫。刘向看不下去了，特意写这本书来教育她，介绍一下历史上有哪些杰出女性。清代史学家章学诚对此评价道："后世史家所谓列女，则节烈之谓也，而刘向所叙，乃罗列之谓也。"

隋唐以后的史学家愣是把《列女传》写成了《烈女传》，将贞节作为第一标准，这是有违刘向初衷的。

2

西汉刘向《列女传》分成七篇：母仪、贤明、仁智、贞顺、节义、辩通、孽嬖，共记叙了一百余名妇女。这七类女子各有千秋，她们或是德才兼备的才女，或是倾国倾城的美女，或是普普通通的劳动妇女，甚至可能是"淫妒荧惑、背节弃义"的蛇蝎女子。

但无论美丑、好坏，只要她们在历史中留下自己的足迹，就应该被后世史书收录。尽管刘向受儒家思想桎梏，也不反对贞顺、节义之类的封建礼教，可在他看来，母仪、贤明、仁智，这些才是最重要的标准，他要写的是"列女"，而非"烈女"。

这部《列女传》中，有很多我们耳熟能详的故事。

"母仪"篇中的孟母，独自抚养儿子孟轲（即孟子）长大。

小孟轲调皮捣蛋，随母亲住在别人家的坟墓附近时，就和小伙伴们学着扮演丧葬过程，可让他妈愁坏了。孟母为了教育孩子，带他搬到市场附近居住，小孟轲又学着商人做买卖，染上了市侩之气。最后，孟母只好把家搬到了书院旁边，这下孟轲终于静下心来，跟着书生们学习经书礼仪。孟母如释重负，说："这才是孩子居住的地方。"

这就是"孟母三迁"的典故，人们从中读出的是孟母的贤德，也没见人拿孟母的贞节编故事。

另外，在"贤明"篇中，周宣王的妻子姜后听说宣王因贪恋她的美色误了上朝，于是向天子请罪，激励周宣王勤于政事，成就中兴之名。

"辩通"篇中，齐国即墨的孤逐女相貌丑陋，之所以叫"孤逐女"，是因貌丑被"三逐于乡，五逐于里"，没人肯收留。生活中处处碰壁的她事业心却很重，敢上书齐襄王，告诫他该如何选择宰相，得到召见后与齐王一连谈了几日国事。齐王发现她是个人才，顺便给她安排相亲。

刘向的《列女传》包罗万象，正应了《红楼梦》中那句"女人是水做的"，他笔下的女子似水般柔情多变，充满了生命的活力，而不像后来的《列女传》通篇都是一个"死"字。

在刘向《列女传》之后，南朝宋的范晔在编《后汉书》时首次将皇室之外的女性单篇设传。自此开始，二十四史加上一部《清史稿》，正史中设《列女传》的共有十三史。

《后汉书·列女传》还没有变味儿，范晔依旧坚持刘向的多元化标准。范晔对女子的贞节也不在意，他说："但搜次才行尤高秀者，不必专在一操而已。"他怀着一种对美的追求，而不是变态地强调贞操，所选录的女子大多才华横溢、德行出众。

《后汉书》列女中比较传奇的有蔡琰（即蔡文姬）。

蔡文姬一生三嫁，如果以隋唐以后《列女传》盲目推崇贞节的标准来看，是不可能入选的，范晔却看中她"博学有才辩，又妙于音律"的才华。

这位才女的人生十分不幸。蔡文姬早年有一段婚姻，嫁给了河东世家出身的卫仲道，后来因丈夫早逝，不得已回家守寡。东汉末年，蔡文姬的父亲大儒蔡邕被卷入了董卓之乱，下狱处死，随着天下大乱，她又在战火之中被匈奴左贤王掳走。

在匈奴部落时期，蔡文姬为匈奴人生下了两个孩子，十二年间孤苦无依，唯有塞外胡笳相伴。直到曹操统一北方后，想起与蔡邕当年的交情，才派人到匈奴那儿把蔡文姬赎回来，并安排她改嫁给董祀。

蔡文姬一生作有《悲愤诗》等名篇，有学者认为，其五言叙事诗影响了与她同时代的曹植以及唐代的杜甫，而她所作的《胡笳十八拍》更是历史上有名的乐府琴曲，兼有胡汉之风。

范晔在讲述一代才女的悲情人生后，连连称赞她："端操有踪，幽闲有容。区明风烈，昭我管彤。"到隋唐时期，史学家却对蔡文姬展开了批判，《列女传》也开始了向"烈女传"的第一次转变。

3

唐代史学家刘知几是一个大学者，很多人一定听说过他的著作《史通》。

但刘知几特别瞧不起《后汉书》中的《列女传》，他说："蔚宗（范晔字）汉书，传标《列女》，徐淑不齿，而蔡琰见书，欲使彤管所载，将安准的？"

在刘知几眼中，蔡文姬这样的三嫁之妇不守妇道，不应该列入正史。相反，另一位东汉女诗人徐淑，就算才华不及蔡琰，也应该排在她前头，至少人家坚守贞节。

徐淑也有诗文传世，但刘知几称道的主要是徐淑在丈夫去世，家人逼她改嫁之时，"毁形不嫁，哀恸伤生"，用毁容与悲痛捍卫了贞节。在刘知几这类卫道士看来，"列女传"应该是"烈女传"，要用来表彰这些遵守三纲五常的贞妇烈女。

可怕的是，这种思想，渐渐成为唐代官修史书的主流。

在唐朝编纂的《晋书》《隋书》中，《列女传》贞节孝义的人数明显增加，远超其他类型的女性，其所占比重过半，杀身殉夫的惨烈程度，也是刘向、范晔的《列女传》中未曾有过的。

《晋书》有这么一个故事。前凉的张天锡有两个美貌小妾，张天锡对她们宠爱有加。后来张天锡得了重病，问了她们一句："何以报我？"

两个小妾平时受宠，都愿意自杀殉夫，承诺："尊若不讳，妾请效死，供洒扫地下，誓无他志。"之后自刎而死。她们自杀后，张天锡的病却好了，只好用妇人之礼节将她们安葬。

《晋书》记录为了守身而自杀、自残的人物明显增多，但也没有忘记那些有才华的女子。辛宪英、谢道韫等千古闻名的才女，在《晋书》中仍有一席之地。

然而，在《隋书·列女传》中，贞节和孝义成了不可或缺的标准，才学类的女子渐渐淡出视野，甚至只字不提。编纂者不仅要强调男尊女卑，还要灌输"女子无才便是德"的理念，加强对女性的精神控制。

因此，后世史学家说："魏、隋而降，史家乃多取患难颠沛、杀身殉义之事。"从此，正史写《列女传》，怎么惨怎么来，就突出一个"烈"字。

唐律还将礼教中的"既嫁从夫"变为强制规定：如果丈夫瞒着妻子逃亡，不加处罚，而且不到一定年限（一般为三年），妻子不能离婚改嫁。相反，妻子要严格遵守纲常礼教，如果背叛丈夫，除加以处罚外，令听其夫安排，任人休弃，完全沦为男子的附庸。

要知道，唐朝可是诞生了武则天的时代，但这显然不是宋朝史官要划的重点。

4

新旧《唐书》分别编纂于五代与北宋，其《列女传》继承了前代压抑女性的思想。

《旧唐书》比较厚道，只说乱世中世道变坏了，撰写《列女传》是为了扭转不正之风："末代风靡，贞行寂寥，聊播椒兰，以贻闺壸。"

《新唐书》的编纂者欧阳修、宋祁却上升到了巩固纲常伦理的层面，声称要恢复"父父、子子、夫夫、妇妇"的正确秩序。他们在序言中道出，列女入选的标准除了贞节，就是孝、义、慈。书中女子守护贞节的"烈性"进一步上升，令人发指。

《唐书》列女除了前文提及的房玄龄妻"剔一目"的故事，还有郑廉妻李氏。

李氏嫁给郑廉为妻不到一年就守寡，从此常年穿布衣、吃素食，却经常梦到有男子向她求婚。李氏以为是自己容貌未衰，太美了，于是整日以秽物污面，不再梳洗打扮，据说从此再也没梦见其他男人。

《新唐书·列女传》中的孝女也大多歇斯底里。

民间女子李妙法，在安史之乱中与父母分离，后来听闻父亲去世，欲回家吊唁。她当时已嫁人，还有一个儿子，因此受到阻拦，于是割下一个乳房表明决心。回家乡后，李妙法父亲已经入土，她又以刀刺心，表示一定要见父亲遗容，宗族人只好打开坟墓，开棺后，她用自己的舌头和头发清理父亲尸体表面的尘土。这位孝女最终在父母坟前搭建小屋，种植松柏，守护终老。

道学的兴盛，为这一时期《列女传》的贞烈标准提供了思想支撑，封建卫道士们以"存天理，灭人欲""饿死事小，失节事大"等理论对民众进行洗脑。

到了元代，《宋史》编纂者也以遵守三纲五常的女性为标准，《列女传》中以死守贞的人物不胜枚举，不仅朝廷对她们进行嘉奖，建祠堂、写碑文、立牌坊，普通民众也自发地对贞节妇女的反人类行为表示崇拜。

至此，正史中的列女几乎演变成了"烈女"。

在此背景之下，无论是文学才华，还是人生际遇都与蔡文姬相似的李清照未能入选《列女传》，也是意料之外、情理之中了。

李清照晚景凄凉，经历过国家动荡、漂泊异乡之后，她身边几乎没有亲人。当她看到一个孙姓朋友家有个聪明伶俐的 10 岁女儿，就对女孩说："我老了，愿将平生所学相授。"

小女孩却脱口而出："才藻非女子事也。"一句话，童言无忌，却怎一个"愁"字了得。

李清照满腹才华，拥有自由的精神与独立的人格，但这样的她，在那个时代却显得格格不入，最正常的她，反而成了离经叛道的异类。

之后，李清照还被抹黑了几百年。卫道士正是从贞节一事对她进行批判，天天拿人家那段扑朔迷离的再婚风波说事。

5

从列女入传的标准来看，"自杀殉夫""誓死不二嫁""守节尽孝道"等几类贞烈妇女是《明史》的首选，其他类型的妇女在《明史》中已几乎绝迹。明清的贞节观念已然"登峰造极"，认为"女子名节在一身，稍有微瑕，万善不能相掩"。女性一旦在贞节方面出了问题，就将陷入万劫不复的深渊，备受这一歧视性道德准则的摧残。

《明史·列女传》共收录列女 260 余人，其中烈女的人数，超过了前代《列女传》的总和，结局称得上美满的女子，几乎用手指头就能数得过来。这可一点儿都不冤，并非清朝有意黑明朝。学者董家遵统计，明代被官方登记在册的守节人数达到 27141 人，是先秦到元代总和的 45 倍，明代女子遭受到了前所未有的压迫。

那个时代太疯狂。《明史·列女传》中，列女为了守贞保节，有些手段让人不寒而栗，时人却以此为荣。

陈襄妻倪氏，年纪轻轻守寡，家里一贫如洗，她做女红奉养婆婆。听到别人要给她说媒，倪氏用煮沸的汤淋到自己脸上，直至左眼爆出，又用煤灰涂在脸上，吓得媒人撒腿就跑。倪氏照顾丈夫一家长达二十年，等到婆婆七十多岁去世时，她哀恸不已，绝食而死。

另一个烈女，何璇妻李氏，也是年轻貌美守寡。其父逼其改嫁，李氏用簪子刺入耳中，"手自拳之至没，复拔出，血溅如注"。等到大夫赶到时，她已经一命呜呼。

《明史·列女传》的另一个倾向是未婚守节少女的人数激增。

有一个"项贞女"，幼时许配给了吴江一户姓周的人家，人未嫁，周郎却挂了。项氏竟然一心殉夫，她等到家里人熟睡，用素丝束发，再将衣物捆绑成结，之后悬梁自尽，并留下遗书："上告父母，儿不得奉一日驭，今为周郎死矣。"由于受到封建礼教戕害，项氏甘愿为素未谋面的周郎而死，也是为了所谓的"贞节"，这完全是一种病态的心理。

翻开史书，是鲁迅先生说的，歪歪斜斜的每页上都是两个字——"吃人"。烈女视死如归，在如今看来，只能让人同情。

清朝有过之而无不及。

《清史稿》中记载了 559 名女性，有 294 人以自杀的方式结束自己的生命，其中不乏贞女、烈女。她们的所作作为实则是遭受社会暴力，这完全是时代的悲剧，有什么好歌颂的？

学者罗翔说："如果自由不加以限制，一定会导致强者对弱者的剥削。"

无边界的自由会带来不公平，同样的，绝对的强权下注定存在不平等。

　　《列女传》本就应该记载历史上的各类传奇女子，让她们同男性一样跻身正史之列，而不是去鼓吹受迫害的贞洁烈女。隋唐以后，《列女传》的内容却不断扭曲，直到贞节成为第一标准，列女都变成了同一张面孔，这是封建礼教强加于史书的结果。

　　幸而，这些糟粕早已成为历史的尘埃，禁锢人性的贞节牌坊也被打碎。现在更不应该有人用这些过时的观念，去迫害一个自由平等的灵魂。

　　我们每个人最宝贵的东西，是我们的生命，是我们的将来。

没了镖师，也就没了江湖

戊戌变法前三年，1895 年，30 岁的湖南青年谭嗣同，和 51 岁的源顺镖局总镖头——大刀王五相遇了。

他们相遇在帝都北京。

此时，大清帝国刚刚在与日本的甲午战争中惨败，帝国上下处处弥漫着悲痛求变的气氛，30 岁的谭嗣同，于是向京城闻名的总镖头大刀王五请教剑术以求搏击图强，出身武术之乡河北沧州的王五，很欣赏这位年轻人，恰逢乱世，这两位一南一北，却又忠肝义胆、侠骨热肠的英豪结成了忘年之交。

后来，梁启超在《饮冰室诗话》中回忆谭嗣同与大刀王五的莫逆之交："王五为幽燕大侠，以保镖为业。其势力范围，北及山海关，南及清江浦，生平以除强扶弱为事。浏阳（指谭嗣同）少年，尝从之受剑术，以道义相期许。"

三年后，1898 年，戊戌变法失败，为了营救参与维新变法的谭嗣同，大刀王五冒着生命危险潜伏到谭嗣同家中，表示愿意护送谭嗣同逃出北京，但谭嗣同却直接拒绝了。他说："各国变法无不从流血而成，今日中国未闻有因变法而流血者，此国之所以不昌也。有之，请自嗣同始。"

不久，拒绝逃亡的谭嗣同被捕，随后与林旭、杨深秀、刘光第、杨锐、康广仁五人被斩于北京菜市口，史称"戊戌六君子"。谭嗣同被杀后，没有人敢为他收尸，只有大刀王五哭着到了现场为他收尸，并将谭嗣同的遗骸护送到了千里之外的湖南浏阳："谭嗣同之受刑也，人无敢问者。侠客伏尸大哭，涤其血殓之。道路目者，皆曰'此参政剑师王五公也'。"

再两年后，1900 年，八国联军攻入北京，壮怀激烈、不甘屈服的大刀王五率领众人奋起抗击侵略者，最终被八国联军枪杀于北京前门。

中国最后的总镖头，死了。

他的人头，被高高悬挂在北京的城门之上，没有人敢为他收尸。听闻消息后，出身镖师家庭的大侠霍元甲火速从天津赶来，冒着生命危险将王五的人头从城门上取下入殓。

在人命如草芥的时代，只有英雄才懂得彼此惺惺相惜，只有英雄，才愿意为理想和情怀、为他人赴汤蹈火。

当时恰逢 19 世纪与 20 世纪之交，一个属于中国镖师的侠客时代，随着大刀王五的死去，开始进入倒计时了。

1

就在大刀王五被杀的这一年，1900 年，仓惶的慈禧裹挟着光绪皇帝，在一众镖师的护卫下，一路西逃。

在八国联军的进攻下，狼狈的慈禧一直逃到了西安，才惊魂甫定下来。由于此前出逃仓促，加上担心过于招摇会引来八国联军追击，因此她甚至连护卫都没有带足，不得已要倚靠北京各个镖局的镖师一起协同护驾，才得以一路逃窜到了西安。

但慈禧转身就过河拆桥，不得已之下，这些被遣散的"御镖"分别在西安开了三个镖局：永庆镖局、宏泰镖局和宏发镖局。由于铁路、航运、现代银行业的兴起，此时"硬镖"（保送公家的公款和私人的货款）业务已经日趋减少，不得已之下，这些由护送慈禧西逃的镖师们所开的镖局，到最后全部沦为要靠护送"软镖"（鸦片）过活。

在最后的英雄镖师大刀王五被杀后，中国的镖局和镖师们，在生存压力之下，逐渐蜕化成了精致的利益主义者。

但鸦片保护商的生意并不好做，随着匪徒装备的枪械日益精良，遭遇抢劫"失镖"的风险越来越大，到了 1919 年，无力应对民国乱世的西安三家镖局全部关门停业。

西安镖局的停业，是中国镖局逐渐进入末日的真实写照。

而从乾隆年间（1736—1796 年），山西人张黑五在北京开设国内第一家镖局开始，镖局在中国从兴起、鼎盛到衰落，不过短短一百多年时间。

早在明朝年间，各级军事机构和官府为了护卫统帅和军饷、粮银的运送，开始设立护卫"标兵"。到了明朝中后期，随着地理大发现时代的到来，美洲白银开始大量涌入中国，明朝万历九年（1581年），张居正在明朝境内大规模推广用白银计算征税的"一条鞭法"，由此促进了明清两代"白银帝国"的诞生。

随着中国日益卷入全球商业网络，大量中国丝绸、茶叶和瓷器纷纷出口西方，加上晚明时期国内商业贸易日趋繁荣，在内外双重刺激下，传统以布匹、铜钱，宋元时期甚至一度出现用纸币交易的货币方式，到了明朝中后期，逐渐被以白银和铜钱交易的方式取代。

本来，从宋朝时开始出现，到了元朝达到鼎盛的纸币交易，是古代中华帝国进入现代货币交易的萌芽，然而由于两宋、金朝和元朝大规模的滥发纸币导致剧烈的通货膨胀，到了1368年明朝建立后，纸币交易基本停止。

与此同时，"白银革命"带来了商业大爆发，但随之而来的烦恼就是，大量现银的携带导致了运输安全问题。面对随时可能出现的拦路抢劫，从明朝各级"标兵"逐渐演变而成的私人保镖"标客"开始出现，在明末清初的乱世中，这些职业保镖"标客"正在酝酿着巨变。

到了清代，随着康雍乾盛世的到来，中国的商业贸易迅速发展，当时，随着晋商、徽商、粤商等各路商帮的崛起，全国出现了四大区域市场，分别是"北则京师、南则佛山、东则苏州、西则汉口"，而将生意甚至做到了俄国境内的晋商，对于白银的运输要求更是远至中俄边境，对于当时动辄成千上万的银钱交易，作为商业押运和保镖公司角色的"标客"最终在乾隆时期出现。

乾隆时期，为了护卫晋商贸易，江湖人称神拳的山西人张黑五，首先在北京开设了兴隆镖局，这也是目前可追溯的中国境内最早的镖局，在清朝中期晋商经营的票号开始崛起后，这些早先称为"标客""标行"的商业保镖和保险机构，最终改成了由标志十八般武器的"金"，与标志票号的"票"两个字相结合的"镖客""镖师""镖行"。

名称的改变，标志着武艺与金融结合的时代，到来了。

"镖师"和"镖行"，即将隆重登场。

2

在晋商和国内商贸业的支持下，北京的镖局率先进入了鼎盛时期。

从乾隆年间开始，北京逐渐出现了著名的"八大镖局"，这就是会友、永兴、志成、正兴、同兴、义友、光兴、万通等八大镖局，其中号称京城第一镖局的会友镖局，其北京总行加上全国各地的分号一起，镖师和厨役等人员竟然高达1000多人。

清朝道光二十五年（1845年），擅长三皇炮捶拳的河北人宋彦超进入作为清朝禁军系列的"神机营"，离开神机营后，宋彦超在北京开设了会友镖局，凭借着在军队系统的诸多关系，会友镖局开启了它历时100多年的辉煌历程在巅峰时期，甚至连李鸿章的私家宅院都是由会友镖局负责看管，而李鸿章更是会友镖局的名誉股东。

有了军队以及后续的李鸿章等高层政治关系的庇护，会友镖局在大清帝国内部迅速扩张。

在第二次鸦片战争（1856—1860年）和天平天国之乱（1851—1864年）结束后，大清帝国内部的捻匪等大小动乱仍然不断，而在人口大爆炸、清廷日益对民间失去控制力的背景下，民间的响马、劫匪更是层出不穷。

道光二十一年（1841年），后来名列晚清四大名臣之一的胡林翼，在从北京返回湖南的路途中，直接被强盗洗劫。道光二十七年（1847年），广东巡抚黄恩彤与顺德县令鹿钟之等结伴同行，更是被劫匪抢去高达五十多万金。

在朝廷大员都无力确保安全的情况下，民间商帮等各种商业贸易就更加缺乏保障，当时，山西蔚丰厚票号"起巨万现银回家，行至（北京）彰仪门，全行覆没"，在天子脚下尚且如此，出了帝都安全就更加没法保障，因此，晋商等商帮回忆起当时经常遭遇抢劫的局势时说："忆京津（山）东省一带，失款之状，更令人毛发森竖！"

在乱世和盗匪横行的恫吓下，中国的镖行开始蓬勃兴起，进入了黄金时代。

当时，从北方的中俄边境，到北京、佛山、苏州、汉口等商业重镇，乃至远涉外海的商船，都出现了镖师的身影，在清末的上海洋行，每次远航国外甚至都要聘请镖师"以御盗贼"，有的大船甚至会延请戏剧演员登船献唱，而镖师甚至可以位列"首座"以示尊崇。

尽管必须以高强武艺护镖，但对于镖行和镖师们来说，与盗匪直接开打并非利益最大化的方式，很多时候，镖行和镖师往往"以和为贵"，与盗匪存在某种形式的暗中联结。

对于镖局的生存法宝，《镖局春秋》的作者古彧曾经总结为"官府要有硬后台，绿林要有硬关系，自身要有硬功夫"等三句真经。

当时，在北京等各地镖行的负责人，都要在每年的某个固定时间，到自己镖局经常走镖的必经之路向各路盗匪们"拜山"请求"关照"，而盗匪们对于日常有"往来"的镖局则大多要网开一面，否则动起手来也是各有损伤。作为一种利益共享，很多镖局与走镖路上的盗匪们，往往存在一种默契的合作关系，以此确保安全。

镖师们回忆，一旦走镖路上遇到荆棘拦道，通常就意味着碰上劫镖的了，在此情况下，领头的镖师一般会先与盗匪谈判说"近来疏忽，忘了拜山，在下是某某镖局，东家放一马，日后定当登山拜谢"等客套话，而盗匪一般也会量力而行或者给个面子，而不是像影视剧中演的一样动不动大打出手。

晚清著名镖师李尧臣曾经向弟子回忆说："镖行和贼打交道，先要讲和气，光凭武艺高强，想制服他们，那还是不行的……贼要是准你过去，他就高喊一声'合吾'。有时别的贼人趴在地上，远远的看不见，为首这个贼喊了一声'合吾'以后，就听见远远的一声接着一声。遇见贼人硬要和镖师比武较量分个胜负的，那就只好和他拼了。真的动手的情形，100 次也未必有 1 次。可是干镖行的死在贼人手里的，也不在少数。"

由于镖局与盗匪之间存在特殊的"妥协"关系，因此当盗匪来到镖局所在地游玩或办事时，一旦官府缉拿，镖局通常也会保护盗匪，鉴于镖局普遍在官府有政治关系，部分大的镖局例如会友镖局等甚至有李鸿章等当朝红人荫护，因此假如盗匪进入镖局寻求庇护时，官府一般也会网开一面。

3

但在乱世中夹缝求生的镖局，即将迎来时代的大考。

清朝道光三年（1823 年），中国第一家票号日升昌票庄在山西平遥正式成立，此后，中国各地票号遍地开花。在票号金融的影响下，清朝的现银运输量急剧减少，随着主营业务的日渐丧失，加上社会生活的日益复杂化，传统的镖局业务，也开始从单一的银钱运输，转变为多种业务兼容模式，其中就包括帮一些有钱的客人充当人身保镖，押送衣、物、手饰等各种业务。

在此情况下，进入晚清时期，镖局逐渐形成了"信镖、票镖、银镖、粮镖、物镖、人镖"等六大镖系和商业模式，另外随着晚清时期全国各地鸦片种植和鸦片贸易的大规模兴起，许多镖行甚至蜕变成为鸦片商人的保镖，以防止有人抢劫烟土（鸦片），例如当时广东潮州、嘉应府一带的鸦片商人，经常往湖南边界及广西浔州、梧州等地贩卖鸦片，他们经常都会雇请镖师"重其酬谢"进行"保标"。

而在票号之外，现代银行业的崛起，开始更加剧烈地冲击镖行的业务。第一次鸦片战争后，1845 年，中国境内的第一家外国银行英国丽如银行在香港设立分行，随后又进入广州、上海等地开设分行；英国丽如银行带头，英国的麦加利银行、汇丰银行和有利银行，法国的东方汇理银行、德国的德华银行、日本的正金银行、俄国的华俄道胜银行等纷纷进驻中国开展业务。

到了 1897 年，由盛宣怀主持创办的中国第一家银行——中国通商银行正式成立。1904 年，中国银行的前身大清银行也成立了。如果说传统票号不管如何演变，始终还需要短途运送现银等保镖业务的话，现代银行业的崛起，则几乎彻底斩断了银钱运送这条传统镖行的最重要业务。

另外，铁路的崛起，更是成为毁灭镖行的重要一击。

1876 年，中国境内第一条铁路——吴淞铁路上海至江湾段正式投入运营，此后，从北京到沈阳的京奉铁路、从北京到武汉的京汉铁路、从北京到河北张家口的京张铁路等大动脉相继通车，安全快捷的铁路在晚清、民国初年的大规模修建通车，也使得护送速度慢、安全性能差的镖行，甚至连银钱护送以外的其他业务也干不下去了。

在此情况下，从明朝中后期开始出现、清朝中期进入巅峰鼎盛时期的镖行，在晚清现代银行业和铁路、轮船等交通工具飞速发展的情况下，主营业务逐渐丧失，生存空间也日益逼仄艰难。

与之相伴，盗匪们的武器装备也在不断进化，面对盗匪们不断升级的洋枪等火器装备，适应冷兵器时代作战的镖行和镖师们，仅仅靠着拳脚功夫和舞枪弄棒，已经难以震慑晚清民国时期日益猖獗的盗匪。

对于这种时代剧烈演化的趋势，晚清张家口的一位著名女镖师邓剑娥就感慨地说："火器盛行，武技渐绌矣。"当初，邓剑娥的父亲邓魁在护镖时被盗匪所杀，当时年仅 14 岁的邓剑娥矢志不嫁，继承父业承担起了家族的镖行。由于邓剑娥武艺精湛，甚至能立在马上"击空中雕鹗，枪无虚发，皆贯其目，他无伤也"，因此，盗贼们对于她护送的镖，一般都会给个面子。

但面对洋枪等武器的盛行，邓剑娥也感觉到了有心无力，她对母亲说："盗之器械皆视我为精，今惟以情谊名誉羁之耳。父果如何而殒命乎？生活之资今已粗具，不如改业之为愈也。"于是，邓剑娥最终放弃镖行业务，改而在奉天（沈阳）西关外购置田产做起了地主，"闭门以居"。

在时代的大潮下，镖局纷纷出现了倒闭潮，而在山西、陕西等各地镖行的倒闭潮下，在最高峰时期一度拥有数十家镖局的北京，更是沦落到最后只剩下会友镖局一家在苦苦支撑，而会友镖局还能存在，也仅仅只是靠着为北京前门的珠宝店、古董行等各大商号充当警卫勉力维持，到了1921年，从最高峰时期1000多人锐减至仅有100多人的会友镖局也难以支撑下去，最终宣告解散关闭。

而会友镖局，正是中国的最后一家镖局，它的解散，也宣布了兴盛仅有一百多年时间的镖行和镖师职业的彻底消失。

在时代巨变的浪潮前，纵使武艺高强，也难以抗衡时代没顶的潮水。

4

尽管镖局不复存在，但作为会友镖局最后的镖师，李尧臣也和其他镖师一起，苦苦探寻生活的道路。

作为中国最后的镖师，在会友镖局解散后，武艺精湛的李尧臣则在北京开设了一个"武术茶社"。作为中国最大也是最后一个镖局的名镖师，李尧臣名声响彻京城，当时，京剧武生宗匠杨小楼为演《安天会》（即《闹天宫》），曾向他请教猴拳；京剧大师梅兰芳为演《霸王别姬》，也向他学习剑术。

1931年"9·18"事变后，华北局势日趋紧张，为了捍卫国土，29军军长宋哲元发出了"宁为战死鬼，不做亡国奴"的誓言，并由副军长佟麟阁出面，聘请李尧臣为29军武术总教官。

在祖国危难之际，当时已经55岁的李尧臣根据中日士兵的格斗特点，特创了"无极刀法"教授抗日官兵，并训练出了此后大名鼎鼎的29军大刀敢死队。在1933年的长城抗战中，由李尧臣训练的29军大刀队大破日军，追杀日寇60余里，缴获大炮18门，29军大刀队由此名扬天下，而背后的功勋，正是这位中国最后的镖师李尧臣的苦心训练。

长城抗战后，作曲家麦新根据29军大刀队的事迹，创作了《大刀进行曲》，那激烈澎湃的歌词，至今依然鼓舞着每一位保家卫国的热血国人。

所谓"侠之大者，为国为民"，而在源顺镖局总镖头大刀王五去世后，李尧臣，这位中国最后的镖师，也用自己特创的"无极刀法"，为国人抗战做出了不朽功绩。

1937年"七七事变"中，誓死保卫北平（北京）的29军副军长佟麟阁战死，在日军占领北平后，李尧臣像当初大刀王五冒死为谭嗣同收尸一样，冒着生命危险隐藏了佟麟阁将军的遗骸。此后，他隐姓埋名奔走于天津和北京之间，中间还一度被汉奸出卖被捕入狱。

1949年后，李尧臣成为中国武术协会委员，并曾多次应邀担任武术比赛裁判长。那时候，北京城的市民们，还能经常看到这位武术名家手持龙头拐仗，在天坛、中山公园等地指导青年人练武，有时候，老人家甚至会扔掉拐杖，以龙行、虎坐、蛇身、雕爪的独特风貌示范练拳，每每遇到这一幸事，围观的人群总是爆发出如雷般的掌声。

作为中国最后的镖师，1973年，98岁高龄的李尧臣最终在北京去世，翩然带走了一个属于镖师的侠义时代。

世间，再无镖师。

最后一个太监，死于1996年

当慈禧身边的大红人、太监总管小德张（张兰德）回到故乡天津静海时，十里八乡的乡亲们沸腾了。

这是光绪三十三年（1907年），也是31岁的小德张自宫后进宫当太监的第16年，风光返乡的小德张不仅在村里请戏班唱了三天大戏，还邀请全村人一起吃肉馅包子，对于深陷贫困的乡亲们来说，小德张简直就是太监里的神话和"成功楷模"。

有鉴于小德张的"成功榜样"，在狠心犹豫几年后，1911年底，天津贫民孙怀宝最终决定，要亲自给10岁的儿子孙耀庭"净身"，让他争取进宫当太监"光耀门庭"去。

后来，末代太监孙耀庭回忆起自己被"净身"的不堪往事时说，由于出不起十几两银子请专业的刀手，他的父亲孙怀宝用自己用来剃头刮脸的剃刀亲自动手，两个舅舅则负责按住他的手脚。一刀下去，10岁的男孩孙耀庭，从此永别了自己的"宝贝"和男儿身。

但是，在"净身"后等待康复的几个月里，武昌起义爆发了。有一天，父亲孙怀宝进门后开始号啕大哭起来说："缺了大德了，皇帝下台了。"

1

尽管早自商代、周朝时，太监就已开始出现，但在隋代以前，中华帝国皇宫中的太监，大多是战俘或罪人和罪人的家属，唐代以后，由官员进贡和高丽（朝鲜）、安南（越南）等外藩进贡的阉人占了大部分，一直到了明清时期，来自民间自愿或被迫阉割的太监才开始日益增多。

明清时期，由于家庭贫困生活没有着落，或是出于逃避赋役考虑，许多家庭开始对幼男私下实行阉割，然后等待机会送入宫中以求富贵。对此，明代的《菽园杂记》就写道："京畿民家，羡慕内官富贵，私自阉割幼男，以求收用。"

由于明朝时期宦官专权，这就使得民间看到了榜样，《万历野获编》就记载道：万历皇帝时期，"宦官宠盛，愚民尽阉其子孙以图富贵，有一村至数百人者，虽禁之不能止"，甚至有"为人父者，忍于熏腐其子，至有兄弟俱阉。"

万历皇帝时期，当时光是北京城周边，就有几万人在自宫后，仍然无法进入皇宫当太监，因此只能通过拉关系、走后门进宫，由于付不起高昂的手术费请专业的阉割刀手，许多贫困家庭甚至直接由父母亲自给孩子"净身"。为了禁止这种私刑，明清两代对于私自宫刑一直给予重判，明朝弘治六年（1493 年），军人马英的妻子罗氏，就将自己的儿子马五私自阉割，希望他能入宫效力，事情被发觉后，罗氏作为下手之人，被暴怒的明孝宗亲自下令处斩。

但贫困的力量是可怕的。

乾隆四十八年（1783 年），直隶安肃县民人王二格由于家贫，将自己年仅 11 岁的儿子王成私自净身，事发后父子两人被捕收监，王成作为受害者更是被判死刑，在县牢里关押了一年。案件经乾隆皇帝亲自提审后，最终乾隆下令释放王二格父子，并将王成安排到热河行宫当差。考虑到民情复杂，乾隆下旨取消了自宫要判处斩刑的刑律。从此，因为贫困自宫净身，在清代开始合法化。

与孙耀庭类似，末代太监马德清也是被自己的父亲残酷地施行了阉割："我九岁的那一年，大概是光绪三十一年（1905 年）。有一天，我父亲哄着我，把我按在铺上，亲自下手给我净身。那可真把我疼坏了，也吓坏了。疼得我不知道昏过去多少次。这件事，我从来不愿意对人讲，我并不是害羞，实在是太痛苦了。从旧社会来的苦寒人，人人都有不少伤心的事儿。可是最伤心的事，自己总是不愿意想的。想起来，心就像挨针扎一样疼啊！"

2

作为末代太监，晚清时期的太监们，注定是悲剧的。

与明代宦官的专权不同，为了防止重蹈覆辙，清代自从建国初期，就对宦官干政进行了严厉控制，顺治皇帝福临甚至亲自在清宫中竖立铁牌，警告后世子孙，太监宦官们凡有涉及"犯法干政、窃权纳贿、嘱托内外衙门、交接满、汉官员，越分擅奏外事，上言官吏贤否者，即行凌迟处死，定不姑贷"。顺治还特地注明："特立铁牌，世世遵守。"

在清代皇帝的严肃干预约束下，有清一代，虽然有不少宦官受到宠幸，但是并未出现像明朝的王振、刘瑾、魏忠贤等宦官干政情况，到了晚清时期，当时清廷内务府中，针对太监的行为规范达到了50多条，太监们一旦触犯规范，轻则发配、杖责，重则处死。由于在清代当太监不像在明代一般吃香，因此有清一代，清廷中的太监始终处于缺额的状态，像明朝中后期一样，动辄几万人自宫争夺一两千个太监名额的情况始终没有出现。

清代的太监来源，主要有自动投充、礼部咨送、太监引荐、太监牙行引进等方式。由于清代对太监管束很严厉，这就使得太监不仅有被惩罚出宫的，还有自残以求出宫，甚至冒死逃亡的，有的太监甚至逃亡高达六七次，或者自杀。因此，清宫中太监一直缺额。乾隆年间，清廷规定太监名额为3300人，但乾隆五十八年（1793年）清宫中太监只有2605人，缺额695人。

由于投充者并不踊跃，加上地方官害怕推举的太监出事后要承担责任，往往不肯给投充者具结，因此，清宫中的太监来源日益枯竭，以致皇宫和各个王府家中要用"重价寻觅"太监。

到了道光二十二年（1842年），清廷将紫禁城中的太监定额改为2500人，但实际上太监仍然一直缺额。到了光绪十二年（1886年），清廷中只有太监1693人，缺额700多人，此后清廷中的太监人数虽然略有回升，但也只有2000人左右，始终无法达到满额数量。

由于在清宫中当太监地位低下、生活贫苦，因此，嘉庆十八年（1813年），紫禁城中的太监甚至作为内应配合打开宫门，以致200多名天理教徒直接攻入了紫禁城中，试图斩杀嘉庆皇帝，史称"癸酉之变"。

3

尽管清代的太监不如明代吃香,但因为贫困被迫自宫的人,仍然络绎不绝。

在孙耀庭被父亲强行阉割的九年前,光绪二十八年（1902 年）,已经考上秀才功名、娶妻生子的信修明,因为无力养活母亲、妻儿和弟妹,也被迫自宫当了太监。

到了清朝末年,清廷不再补充太监,新进去的太监叫作"效力",得有太监死了,改姓他的姓,顶他的缺才能成为太监。这样的顶缺进宫,往往得花钱或者找门道。如小德张就是净身后,从县衙门领了 50 两银子做路费,然后进了北京,托人买了一个死去的老太监（名叫德子）的宫号,才因此得以顶替入宫的。

回忆这些往事时,信修明写道:"我于光绪二十八年八月十二日,由慎刑司冒名张献喜,头顶着刑事,进入了皇宫,酸心哉……谁想得到我这样无出息,改了姓名当太监,惭愧无比,徒呼天一声,在暗地里掉泪而已。"

秀才信修明自宫当太监时,已经 23 岁了,由于清廷严禁太监读书识字,因此像他这样有文化的太监鹤立鸡群,很快就博得了慈禧等人的赏识,但是回忆起清宫生活,信修明仍然胆战心惊:"太后宫几乎天天有打人声……御前的首领（太监）、回事小太监和妈妈、宫女等殿上的近御者,屁股上常绑一块象皮,以防重杖,其皮名宝贝。"

慈禧在吃饭的时候,一旦她说菜咸了、淡了,或者菜色烙烤大小不匀的话,则御膳房的首领太监、回事太监、效力厨师等大大小小全部要挨打。经常的情况是,太监们被打得死命求饶,慈禧却若无其事一样继续吃饭,一直到她吃完饭,暴打才告结束。

当时,慈禧跟前的御前首领太监姚兰荣有一次穿的袍子不利索,立马就被慈禧下令抽嘴巴,等到下次姚兰荣用好料做了件新袍子穿上,慈禧又当面臭骂他说:"你瞧这个胚子,还穿这么好的衣服,来人呀,给他豁了。"然后当场命人用剪刀将姚兰荣的袍子从头剪到脚。

由于慈禧喜欢用酷刑维持宫中的秩序,因此慈禧身边被他打死的太监实在不少,有一次,一个太监奉命和慈禧下棋,在棋局中无意中说了一句"奴才杀老佛爷的一匹马"，慈禧立马勃然大怒，下令将这位太监拖出去活活打死。

为了不被打死，那些买不起"象皮"当"宝贝"防身的太监们，就都私底下做了两块各一尺长、五寸宽的牛皮，在当差的时候偷偷绑在大腿上，俗称"护身佛"，以防被慈禧下令杖打。连慈禧身边的大红人小德张，也曾颇为后怕地回忆说：宫中行刑的竹子，是"多年浸饱了血的"。

4

实际上，清宫的太监们不仅要受主子们责打，而且要受上级太监和老太监们的欺负。

由于清宫中太监实行师徒制，因此小太监们经常会被作为师父的老太监责打，有时候老太监们受了怨气，就经常殴打小太监出气。即使是后来人前显贵的小德张也回忆说，他刚进宫的时候，偷偷把被师父扇耳光、打竹竿子的次数记录下来，一年竟有两千余次之多，几乎每天都要多次挨打。

尽管在民间生活艰辛，期待着进入清宫后能飞黄腾达，但实际上，大多数底层太监生活并不如意。

当时，太监们的生活也分成了三六九等，以大总管太监为例，其每月饭银有 100 两，每顿菜有 40 品和两个汤；而最底层的太监们则是每月只有 2 两银子，并且吃大锅饭菜。而有的总管太监和首领太监甚至有单人厨房，以小德张为例，小德张混上去以后，就和隆裕太后一样，每顿都有饭菜 40 品，并且还有专门的 20 个太监服侍。

在层层压迫之下，太监们作为人的尊严被摧毁殆尽，清宫老太监赵荣升对此回忆说，宫里有种种规矩，就是培养奴才，让奴才们"别把自己当人看"。

以光绪朝（1875—1908 年）为例，当时紫禁城中大概有 1900 多名太监，但总管太监只有 16 人，不到百分之一。为了混成太监中的人上人，底层太监们也用尽了浑身解数。

《清稗类钞》就有记载，有一次慈禧生病，光绪在一边伺候，慈禧就说："我病恐怕好不了，俗语常说人肉煎汤吃了便好。"慈禧说完就盯着光绪看他有什么表示，但光绪不吭声，没想到在一旁的李莲英听完后，转身回去就割下了一块大腿肉给慈禧熬汤喝，慈禧后来多次叹息说，还是莲英爱我啊。

由于"行走勤慎，为人诚实"，因此，李莲英年仅 18 岁时就被破格提升为首领太监，后来又被慈禧提升为大总管，赏加二品顶戴，成为清代太监中的第一人，但李莲英深知"天恩越大，性命越危险"，因此经常只穿着三品的冠服。光绪十二年（1886 年），李莲英奉慈禧之命，陪同光绪皇帝的生父、海军大臣、醇亲王奕譞前往巡视北洋海军，鉴于清朝严禁宦官干政，因此尽管有慈禧的懿旨，但李莲英仍然故意低调，以二品的身份，故意只戴了一个七品官帽随同奕譞出行。

由于大受慈禧宠爱，因此李莲英 40 岁生日时，慈禧还按照各位总督巡抚的例子，下令给他制皮袍，亲笔题写"福""寿"字赐给他。慈禧甚至还喜欢跟李莲英在颐和园一起化妆合影，慈禧扮观音，李莲英就扮成韦陀。李莲英生病时，慈禧不仅命令御医前去诊治，甚至还亲自给他尝药。

即使如此，李莲英也免不了时时受罚，光绪六年（1880 年），李莲英就曾因做错了差务被摘去顶戴，并罚俸银 6 个月；光绪十一年（1885 年），李莲英又因属下太监失误、被罚俸银 6 个月，尽管这些处罚大多只是一时，但即使是权势炙手可热，李莲英心中也时常缺乏安全感，因此经常感慨"今日有权今日贵，明日无权阶下囚"。

在李莲英之前，掌案太监安德海（1844—1869 年）因为骄横跋扈、仗着慈禧的威权甚至敢于顶撞同治皇帝，同治八年（1869 年），安德海借口要到江南置办龙袍出宫游玩、趁机敛财，而被同治皇帝密令山东巡抚丁宝桢直接处死。鉴于自己的前任安德海之死，以及慈禧和帝王的权术，李莲英一生一直谨慎小心，因此深得慈禧喜爱。

尽管如此，7 岁时净身，8 岁就入宫、深谙宫廷险恶的李莲英，有时还是会对身边的徒弟说："主人（慈禧）是个老虎，我受恩深重，不可一刻失慎。天恩愈大，性命愈险，吾人不可不慎。"

在私底下，他还常对手下的太监们说："你们别看老佛爷待我这大天恩，我拿她当老虎看。"

5

由于长期身处皇宫，这种单调无聊又精神紧张、压抑的生活，也使得太监们不得不寻求一种外在的精神补偿，也因此，太监们普遍对美食、赌博、养小动物等形成了一种特殊的依恋心态。

由于对自己被阉割始终耿耿于怀，以明朝万历皇帝时期的宠幸太监、福建税监高寀为例，高寀由于听信方士说"食小儿脑千余，其阳道可复生如故"。因此命人到处残杀幼童，取食儿童的脑髓进食，以至他所在的福建税署池中白骨累累，而高寀却由于被万历皇帝宠幸免于一死。

清朝时，百无聊赖的太监们为了打发日子，经常喜欢在皇宫中聚集赌博，即使到了民国初年，紫禁城中的养心殿大总管太监阮进寿，还因为赌博后欠钱不还，而与二总管太监陆某发生口角，以致互相揭发开设赌局，而被双双革职踢出紫禁城。

而由于生活贫困、以秀才身份自宫进入紫禁城做太监的信修明，也喜欢在宫中养狗。信修明说："其中意味甚多，每日供奉差事于上，提心吊胆，整年整月，不定何时才能出宫洒脱一次，人生亦苦之已极。自己养一犬，下来时先逗逗小犬，说些犬话，一切苦恼皆消释无有。"

晚清太监张修德等人则回忆说："下层太监，讲活计，倒也没有什么过重的，只是行动处处受限制，同坐牢差不多。服侍上边，无时无刻不提心吊胆。顶头太监要你做什么你就得做什么，不是人做的也得做，一切要看别人的喜怒行事。一旦不知道做错了什么事，也许根本没有做错，只是顶头主子或太监讨厌你，就得听凭人家打骂。有的时候还得跪在地上，自己打自己的嘴巴。在这'帝王之家'过久了，我们的思想也自然而然地变坏了。怎样过好寄生生活成了我们的中心思想，把依靠别人过日子当作天经地义。身体毁了，精神也毁了。"

在这种寂寞空虚、整日担惊受怕的日子里，太监们也开始寻求感情的安慰。

早在秦汉时期，太监们普遍就有自己的家室，《史记》就记载秦朝宦官赵高有养女，他的女婿是咸阳令阎乐。北魏、唐朝时，宦官娶妻最为普遍，唐朝时著名太监高力士就曾经娶了位绝色女子、京师小吏吕玄晤的女儿为妻。吕玄晤也因此官"至少卿，子弟仕皆王傅"。

明代时，太监开始流行起跟宫女一起结伴过日子，俗称"对食"。例如魏忠贤的"对食"，就是天启皇帝朱由校的奶妈客氏。客氏当时先是与魏忠贤的好朋友、太监魏朝"对食"，后来又勾搭上了魏忠贤，以致魏忠贤和魏朝两人半夜在紫禁城中大打出手，甚至惊醒了天启皇帝。

到了清代，尽管朝廷管辖太监严格，但也允许太监过家庭生活。乾隆十六年（1751年），紫禁城中的太监赵国宝就与宫女五妞相好，两人一起"对食"过日子。没想到两人后来发生口角，赵国宝虐待五妞，以致五妞自杀未遂。根据清廷对在皇宫中自杀处分的规定，五妞被发配到锦州配壮丁为妻，赵国宝则被发配到黑龙江与披甲人为奴。

清廷起初严禁太监与宫女"对食"，但到了道光年间（1821—1850年），由于道光皇帝宠幸太监，不仅容许他们各种"非分之情"，而且出面替太监娶老婆，"复为娶妇，使居南府中"。有了道光皇帝撑腰，太监们开始自己娶妻了。

以慈禧宠幸的太监小德张为例，小德张（1876—1957年）一生娶了共四个老婆，对此太监张修德回忆说："说起来，人们也许奇怪，太监们还娶老婆干什么。原来他们虽然不能过夫妇生活，但是家庭的'乐趣'还是要享受。旧社会里，有了钱，什么不人道的事都干得出来。发了大财的太监有年轻漂亮老婆的不只是小德张一个人。有时候他们还倚仗年轻漂亮的老婆给他们联络大官，拉拢同行，搞钱搞势呢。比如御膳房的首领太监古玉秀，没有哪点出众的地方，凭着他的年轻漂亮的老婆替他奔走，结果爬上了御膳房大总管的地位。"

在太监们看来，尽管自己已经丧失了性功能，但是他们仍然有着对于性的强烈渴求，也因此，清宫里的太监们，除了"娶妻"之外，也喜欢请假出宫逛妓院。例如慈禧的独子同治皇帝（1856—1875年），就是经常被轻车熟路的太监们带到北京的八大胡同逛窑子，以致后来染病身亡。

另外，大太监李莲英也曾娶妻苗氏，后来又娶了京城名妓马芙蓉。

小德张则在1912年出宫后，搬到了天津，据曾经担任他常年法律顾问的夏琴西回忆："他除雇有各种仆役外，还有由宫中带来的四五名小太监，专门给他烧烟、倒茶、摆饭、招待客人。全家除他母亲外，都得称他老爷。家规、门禁很严，仍保留着宫内的规矩，如男性一律不准进内宅……他的妻子叫张小仙，妓女出身，备受宠爱，但除年节喜寿外，很少与外人见面。"

据太监们回忆，小德张有一位小妾私下与人相好，甚至被小德张下令杀害碎尸。当时，小德张在天津过着富豪生活，除了在天津拥有十亩地的房产外，他还投资了祥义绸缎店、天成信绸缎洋货店，并且还担任着致中银行的常务董事，拥有两间当铺、50 顷稻田，另外还拥有一所道观作为家庙。一直到 1957 年，小德张才在天津去世。

6

但清朝的覆灭，也成为太监制度覆灭的前奏。

1912 年，清廷宣告退位，但作为清朝皇帝退位的交换条件，民国政府仍然允许清皇室居住在紫禁城，也因此，作为皇权专制的衍生品，太监制度也在清廷覆灭后，仍然得以继续苟延残喘。根据记载，即使到了民国十一年的 1922 年，紫禁城内仍然保留着多达 1137 名太监。

当时，由于清廷势力衰落，加上民国政府许诺的每年 400 万两银元的抚恤费经常难以下发，因此紫禁城中从溥仪到各个太监，经常都处于经济困窘局面。为了解决经济问题，加上贪婪使然，负责守护紫禁城的太监们就开始监守自盗，经常将皇宫中的珍宝偷盗到外面转卖。

溥仪后来回忆说，当时紫禁城中盗窃案件高发："毓庆宫的库房门锁给人砸掉了，乾清宫的后窗户给人打开了"，"我刚买的大钻石也不见了……"到了 1923 年，恼怒的溥仪下令清查紫禁城中的珍宝丢失情况。同年 6 月 26 日，紫禁城中突发火灾，储藏珍宝的建福宫，以及 400 多间宫殿更是被毁于一炬。

据当时参与救火的消防队员回忆说，火灾现场有很浓的煤油味。对此，溥仪愤怒地说："我刚想查太监偷盗珍宝的罪状，他们就烧毁了建福宫花园毁灭证据！"

火灾发生后 20 天，1923 年 7 月，溥仪正式下令，除了保留 175 名服侍自己和太妃、淑妃们的太监外，其他近千名太监必须在几个小时内"全部裁撤，立即出宫"。在护军的强行驱逐下，近千名太监被迫仓促离开紫禁城，而这，也敲响了中国太监制度的丧钟。

由于毫无思想准备，许多太监进宫几十年积累了一些东西，一时半会难以带走，而更多的人则是压根无家可归，因此驱逐当日，紫禁城中一片混乱，太监们有的苦苦哀求，有的痛哭流涕，有的破口大骂，由于大部分太监没有去处，因此他们只能暂时住在地安门内的雁翅楼内。

一直到1923年7月底，当时内务府筹妥了遣散费，宣布向首领太监们每人发放200元，一般太监每人发放20元作为遣散费，看到事已无可挽回，这些中国最后的太监们，才无可奈何地各自逐渐散去。

但此后，紫禁城中的失窃案并未减少，只不过是从太监的监守自盗，变成了护军的监守自盗。

而很多太监出宫后，由于已经进宫几十年，根本无家可归；有的即使有家也被亲人鄙视，有家难回，甚至死后被禁止葬入祖坟；由于太监们从小被阉割没有气力，又没有一技之长，因此很多人只能流落街头。

就在溥仪驱逐太监们的第二年，1924年11月，冯玉祥在北京发动兵变，并强行驱逐溥仪离开紫禁城，仓惶之中，作为末代皇帝的溥仪也被迫出走。在听闻"皇上"也被赶出紫禁城之后，有的太监们一边咒骂，一边恼怒地说："这才是一报还一报呢！"

7

起初，作为帝制的产物，太监们也对自己的养老有一定的安排。

乾隆时期，北京的太监们开始自发成立太监养老义会，如北京北长街的万寿兴隆寺中的养老义会就规定，太监入会必须经过别人介绍，然后缴纳180块钱给寺庙主持作为义会经费，三年后就可以到义会所属的寺庙食宿养老，死的时候义会还会出面帮他们买棺材、做法事。当时，北京城中的恩济庄、立马关帝庙等16座寺庙，都是太监养老义会的下属寺院，有很多寺院的地产物业，甚至都是由太监们捐献所得。

而在1923年被溥仪从紫禁城中驱逐出宫后，除了极少数太监被至亲接纳回家养老外，大多数太监要么根本无家可归，要么就是被亲人排斥根本无法回归；只有像李莲英、小德张这类极少数的大太监则有丰厚的产业，根本无需担心养老问题，剩余的太监们，有点余钱的，还能加入到养老义会，而连义会的份子钱也出不起的太监们，最终只能流落街头，甚至冻饥而死。

今天以"中国硅谷"闻名的北京中关村，其原名本是"中官村"，意思是太监聚集之地。从明清开始，如今的中关村（中官村）一带就不断有太监在此买地盖庙修坟，并在退休后扎堆在此生活，并成为当时京城远近闻名的太监坟场。

而作为帝制的遗物，本文开头提到的被父亲强行阉割的儿童孙耀庭，也命运坎坷。

1912 年清庭被推翻后，孙耀庭先是在家中蹉跎了几年，一直到 1917 年，15 岁的孙耀庭才终于有机会进入到了紫禁城。此后，他先后伺候过端康皇太妃和"皇后"婉容，尽管在 1923 年溥仪的驱逐太监行动中幸运地被留了下来，但是在 1924 年冯玉祥的兵变中，孙耀庭最终也无奈出宫，并一度到了北京著名的太监养老义会所属的万寿兴隆寺居住。

1932 年，溥仪在日本人扶持下成立"伪满洲国"后，孙耀庭还一度前往长春，到溥仪"老主子"那里当差，后来由于得了肝硬变需要隔离，溥仪还特地给孙耀庭批假并给了 500 元作为治疗费，"那时候 500 块钱可值钱了。能买 110 袋美国面粉呢"。

离开长春的伪满洲国皇宫后，孙耀庭四处流浪，"就在各庙住着，有点事做点事。没事就在那住着"。

眼看老太监们流离失所，当初在慈禧手头混得还算不错的秀才太监信修明，则倾尽所有，在 1930 年牵头成立了恩济慈善保骨会，并收留了 400 多名太监在北平（北京）万寿兴隆寺居住养老。

一直到 1949 年新中国成立后，很多老太监们仍然居住在万寿兴隆寺，1959 年，被特赦出狱后的溥仪还曾特地到万寿兴隆寺看望过他们，当时溥仪一进门，还幸存的老太监们惊愕不已，仍然齐声高喊"万岁爷"，溥仪则热泪盈眶、赶紧制止老太监们说："这可使不得，现在什么时候了，怎么还弄以前那一套，现在我已经不是皇帝了，就是一名普通的公民，下次不要这样称呼了，叫我同志就好。"

而当初由于贫困，被迫以秀才身份自宫做太监，老来又积极为老太监们的养老事业奔走半生的信修明则在 1959 年去世，临死前他对人说："我是过来的人，为了过去、为了现在、为了未来，日念陀佛三千声。今生不如人，希望来生脱此苦，并希望穷神爷爷别尽跟这类人开这种不人道的玩笑！"

解放后，有热心人则帮孙耀庭出版了自传《末代太监孙耀庭传》。1988 年，他的自传被改编成电影。1996 年，孙耀庭最终以 94 岁高龄在北京广化寺去世。

至此，随着中国最后一位太监的去世，曾经存在中国达数千年之久的太监制度，终于烟消云散。

"神童"的前世今生

"这神童算是糟了！"

1918 年，鲁迅先生在一篇文章中对一个 11 岁的神童发起抨击，准确地说，应该是指斥神童背后的好爸爸。

1

这个 11 岁男孩名叫江希张，山东历城人，被称为清末民国的"第一神童"。神到什么地步？

江希张后来回忆道，他 3 岁能识 800 多汉字，背诵 100 多首唐诗，到了 4 岁时已能熟练地吟诗作对，所作诗文意境赶上一般成年人。

清末山东巡抚孙宝琦曾经力荐 4 岁的他进京，给大他 1 岁的宣统皇帝当伴读。

康有为见了他，表示愿意破例收他为徒，还把自己的书稿拿给他阅览。

江希张 7 岁那年，编了一套《四书白话解说》。此书浅显易懂，观点新颖，又正好赶上新文化运动，一经推出就冲上了热搜第一。

之后，"神童"江希张的《三千大千世界图说》等著作出版，名声越来越响，连鲁迅都听说了他的名号。

从江希张后来的经历看，他确实是一个天赋很高的人，但从小就这么"神"，只能说，他的父亲江钟秀是一个制造神童的高手，江希张不过是在他规划的骗局中扮演角色。

自打出生起，江希张的父亲就费尽心思为他进行"包装"，说之前做了个梦，一个乞丐在他面前变化成了一个婴儿，不久后儿子出生，江希张乃是"武训转世"。武训是江家的山东老乡，生前行乞数十年，却省吃俭用，在当地办了三所学校，成为社会敬重的大善人，也是文化的代名词。

"千古奇丐"转世成了"大清神童"，真的神了！

江钟秀是个秀才，算是方圆十几里小有名气的文化人，他不仅让江希张学儒家经典，还给儿子强行灌输道、佛、回等宗教思想，并大肆宣传儿子"五岁已完诸经，写作皆能，外国语言亦知大略"，直到全山东无人不知，无人不晓，甚至惊动了山东巡抚。

江希张7岁时那部成名作《四书白话解说》根本不是江希张的个人作品，而是他老爸请了几个读书人一起给儿子"指导"写成的，但全书署名只有一个"七岁童子江希张"。

对于江希张父亲的骗局，很多人看破不说破，报纸还竞相报道，当作一时奇闻。但鲁迅看不下去了，他在文章中谈到"鬼话与科学"，专门对这个"神童"进行批判，说他（或许是他们）是来捣乱的："先把科学东扯西拉，羼进鬼话，弄得是非不明，连科学也带了妖气……捣乱得更凶的，是一位神童做的《三千大千世界图说》。他拿了儒、道士、和尚、耶教的糟粕，乱作一团，又密密的插入鬼话……但讲天堂的远不及六朝方士的《十洲记》，讲地狱的也不过钞袭《玉历钞传》。这神童算是糟了！"

江希张不是第一个被过度包装的神童，也不是最后一个。中国自古不缺神童，而且是不同时代，就有不同类型的神童。那些被称为神童的人，后来都怎么样了？

2

神童是什么？其实就是成人化的小大人。

垂髫孩童人小鬼大，做出了一些成年人才能做的事，人们觉得很了不起，就称之为"神童"。《册府元龟》对此类神童有过论述："若夫幼而慧，少而成者，益可贵矣……老成之姿，著于容止，赋笔之丽，成于俄倾……"

在中国，"神童崇拜"已经有悠久的历史，甚至对一些原本不是神童的大人物，人们也愿意相信，他们小时候是神童。最早的神童天团，是史书记载的上古君王，如五帝之首黄帝、夏的开创者禹、商的始祖契、周的始祖后稷等，他们都是以神童的面貌横空出世，要么出生经历离奇，要么从小智慧超群。

在古代史书中，黄帝生下来没多久就能说话，到了 15 岁已经无所不知。

这类记载其实是出于先民"圣而不可知之之谓神"（《孟子·尽心下》）的心理，由于神灵信仰和自然崇拜，人们相信这些伟大的领袖必然与神明有某些关系，甚至是神的儿子。这一类神童更像是"神化的儿童"，在后世的宗教神话与帝王传说中依旧屡见不鲜。

时代变了，被推崇的神童也就不一样了。

春秋时期，礼崩乐坏，这时候人们需要礼义型神童，于是有了"项橐七岁为孔子师"的故事。

战国时期，合纵连横，这时候人们需要谋略型神童，于是有了"甘罗十二岁官拜上卿"的故事。

《史记》记载，甘罗是秦国宰相甘茂的孙子，年仅十二岁，已经成为秦相吕不韦的亲信。

当时，吕不韦想扩张领地，打算派秦国大臣张唐去燕国为相，然后联合燕国攻打赵国。张唐感到为难，说，干不了。

甘罗站了出来，跟吕不韦说，我有办法。甘罗前往劝说张唐，问道："您和武安君白起相比，谁的功劳更大呢？"

张唐回答，我当然不如武安君。

甘罗接着说，您自知功不及武安君，也该知道如今吕相国权势比当年的应侯范雎更大，白起阻拦范雎攻打赵国而被秦王处死，如今吕相请您去燕国任相而您执意不去，我不知您将身死何处啊！

张唐一听就怕了，那我就听你这小朋友的话，前往燕国碰碰运气吧。

故事到这儿还没结束。此后，甘罗单独出使赵国，以秦燕联盟为由，骗赵国攻打燕国。

甘罗告诉赵王，燕国将任命秦人张唐为相，秦国也将送回燕国的人质燕太子丹，燕国这是要和秦国一起攻打您的赵国啊。赵王便先下手为强，派兵攻打燕国，夺得上谷 30 座城邑，并将其中 11 座献给秦王，以此讨好秦国。甘罗不费一兵一卒就挑动两国相攻，得到十几座城池，回到秦国后，被拜为上卿。

先秦的神童故事，大部分是经不起推敲的。有道是人怕出名，作为中国历史上知名度最高的神童之一，甘罗的故事早就被"辟谣"了。

清人梁玉绳《史记志疑》对这段历史进行考据，认为秦国主动送还燕太子丹、赵国攻下燕国 30 城后献给秦国 11 座等情节，均非史实。甘罗的故事是战国纵横家为了夸大口舌之功，才添油加醋，将秦军的战功强加于一个小孩子身上。

3

到了汉代，神童不只是一个称号，有时甚至关乎个人前程。

汉代察举制，是由地方官在当地考察、选取人才并推荐给上级的选官制度，其中的"举童子郎"，就是专门为神童们准备的入仕途径。很多年少有为的人才都会被冠以"神童"称号，比如："任延年十二为诸生，显名太学中，号为'任圣童'。张堪年十二受业长安，志美行厉，诸儒生送其号'圣童'。杜安十三入太学，号'奇童'。"（《文献通考·选举科》）

在这个时代，像甘罗这种会讲故事的神童已经过时了。衡量神童的标准，除了才智超群，还要有孝悌廉让之德，这也是儒家思想占据主导地位的结果。

孔融是比较典型的汉代神童。

咱们小时候都听过孔融让梨的故事。有一次，小孔融和哥哥们一起吃梨，哥哥都拿大的，他却故意拣了小的。别人问他，这是为何？

孔融说："我小儿，法当取小者。"

这是一种兄友弟恭的谦让精神，符合汉代神童的道德标准。

更能体现孔融小时候才思敏捷的是另一个故事。

《后汉书》记载，孔融 10 岁时，跟着他爸到洛阳见世面。时任司隶校尉李膺是天下皆知的名士，平时不轻易见客。孔融跑到李膺府上，对守门人说："我是李元礼的亲戚。"

守门人觉得小朋友不像是在骗人，就把孔融放了进去，让他跟李膺见面。

李膺当然不认识孔融，问他："你的祖辈曾经与我有过交情吗？"

孔融淡定地回答："是啊，我的先祖孔子跟您的先人老子为师友关系，我孔融跟您是累世通家呀。"

此言一出，满座无不称奇。刚好进门的太中大夫陈韪却不以为然，说："小时候聪明，长大了未必有大用。"孔融无端遭人贬低，立马进行回击，接着陈韪的话说："照您这么说，您小时候一定很聪明吧。"

陈韪一时无言以对。最怕空气突然安静，李膺用大笑缓解尴尬，并对孔融说："你将来会大有出息的。"

另一个神童曹冲，为我们留下了曹冲称象的故事。

《三国志》记载，东汉末年，曹操得到一头大象，想知道这头大象的重量，手下官员一筹莫展，唯有曹操的儿子，年仅五六岁的曹冲想到了一个利用浮力测量重量的办法。

曹冲对他爸曹操说："我们把大象赶到一艘船上，看船身下沉多少，然后沿着水面，给船身画一条线。之后把大象赶上岸，再往船上装同等重量的物品，到船下沉到画线的地方为止。最后，称一称这些物品的重量，就可以知道大象有多重了。"

史载，曹操"大悦，即施行焉"。曹冲称象，可说是一次成功的"神童营销"。

后世看到的，往往只是神童曹冲的机智，可在当时，此类事迹就是在积攒入仕的资本。曹冲虽然深得曹操喜爱，却只活了13岁。曹冲死后，当曹操次子曹丕前来安慰父亲时，曹操还说："这是我的不幸，却是你们的幸运。"

汉魏两晋的神童为人机敏，长于思辩，在《世说新语》中也有所体现。这部著作主要记载东汉到魏晋的轶事，所录36门1219则故事中，有上百则与儿童有关，约占8%的比例。这在中国古籍中实属罕见，可见神童现象在汉魏两晋的兴盛。

这一时期，神童的出现，主要是满足汉代察举制与魏晋九品中正制的需要。绝大多数的神童，不是出自名门望族，就是官宦世家。

隔壁村种田的张三、李四家怎么就出不了神童？如果他们家也诞生了神童，其实也很难有机会像孔融、曹冲他们一样在高官、名士面前表现，然后走上人生巅峰。神童营销，本身是需要资本的，至今亦然。

4

唐宋科举有童子科，儿童参加这类考试叫作"应神童举"。唐朝规定"凡十岁以下能通一经及《孝经》《论语》每卷诵十通者予官，通七者与出身"。前者得官，后者就赐出身。

唐宋科举考诗赋，神童大都会写诗。

骆宾王的《咏鹅》，是现在很多人最早学习的唐诗之一。全诗天真浪漫、朗朗上口："鹅，鹅，鹅，曲项向天歌。白毛浮绿水，红掌拨清波。"

写这首诗的时候，骆宾王只有 7 岁，与一千多年后学这首诗的小朋友们年龄相仿。

《三字经》中藏着另一个大唐神童："唐刘晏，方七岁，举神童，作正字。彼虽幼，身已仕，有为者，亦若是。"

唐朝著名的理财家、宰相刘晏 7 岁时应神童举，授官秘书省正字，当时正是唐玄宗在位。

《明皇杂录》记载，有一天，唐玄宗在勤政楼举办伎乐表演，召刘晏上楼，说："卿为正字，正得几字？"

刘晏已知朝中权相执政、朋党相争，特意以字为谏，说："天下字皆正，唯有'朋'字未正得。"朋，指的就是朋党。唐玄宗对这位神童赞叹不已，之后赏赐了他象牙笏与黄纹袍。

多年后，刘晏为相，进行经济改革，一度扭转了安史之乱后国家财政匮乏的状况。

宋朝以文治天下，神童举与唐朝一脉相承，选拔出了一批文学天赋优异的儿童。

王禹偁 5 岁作《咏白莲诗》："昨夜三更后，姮娥堕玉簪。冯夷不敢受，捧出碧波心。"

寇准 7 岁作《华山》诗："只有天在上，更无山与齐。举头红日近，回首白云低。"

日后写出"无可奈何花落去，似曾相识燕归来"等名句的一代词宗晏殊，7 岁应神童举，一时名动京城。当时已是宰相的寇准对晏殊十分器重，特地用皇帝赐给自己的马送他回旅邸，并将马的缰辔送给他，作为进京的资费。

两代神童的忘年之交，一时传为佳话。

这几位是宋朝的大才子，长大后都成为朝中重臣、治国宰辅。

但是，最经典的神童悲剧也发生在宋代。

王安石的《伤仲永》，记述了江西金溪一个农户家的小孩方仲永。

方仲永 5 岁就能写诗作文，名闻乡里，他的父亲却以此谋利，拉着儿子每天寻亲访友、求见乡达，用方仲永的诗文换取钱财，不让儿子读书学习。过了几年，方仲永的文章不再"称前时之闻"，最终泯然众人。

王安石为此感慨道："仲永之通悟，受之天也。其受之天也，贤于材人远矣。卒之为众人，则其受于人者不至也。"由于缺乏后天的培养与引导，方仲永就算天赋异禀，也难以成才。

无独有偶，晏殊在给宋真宗的儿子赵祯（即宋仁宗）授课时遇到了另一个神童蔡伯俙。蔡伯俙也是一个天才，3 岁应童子科考试，宋真宗称赞他为"三岁奇童"，考中后让他充当太子赵祯的伴读。

可是，蔡伯俙却不把他的才智用在正道上，从小就学会钻营奉迎。在东宫伴读时，宫中门槛有点儿高，赵祯每次过门，蔡伯俙就趴下来，让太子踩在自己背上跨过门槛。

如此机灵的蔡伯俙后来成了一个贪鄙的官吏，他 17 岁出宫后到地方任职，多年来为官"不循法令"，经常被弹劾。宋仁宗念他是东宫旧臣，多次从宽发落，只是调任了事。

神童蔡伯俙几乎放弃了他的天赋，自甘堕落，白白拿着朝廷俸禄 75 年，一生碌碌无为，成了体制内的"方仲永"。

中国神童自古灿若星河，从小就被发掘的亦不胜枚举。可为何还是有很多人，走上了"方仲永"的道路呢？

5

元明以后，童子科势头稍减，清朝更是彻底废除了童子科，仅留科举的第一级考试童试。童试应试者不论年龄大小统称为童生，考中者俗称"秀才"，神童们失去入仕的捷径，却有机会和老头子们一起考秀才。

但对神童的推崇，并未在历史中消逝。

早慧的小大人依旧引人瞩目，家长们也无不希望，自己的孩子从小就是这条街最聪明的娃。读书的孩子，即便是没有天赋的儿童，也要从小承担繁重的课业压力，所谓"勤有功，戏无益，戒之哉，宜勉力"。

通过剥夺孩子的童年，将成人的意志强加于儿童身上，这样就实现了"神童"的量产。

神童这一概念，实际上否定了童年，而经过包装的伪造"神童"，在摧毁童年的同时，也在散播谎言。在西方，法国启蒙思想家卢梭同样发现了类似的现象。他认为，儿童应该有儿童的样子，"如果我们打乱了这个秩序，我们就会造成一些早熟的果实，它们长得既不丰满也不甜美，而且很快就会腐烂：我们将造成一些年纪轻轻的博士和老态龙钟的儿童"。

卢梭对这种压榨童年的行为进行了控诉与质疑："把他弄得那么可怜时，我们心里是怎样的想法呢？"

还记得前文讲的，那个被鲁迅骂过的清末民国"神童"江希张吗？

江希张是幸运的神童，他在最好的年华成功摆脱了包装团队的控制。

江希张从小被父亲灌输封建糟粕，他对这些知识愈发厌恶，成了一个无神论者，并且向往与其他孩子一样无忧无虑地"疯玩"。读中学时，江希张的父母相继撒手人寰。终于，在1927年春，20岁的江希张怀着科技救国的理想，远赴法国勤工俭学，考入巴黎大学，攻读化学专业。

江希张回国后，在上海一家化工企业当工程师，解放后成为国内享有盛誉的化工专家。那段清末民国时轰动全国的神童传奇，渐渐被人淡忘，他也从不在人面前吹嘘。

退休后的江希张住在一幢老式西楼，过着简朴的生活，偶尔向年轻一辈的化学专业生答疑解惑，直到2004年平静地离开人世，享年97岁。

神童往事无人问，人们记住的，是一个将大半生精力倾注到国家工业建设的科研工作者。

但愿，这不是一个需要过度营销"神童"的时代。

·
·
·

第七章

影响历史进程的生态

·
·
·

世间万物，相生相息　◇

气候紊乱：乱世背后的隐形推手

1

当汉帝国对匈奴发起最后一击的时候，罗马帝国做梦都不会想到，这竟然会在 200 多年后成为他们的噩梦。

东汉永元三年（91 年），汉朝大将窦宪率领大军再次出击，并在金微山（今阿尔泰山）大败北匈奴，"北单于为右校尉耿夔所破，逃亡不知所在"。经过从汉武帝时期开始的持续两百多年的战争，大汉帝国至此终于彻底击败了匈奴，而协助汉朝战胜强敌的，有一种秘密武器就是气候变化。

此前，东汉光武帝建武二十二年（46 年），"匈奴中连年旱蝗，赤地数千里，草木尽枯，人畜饥疫，死耗太半"。在剧烈的气候变化和灾害打击下，匈奴内部分裂为南匈奴和北匈奴，到了东汉建武二十六年（50 年），南匈奴已经难以支撑下去，于是向东汉称臣乞求救济，对此光武帝诏赐"河东米糒二万五千斛，牛、羊三万六千头，以赡给之"。

从大气候而言，地球存在大冰期与小冰期的间隔，而在小冰期之中，则存在与暖湿气候相间隔的冷期。自从公元元年开始，新千年的第一个冷期逐渐光临北亚大地，而他们即将摧毁的，是当时盘踞北亚高原的游牧部落——匈奴。

随着冷期的降临，蒙古高原的气候不断剧烈演化，先是不断发生旱灾，而旱灾之后则是接连而至的蝗灾和饥荒，汉明帝建初元年（76 年）："南（匈奴）部苦蝗，大饥，肃宗廪给其贫人三万余口。"

到了东汉章帝章和二年（88 年），"北（匈奴）虏大乱，加以饥、蝗，降者前后而至"。

对于匈奴来说，在汉帝国持续两百多年的打击下，加上自东汉初期开始的剧烈气候变化，眼下，他们已经到了濒临崩溃的地步，昔日"控弦三十万，牛羊无数"的强盛局面更是一去不返。

随着南匈奴的归附和南迁，眼看北匈奴在连年的自然灾害前日趋衰落，于是公元 89 年和公元 91 年，东汉名将窦宪两次率军出征北匈奴，并先后在稽洛山（今蒙古国额布根山）和金微山（今阿尔泰山）大破北匈奴主力，招降北匈奴各部近三十万人，从而为大汉帝国最终彻底击溃北匈奴奠定了基础。

在气候变化和汉帝国的双重强势打击下，在历经公元 91 年的最后一次大战后，北匈奴一部分南下投降汉朝，一部分则向西逃窜，导致蒙古高原一度出现"漠北地空"的局面。

而向西迁徙的北匈奴人，则西逃至今天的巴尔喀什湖一带，经过 200 年的休养生息，大约在公元 290 年左右，匈奴人向西方发起了进攻，他们先是将阿兰人（某个高加索部落）驱赶到西边，从而打翻了摧毁罗马帝国的第一张多米诺骨牌。

在匈奴人的打击下，阿兰人被迫向西迁徙将东哥特人赶到西边，东哥特人又将西哥特人赶到西边，西哥特人则向西迁徙到意大利。当时，由于气候长期偏冷，以致多瑙河和莱茵河经常封冻，使得罗马帝国的北方边界成为不设防地带，在大量进入罗马帝国境内后，这些彪悍善战的蛮族骑兵，几乎是不费吹灰之力就轻易越过冰河，并屡屡击败罗马帝国的大军，并最终在公元 476 年彻底摧毁了西罗马帝国，此后，欧洲进入了长达一千年的中世纪时期。

而追究这场多米诺骨牌效应的根源，则是气候变化和自然灾害对北匈奴部落的持续打击。

除去大汉帝国和蛮族西迁等人为因素的持续打击，可以说，正是干旱和严寒，从东到西彻底摧毁了北匈奴和西罗马帝国。

2

但实际上，即将掀起摧毁西罗马帝国涟漪的东汉帝国，却事先倒在了气候变化的浪潮之下。

在这场从公元元年开始预演的气候变化中，到了东汉末年，大规模的气候变化开始接踵而至，从公元 181 年开始至公元 540 年，中华帝国进入了新千年的第一个冷期，从而使得中国历史进入了长达三百多年的汉末魏晋南北朝乱世。

掀起这场暴乱的导火索，则是东汉末年开始的黄巾军起义。东汉灵帝中平元年（184年），在连年的大旱、庄稼绝收和瘟疫之后，太平道教主张角在"苍天已死，黄天当立"的谶纬传言下发起了黄巾大起义，从而掀开了此后三百多年乱世的序幕。

根据气候史学家研究，追究这场中国历史上最长时间的乱世可以发现，这场从公元1世纪就开始的冷期，先是从北亚开始蔓延，在给蒙古高原带来频繁自然灾害、摧毁匈奴的同时，这场从北向南的冷期，最终又蔓延到中华帝国境内，带来了长期的气候变化，掀起了此后长达三百多年的乱世，并在4世纪至5世纪时达到了最低点，气温平均下降达2.5至3摄氏度。

当时，中国境内的平均气温，比现在低了1.5摄氏度左右。而更有学者认为，在这场从公元1世纪开始，并在公元181年至540年达到巅峰的冷期中，年平均气温要比现在偏低2至3摄氏度。

尽管气候变化貌似不大，但实际上，在中国北方的农业与游牧交错地带，如果平均温度降低1摄氏度，中国各地气候带就相当于向北推移了200至300公里；如果降水减少100毫米，则中国北方农区将向东南退缩100公里，在山西和河北则为500公里。

简单来说，如果气候变暖变湿，则意味着中国农区将向北扩张，宜农土地增加；反之，则将使得一些地区变得不适合农作物的生长，农区将向南退缩，宜农土地减少。

而从秦汉以来，中国东部地区气候经历了多次暖湿、冷干的交替变化，农牧交错带也相应地出现了多次明显的北进和南退：其中秦汉时期气候温暖，中原农业文明甚至远进到当时还不是沙漠的居延海和乌兰布地区，这也是秦汉帝国强盛的农业基础；而从东汉末年开始的这场冷期，则使得北方的农区大幅度向南退缩，牧业甚至挺进华北平原。

对于这场从东汉末年开始的冷期，当时人也留下了大量的记载。

历史进入三国时代以后，曹魏黄初六年（225年），魏文帝曹丕亲自率领水军循涡水入淮水，不料当时天气大寒，淮河在历史上竟然第一次出现了结冰的记载，"是岁大寒，水道冰，舟不得入江，乃引还"。

东晋成帝咸康二年（336 年），由于渤海严寒，出现了大规模结冰，前燕慕容皝甚至率领数万大军踏着海冰越过渤海讨伐慕容仁，当时，从昌黎海岸（今辽宁锦州）到今天的山东营口一带的渤海海面全部结冰，因此才能承载数万大军步行穿越。

根据北魏时期的农书《齐民要术》记载，当时华北地区物候现象和农作物生长时间，均比现在晚了 15 至 28 天，而当时要到农历三月桃花才开，一月之后枣树才长叶，与今天对照，整整迟了一个月的时间。此外，当时石榴树露地栽培需要包裹过冬，否则就会冻死；而在现代河南、山东等地石榴均可以露地安全过冬。

据统计，从三国初年到两晋的 200 年时间内，今天的中国区域出现的严寒灾害次数就有 46 次之多。其中最寒冷的气候条件出现在西晋武帝咸宁（275—279 年）和太康年间（280—289 年），当时，几乎每年都会暴发严寒灾害，在这种持续数百年的严酷自然灾害影响下，北方的少数民族也开始了大规模的南迁和侵袭历程。

3

在历史的记载中，西汉时期，内蒙古阴山一带、河西走廊等地区还遍布着大规模的原始森林，然而到了三国时期，在长期的干旱和人为开垦等因素影响下，这些地方已经到处都是戈壁沙漠了。

以甘肃天水、陇西一带为例，西汉时期，这里"山多林木，民以板为室屋"，然而三四百年过后，到了曹魏景元四年（263 年），当司马昭率军西征羌人时，灵州（今宁夏灵武）等地已经是"北临沙漠"，而广大河套地区则从原来的水草丰美之地，变成了遍布戈壁沙漠之地了。

在剧烈的气候变化和环境演变下，东汉初期，南匈奴在东汉王朝的允许下南迁到今天的内蒙古五原等地，鲜卑则在兼并蒙古高原的匈奴残余部落后，由大兴安岭北部向西南方向迁徙，在今内蒙古呼伦湖地区定居下来。

在大规模的气候变化影响下，由于北方气候严寒、草地枯萎、游牧业难以维持，因此，各个少数民族纷纷南下。当时，除了南匈奴和鲜卑，羌、氐、羯等少数民族也纷纷进入中原腹地，《晋书·匈奴传》就记载："（晋）武帝践阼后，塞外匈奴大水，塞泥、黑难等二万余落归化，帝复纳之，使居河西故宜阳城下。后复与晋人杂居，由是平阳、西河、太原、新兴、上党、乐平诸郡靡不有焉。"

这波游牧部落大规模南下的浪潮，从东汉初年就已开始，到了西晋初年，江统在上呈给晋武帝的《徙戎论》中就指出："关中之人百余万口，率其少多，戎狄居半。"在以往汉民族长期占据绝对多数的关中地区，当时少数民族竟然占到了人口的 50% 左右，其中匈奴"五部之众，户至数万，人口之盛，过于西戎"。

对此，曹魏景元四年（263 年），司马昭在迫使魏帝封其为晋公、相国时所下诏书中，曾对当时北方少数民族内迁者的数量做过估计，称："九服之外，绝域之氓，旷世所稀至者，咸浮海来享；鼓舞王德，前后至者八百七十余万口。"

到了三国末年和西晋初期，北方的少数民族人口总量已经和北方的汉人数量相当。对于曹魏和司马家族而言，从东汉初期以来大规模南下的少数民族，是他们与蜀汉和孙吴对抗的重要资本，而乌桓骑兵等少数民族武装，更是成为曹魏和司马家族最终平定天下、结束三国之乱的重要武装。

尽管在武力强盛时有把握控制这些少数民族，然而随着气候变化、南迁少数民族人口数量不断飙涨，在西晋建立后，这种人口构成已经成为北方动乱的重要诱因。

对此，西晋初年侍御史郭钦就尖锐指出："魏初人寡，西北诸郡皆为戎居。今虽服从，若百年之后有风尘之警，胡骑自平阳、上党不三日而至孟津，北地、西河、太原、冯翊、安定、上郡尽为狄庭矣。"

在郭钦看来，曹魏时期由于大规模的战争动乱和灾荒瘟疫导致人口锐减，因此曹魏不得不大规模引入少数民族以充实人口和赋税，但这种人口形势到了西晋初年，已经成为西晋朝廷的一大隐忧，一旦动乱，西晋内部将几乎没有设防的战略纵深空间与时间，因为敌人就在内部肘腋之下。

4

在此情况下，气候变化，最终成为毁灭西晋王朝的重要推手。

当时，早在曹魏时期，严重旱灾就已开始频繁侵袭中华大地，《宋书》记载："魏高贵乡公甘露三年（257年）正月，自去秋至此月旱。时晋文王围诸葛诞……初，寿春（城）秋夏常雨潦，常淹城，而此旱逾年，城陷乃大雨。咸以为天亡。"

司马家族篡魏后，从西晋初年到东晋初年的公元271年到337年的短短67年间，中华大地上有超过半数的年头（35年）发生旱灾。其中，从271至274年、280至282年、284至290年、309至311年、325至327年、333至337年更是连续发生旱灾。

到了西晋惠帝元康七年（297年）七月，"秦、雍二州大旱，疾疫，关中饥，米斛万钱。因此氐羌反叛，雍州刺史解系败绩。而饥疫荐臻，戎晋并困，朝廷不能振，诏听相卖鬻。其九月，郡国五旱"。

在残酷的气候变化和大规模旱灾下，西晋政府不得已甚至允许民众进行人口买卖，以解决民众的谋生问题，而到了西晋永宁元年（301年）"自夏及秋，青、徐、幽、并四州旱。十二月，又郡国十二旱"。

而大旱之后，往往伴随着蝗灾。从西晋惠帝永宁元年（301年）到东晋元帝兴二年（319年），19年间共发生了10次大规模蝗灾，其中西晋怀帝永嘉四年（310年）的蝗灾更是遍及整个北方地区，甚至出现连牛马身上的毛都被蝗虫吃掉的奇闻。

在常年大规模旱灾侵袭同时，西晋内部也纷争不断，甚至爆发了长达十六年之久的八王之乱（291至306年），当时，北方长期大旱，在北方以游牧为生的少数民族生计维艰，但西晋各个权贵力量却仍然严酷奴役他们，使得内乱隐患日益堆积。

于是，西晋永兴元年（304年），南匈奴贵族刘渊以"晋为无道，奴隶御我"的名义，在左国城（今山西离石）发动南匈奴部众起事，建立汉政权，此后各个少数民族力量也纷起响应，北方局势一燃即爆。

在这种残酷的局面下，压垮西晋王朝的最后一根稻草悄然降落。

西晋永嘉三年公元 309 年，中国历史上出现了有史记载以来的一件千古奇事，当时由于长期大旱，当年夏天，长江、黄河、汉江、洛水水流竟然接近枯竭、水量少到人可以涉水而过，"江、汉、河、洛皆干涸可涉"。

就在长江、黄河濒临枯竭的这一年，刘渊利用西晋政权失去大江大河等天然屏障的千载良机，倾巢而出先后击败晋军，轻易突破了黄河天险，"败王师于河南"。尽管在进攻洛阳时遭遇晋军阻击，但刘渊等少数民族势力却趁机而起，从一个割据晋中的地方性政权，一跃成为进军中原、能够威胁西晋政府生存的强大力量，从而掀开了此后南北朝乱世的开端。

对于当时这种西晋的末日乱世，西晋时人描述说："雍州以东，人多饥乏，更相努卖，奔进流移，不可胜数。……又大疾疫，兼以饥馑，百姓又为寇贼所杀，流尸满河，白骨蔽野。刘曜之逼，朝廷议欲迁都仓垣，人多相食，饥疫总至，百官流亡者十八九。"而平民百姓更是"其幸而存者盖十（分之）五焉"。

在这种旱灾与蝗灾和内乱的交替打击下，西晋整个社会组织也濒临解体，长江、黄河枯竭的第三年，西晋永嘉五年（311 年），刘渊之子刘聪又派遣石勒、王弥、刘曜等率兵攻晋，并在宁平城之战中歼灭了晋军主力，当年，刘聪军队最终攻破洛阳，并俘获晋怀帝，杀王公士民三万余人。

就在刘聪的军队攻破洛阳前，晋怀帝"羽檄征天下兵"，但各个地方州郡却"莫有至者"。因为在残酷的气候变化和自然灾害前，整个西晋社会在北方已经濒临解体。

洛阳城陷后 5 年，西晋建兴四年，南匈奴刘曜又率军攻入长安，并俘虏晋愍帝，消灭了迁都至此的西晋，至此，从汉末魏晋时代开始的气候变化，彻底掀开了两晋南北朝乱世的大幕。

而窥探历史暗藏的奥秘，气候变化和大自然就像隐形的推手，开始了支配中国历史的又一历程，并在其他因素的交织下发酵壮大。

至大者唯天。

中国洪水简史

中国是一个频繁发生洪灾的国家。从大禹治水开始，一部中华文明史，本质上就是一部与洪水不断做斗争的历史。

以黄河为例，两千年来有记录的水灾就达 1500 多次，重要改道达 26 次之多。长江流域 1300 多年来，仅有记录的水灾就达 200 多次。

在世界范围内，印度恒河流域、中国长江流域、越南湄公河流域，是当今全球洪水泛滥风险最高的地区。就中国而言，中国境内洪水频繁，主要是受到气候、地貌、水系特征等三个因素影响。

以气候来说，中国每年的降雨与洪水，主要受到来自太平洋的东南季风，以及来自印度洋的西南季风影响。这两股暖湿气流每年都分别进入中国，使得中国从西南地区的四川、重庆、贵州，到东部沿海的广东、广地、浙江，再到江南、江淮地区的湖南、湖北、江西、安徽、江苏等地，都容易遭遇洪涝灾害。

洪水与气候密切相关，因此，如何战胜气候和洪水，也成为古代多个政权兴衰成败的关键。其中，春秋战国时期的秦国，就是通过在成都平原与关中平原分别制服洪水，为其消灭六国、建立大秦王朝奠定了坚实基础。

周慎靓王五年（公元前 316 年），秦惠文王派遣大将司马错等人，从关中地区南下，分别消灭了巴国和蜀国，从而攻占了今天的四川和重庆等巴山蜀水地区。司马错认为，秦国兼并巴蜀地区，不仅可以扩充国土面积，拥有巴蜀地区的人口和财赋，从而使弱小的秦国富国强兵，而且从巴蜀地区顺江东下，还可以进攻楚国："得蜀则得楚，楚亡则天下并矣！"

但是，古四川地区的成都平原经常洪水泛滥。为了驯服洪水，为秦国统一天下奠定根据，在驯服四川近六十年后，秦昭襄王五十一年（公元前256年），秦国派出李冰担任蜀郡太守。最终李冰通过修建都江堰，成功制服了岷江，将岷江控制分流，把成都平原从以前的洪涝高发，治理成一个水旱从人、物产丰饶的天府之国。

实际上，秦国能从蜗居西北狭隘的土地，频频出关最终消灭六国，跟治理洪水有着极大的关系。

在李冰成功驯服成都平原的洪水之后大约10年，公元前246年，也就是秦王嬴政的执政元年，韩国由于担心秦国频繁出兵，为了消耗秦国国力，于是派出水利专家郑国作为间谍出使秦国，并游说秦国西引泾水东注洛水，修建长达300余里的超级水利工程。

从秦国所处的核心关中地区来分析，关中地区由于处在秦岭的背风坡，因此降水没有秦岭的迎风坡汉水流域那么多。这就造成了一种困局，关中地区平时缺水，但在雨季，泾水等河流却又四处泛滥，使得关中地区的土地难以耕种。而引水进入关中地区，在后世被称为"郑国渠"的水利工程，使得在先秦时期难以控制的泾水，成为灌溉、造福整个关中平原的福音。

郑国渠开工多年后，郑国作为间谍的身份被揭发，秦王嬴政大怒，想要斩杀郑国。但郑国却说："始臣为间（谍），然渠成亦秦（国）之利也。臣为韩（国）延数岁之命，而为秦建万世之功。"

秦王嬴政理智认识到郑国言之有理，于是继续让郑国主持水利工程。郑国渠建成后，通过引入含泥沙量较大的泾水进行灌溉，使得整个关中平原土地肥力大大增加。此后，原本土地贫瘠、农业艰难的关中平原，在成都平原之后，迅速崛起成为先秦时期的又一个天府之国。

《史记》《汉书》对此评价说："于是关中为沃野，无凶年，秦以富强，卒并诸侯。"

通过营建水利工程、控制洪水，秦国倚赖成都平原和关中平原的肥沃富饶，并以之为经济基础，相继消灭六国，在秦王政二十六年（公元前221年）统一全国，建立了秦朝。

2

自古以来，很多人都关注到秦国自商鞅变法以后的富国强兵政策，却很少关注到在修建都江堰和郑国渠以后几十年，秦国才因之建立了雄厚的农业和经济基础，从而为大秦王朝的建立，提供了根本性的支撑。

产生洪水的三大因素，主要是气候、地貌和水系特征。

从秦国的另一面来分析，来自印度洋的西南季风，以及来自太平洋的东南季风，由于秦岭山脉的阻挡，暖湿气流被拦截在了关中平原以南的迎风坡地区。这一方面造成了处于秦岭背风坡的关中平原相对缺水，另一方面又造成了处于迎风坡、在秦岭南麓发源的汉水（汉江）流域经常洪水泛滥。

东汉末年，建安二十四年（公元219年），为刘备据守荆州的关羽，在这一年七月的雨季，带领大军北上进攻位处汉水流域的襄阳和樊城。到了八月，由于连续大雨，汉江洪水泛滥，曹操大将于禁、庞德等人率领的大军被洪水围困。于是，关羽出动水军大破曹军，并斩杀庞德、降服于禁。这段史实，日后被小说《三国演义》演绎成为关羽"水淹七军"的故事。而帮助关羽打赢曹军的关键，就在于秦岭南麓由于山脉阻挡产生的丰沛降水。

由于山脉阻挡影响降水，也间接影响着后世历史。在中国的西部宁夏等地，贺兰山、六盘山呈现南北走向，其东面是迎风坡拥有充沛的降水，这就使得位处贺兰山、六盘山东面的银川等地，成为"塞上江南"。古语经常说"黄河百害，唯富一套"，这个"套"，指的就是位处贺兰山以东的河套平原等地。这个说法的根本，从气候来解释，就在于银川等地位处贺兰山东面的迎风坡，充沛的降水最终造福了整个河套平原。

在这种气候和地形的有利加持下，党项人在唐末和五代十国时期逐渐崛起。到了北宋宝元元年（1038年），李元昊正式称帝建立西夏国，与北宋和辽国分庭抗礼。而西夏国的国都，正是建立在兴庆府（今银川）。

倚赖着河套平原的有利地形和充沛降水，党项人在此建国立业达189年，直到1227年才被蒙古人所攻灭。而成就党项人一代伟业的背后，正是贺兰山脉东面的有利地形和降水。

山脉阻挡了来自太平洋和印度洋的暖湿气流，这也影响了中国南方的开发进程。在南方的广东、福建和浙江，这三个省受到南岭山脉、武夷山、雁荡山和天台山脉的阻隔。当夏季的季风和暖湿气流北上的时候，广东、福建、浙江由于位处这些山脉的迎风坡，往往也是降雨最强的区域。降雨过多、洪水泛滥，使得这三个省在中国历史上，相对北方地区开发较晚。尽管在海洋时代，这三个省占据濒海优势，但在古代这并非有利的自然条件。

仔细分析中国的洪水高发地区，可以发现平原地区、河口三角洲由于地势平坦，经常遭受洪水侵害。这就是位处黄河中下游的华北平原，以及位处长江中下游的江汉平原、江南等地经常遭受洪灾的重要原因。

洪水的漫灌也造成了一个考古学上的困惑。史前时期的华北平原的腹心地带，找不到人类活动的城邑和聚落的遗址，在考古上几乎是一片空白，而在这空白区域的周边，却有很多人类活动的文化遗址。出现这种考古学空白的原因，就是在战国时代以前，黄河在流经华北平原注入渤海时，每逢汛期，河道都是呈现漫流状态。洪水奔流四溢，使得中华先民根本无法在华北平原核心的黄泛区生活，因此才会出现这种奇特的考古空白现象。

从长江流域来分析，地势低洼的湖泊平原周边，也是洪水高发地区。洞庭湖自 1949 年新中国成立以来，洪灾一直呈现高发态势。根据历史记录，洞庭湖平原从公元 276 年至 1524 年，大洪灾平均间隔为 80 年；从 1525 年至 1851 年，大洪灾平均间隔为 20 年；从 1852 年至 1970 年代，大洪灾平均间隔 5 年；进入 1980 年代后，洞庭湖平原的洪灾，甚至缩短至每 3 至 4 年就要发一次大水。

实际上，在魏晋南北朝以前，现在的洞庭湖地区，本来是河网化的沼泽平原，到了东晋南朝时，洞庭湖才最终形成。

南朝时期，洞庭湖的水域面积大概为 500 多平方公里，到了唐宋时期，已经发展至七八百里。从长江排入大量的水和沙，使得洞庭湖湖底不断淤高。在来水有增无减、湖底淤高的情况下，洞庭湖水面持续扩大，到了清朝道光时期达八九百里。鼎盛时期，预计洞庭湖的洪水面积可以达到 6000 多平方公里。可以说，洞庭湖的扩大过程，本身就是洪水泛滥的结果。

但进入近代以后，由于人口激增、长江上游开发和植被遭到严重破坏，使得长江倾泻进入洞庭湖的淤湖泥沙不断增多，洞庭湖水面逐渐缩小，到现在已经整体分割为几片湖区。另一方面，洞庭湖周边的大规模围湖造田不断进行。在自然和人类开发的双重影响下，洞庭湖的蓄洪能力不断下降，以致洪水发生频率越来越高。

3

作为影响洪水发生的第三个重要因素，水系特征也不可忽略。以黄河为例，其年均输沙量为 16 亿吨，最高时达到 33 亿吨。黄河的泥沙中，大概有 1/4 被输送入海；2/4 被堆积在山东东营利津以下的河口地区，平均每年造陆 38 平方公里；另外，黄河每年还有 1/4 约 4 亿吨的泥沙，被堆积在山东东营利津以上的河道里，使得黄河河床不断淤高成为悬河。

另一方面，黄河流域气候又相对干燥，年降水量只有 200 至 700 毫米。由于蒸发量高、径流量非常贫乏，并且降雨量在一年内分布极不均匀，大多集中在 6—9 月，且多为暴雨形式，往往在几天内就倾斜年内一半以上的降水，这些因素综合叠加，造成的结果就是黄河经常在雨季汛期泛滥成灾。

由于黄河流经的黄土高原地区土质松软，因此，即使没有人为大规模破坏森林，黄河中的泥沙也有 50% 以上来自黄土高原的自然流失。进入战国时代以后，人类的开垦活动加剧了黄土高原的植被破坏。在战国时期，黄河就已经有了"浊河"的名称。

汉代以后，黄河开始逐渐泛滥。两汉 400 多年间，黄河共决溢了 9 次，平均每 40 年 1 次。东汉的王景主持治理黄河以后，黄河相对稳定下来，而其最重要原因，是因为历史进入魏晋南北朝后，由于北方游牧民族南下、农耕活动减少，北方的森林植被得到了有利保护，这就使得黄河的泛滥概率降低。

但随着隋唐帝国的统一，中国人口不断增加、黄河中上游的森林植被也不断遭到破坏。唐朝 290 年的历史中（618—907 年），黄河共决溢 24 次，平均每 12 年 1 次，频率大大提高。

进入五代十国后，由于缺乏统一帝国的治理，加上战争频繁，黄河平均三年就发生一次河患。公元 946 年，黄河从夏六月至冬十月，更是每个月都发生决口，以致河南、河北各郡被淹死、饿死达数万人。

北宋 167 年历史中（960-1127 年），黄河更是有多达 66 年发生洪灾，平均每 2.5 年就决溢一次。

这种高泥沙、降水少且分布极不均匀的特性，也使得黄河出现了"善淤、善决、善徙"的特点，黄河由此经常成为改朝换代的助推力。隋朝末年，公元 607 年，山东、河南一带的黄河发生超级水灾，"漂没三十余郡"；到了 611 年，山东、河南再次大水，"漂没四十余郡，民相食，相卖为奴婢"；在隋朝灭亡前的公元 617 年，山东、河南再次大水，"死者日数万人"。

在黄河流域残酷的洪水打击下，人民蜂拥而起，在洪水泛滥的河南，瓦岗军趁势崛起，掀开了隋朝灭亡的序幕。

到了元朝末年，由于黄河频繁决溢，蒙古人以水利专家贾鲁为总指挥，发动几十万民工治理黄河。尽管贾鲁治理黄河尚称成功，但由于官吏在治河过程中不断敲诈勒索，致使民乱不断酝酿。当时，白莲教首领韩山童、刘福通等人，以"石人一只眼，挑动黄河天下反"的谶语集聚人心，并发起红巾军大起义。元朝在黄河水灾的"助力"下，最终在战乱中走向灭亡。

4

而中国洪水频发，在气候、地貌、水系特征三个自然因素之外，人为干预也是重要因素。

以开封城的没落为例。进入元、明、清三代后，三个朝代 641 年期间（1271—1911 年），黄河在开封境内的决溢就达到了 300 多次，其中共有几十次洪水袭城、7 次水淹开封城的记载。

在黄河的自然性泛滥摧毁之外，实际上，开封城遭遇的"人祸"也非常突出。早在公元前 225 年，秦国大将王贲攻打魏国，就曾扒开黄河水灌魏国都城大梁（今开封），以致大梁城水淹三个月，末代魏王不得不出城投降。

到了明朝末年的 1642 年，李自成在第三次围攻开封时，派出几万士兵，扒开了开封城附近的黄河马家口大堤，以致黄河直冲开封，城内 34 万人死绝，仅有 3 万人幸免于难。

在自然和人为干预的多重打击下，开封这座在北宋时期人口曾经高达百万的世界第一都市，到清代时人口锐减至乾隆十六年（1751 年）的 12 万人。此后，开封彻底没落，变为国内的三四线城市。

实际上，从宋代以来，人为因素的干预导致洪水频发的比重不断加大。例如 1127 年靖康之变北宋灭亡后，金人不断南下，为了阻挡金兵铁骑，1128 年，南宋军队在今河南滑县西南扒开黄河大堤"以水当兵"，由此导致黄河流入泗水，再次由泗水夺淮入海。

1128 年的这次人祸，并没有挡住金兵南下，相反，却造成了黄河下游的第四次大改道。

在这次宋朝军队扒开黄河大堤后，黄河形成了新旧两条河道，并在从黄河到淮河之间到处摆荡。由于这个位置刚好处于南宋与金国的对峙前线，因此宋金双方都无意堵塞决口，以致黄河在整个南宋时期，一直在北方呈现到处泛滥摆荡局面。

但人为因素赋予黄河流域的苦难并未终结。金哀宗天兴元年（1232 年），在蒙古人的一路追击下，金哀宗不得不南下逃到开封，随后又逃到距离开封仅仅 100 多公里远的归德（商丘）。

当时，金兵试图扒开黄河水淹蒙古军队，结果派出去扒堤的部队全军覆没。随后，蒙古军队一不做二不休，来了个将计就计想水淹归德，于是直接扒开了黄河大堤。没想到归德城地势高，黄河水竟然绕城而去，但泛滥的黄河，却给黄泛区造成了巨大伤害。

蒙古人扒开黄河两年后，公元 1234 年，趁着金朝危亡，南宋军队北上与蒙古人争夺中原。为了阻挡宋朝军队，蒙古人再次人为扒开黄河。这一次地点则选择在了距离开封城北仅仅 20 多里的寸金淀，这也造成了黄河历史上的第五次大改道。

从 1127 年到 1234 年，由宋人和蒙古人轮流共三次扒开黄河，导致黄河频繁大改道。此后，黄河的洪灾更加剧烈。明代历史共 276 年中（1368—1644 年），黄河就有 112 年曾经发生过洪灾。

到了清代时，黄河平均每 3 年就发生一次决口，在康熙初年更是几乎年年决口。1855 年，黄河在铜瓦厢决口改道，洪水波及河南、山东、直隶共 3 省 10 府 40 余州县，受灾面积近 3 万平方公里。由于没有堤防约束，此后洪水泛滥横流达 20 多年，泛流宽度达 200 多里，其中仅仅被洪水冲塌或淹浸的县城就有六七个，濮州、范县、齐东等县更是不得不迁城以避水患。

在气候、地貌、水系特征、人为因素的多重干扰下，中华帝国的洪灾不断发生、泛滥，这给我们的先民造成了深沉的苦难。但它促成了秦国的强大和中华帝国的一统，也间接导致了隋朝和元朝的灭亡，以及开封城的兴衰起落与沉沦。

在此之外，洪水也给中国带来了许多意想不到的收获。例如洪水的冲击，不断冲刷航道，使得长江、珠江成为优质的黄金航运水道。

另外，洪水也不断在为中国创造新陆地。中国有 10% 的国土面积，本质上都是千百万年来，洪水泛滥带来的泥沙冲击而成的洪泛平原地区。以华北平原为例，31 万平方公里的华北平原，其实就是黄河携带泥沙，千万年来冲刷积淀形成的。

根据统计，从 1954 年到 1982 年，黄河共为中国造陆达 1100 平方公里。在黄河出海的山东东营，黄河泥沙淤积而成的造陆运动，使得山东的海岸线每年都要外延 0.47 公里。进入 1980 年代后，由于来水量和泥沙冲击量减少，黄河造陆的成果也从每年 3 万亩退减至每年 1 万亩。但即使如此，在黄海出海口，得益于洪水和黄河的力量，中国的国土面积仍然在不断生长。

在长江出海口的上海，现今面积 1269 平方公里的崇明岛，在 1200 多年前的唐朝时，还只是一个刚冒出头的小沙洲。经过长江泥沙的不断冲击，如今崇明岛还在不断"长大"，预计再过 50 年时间，崇明岛将与长江北面的江苏南通连接起来。而其根本原因，就在于长江的水流，在不断地为中国塑造出新大陆。

总之，千百万年来，洪水一直在默默改写中国史。尤其是自大禹治水的四千年来，洪水对中华文明的影响和冲击，更是多重叠加、日甚一日。相信在中华民族有力的因势利导下，洪水和滚滚江河湖泊，终将逐渐变害为利，造福天下苍生。

犀牛的消亡：那些渐渐消失的生物

在一次狩猎中，竟然捕获到 71 头犀牛后，商朝某一位王在甲骨文中留下记载，为自己"辉煌"的猎捕成绩欢欣鼓舞。

那时候，在广袤的中原大地上，遍布着貘、犀牛、水鹿、亚洲象等各种如今仅在热带和亚热带地区才出现的动物。3000 多年前的商王和商人没有想到的是，他们在甲骨文中留下的，将是一场有关中国古代生态演变的物种哀歌。

1

在距今 5000 年前，中国的森林覆盖率高达 64% 左右。根据竺可桢等气候学家的测算，公元前 3000 年至公元前 1100 年的部落联盟和夏朝、商朝，中国整体处于温暖时期，北亚热带的北界，比现在要北移 2.5 个纬度，气温也要高出 2～3 摄氏度。

但气候每一次微小的波动，都将带给自然和历史以剧烈的震动。

大约从公元前 1100 年开始，历史进入到周朝后，中国气候再次转入寒冷期。这一次的小冰期蔓延了整个西周时期，前后延续 250 多年。对此，《古本竹书纪年》记载道，周孝王七年（公元前 903 年），"冬，大雨雹，牛马死，（长）江、汉（江）俱冻"。

随着气候转入寒冷期，中原地区的先人们发现，原来在河南等中原地带广泛存在的犀牛、大象等动物逐渐退出黄河流域，开始南迁。《吕氏春秋·古乐》和《孟子·滕文公下》将其表述为周武王"驱虎、豹、犀、象而远之"，但这些大型哺乳动物的南迁，实际上仅仅依靠人力是做不到的，其南迁的背景，是中国 5000 年文明史上第一个寒冷期的到来。

尽管从西周时期开始，黄河流域的犀牛和大象逐渐消失，然而在相对温暖、森林广袤的江淮流域，它们仍然广泛存在。因此先人们对于犀牛的南迁虽然不解，但也未过多关注。春秋战国时期的《左传》写道："牛则有皮，犀兕尚多。"

由于当时中国大地上广泛分布着犀牛，先秦时期用犀牛皮做成的犀牛甲，甚至成了南方的楚国和吴国的战争装备。屈原在《九歌·国殇》中写道："操吴戈兮被犀甲，车错毂兮短兵接。"当时，在楚国广阔的南方荆楚地区，"犀兕麋鹿满之"。吴越两国在争战过程中，双方拥有大规模配备犀牛甲的军队。据《吴越春秋》记载，在吴王夫差与越王勾践的决战中，"今夫差衣水犀甲者，十有三万人，不患其志行之少耻也，而患其众之不足"。

尽管史料记载存在夸张成分，但是犀牛甲在春秋战国时期的广泛普及，也由此可见一斑。而对阵吴国，越国的军队同样是身着犀牛甲："越王中分其师以为左右军，皆被兕甲又令安广之人，佩石碣之矢，张卢生之弩。"兕甲，就是犀牛甲。

2

对于中原地区的气候和物种变化，先秦时人也开始了敏锐的观察。孟子（约前372年—前289年）曾经追忆说，当尧之时，"草木畅茂，禽兽繁殖"。孟子身处的战国时期，中原地区的原始森林草地已经遭到了大规模开垦破坏，犀牛、大象等热带、亚热带动物逐渐消失，改而迁徙到了江淮流域和广阔的南方地区，而中华先民随着大自然和环境变迁而迁徙的脚步，也一直没有停歇。

甲骨文和先秦史料记载，夏朝和商朝时期，国都经常迁徙不定，史称夏后氏十迁，殷人（商人）也自称是"不常宁""不常厥邑"。其中最根本原因，主要是因为古人是游牧农业经济，每隔几年当地力减退，农作物产量就会严重下降，于是不得不迁至别处，另辟一片新耕地。

西周建国初期，由于地广人稀，开始大规模分封诸侯开疆拓土。到了东周初期，当时，郑国迁都到新郑（今河南新郑），郑人"斩之蓬蒿藜藋而共处之"。由于各个诸侯国之间存在广阔的旷野，因此郑国与宋国（位处今河南商丘之北）之间还有不少"隙地"。可见先秦时期各个诸侯国垦殖的范围不大，天然植被仍然保存完好。但是，到了战国初期，已经出现了"宋无长木"的情况。

随着铁器的广泛使用，加上各国竞相变法，发展农耕，鼓励垦荒，因此到了战国时期，今天的河南地区已经"无长木"，山东丘陵西路的泗水流域已"无林泽之饶"。而在今天的河北、山东、河南三省交界地带，早在战国时期，就出现了缺乏木材取火的问题。

先民对于森林植被的大规模破坏，带来的结果就是战国时期"黄河"的逐渐出现。

在先秦以及秦、西汉初期，古人对"黄河"都称为"河"，因为当时黄河水质清澈，并不存在大规模携带泥沙的问题。《诗经•伐檀》写道："坎坎伐檀兮，置之河之干兮。河水清且涟猗。"战国以前，黄河流域仍然拥有广袤的原始森林，先人在此砍伐檀树等大型乔木，"河水"的清澈水质更是成为古人诗歌的歌颂对象。然而到了战国后期，随着人类开垦、战争破坏，黄河中游的森林开始经历了第一次大规模破坏。

以泾河为例，到了战国后期泾河的含沙量已经很高。随着秦汉定都关中，日趋繁盛的人口活动和关中地区经营需要，使得大规模的毁林造田不断出现。于是，到了西汉中期，泾河更加浑浊，出现了"泾水一石，其泥数斗"的特点。作为黄河第一大支流渭河的支流，发源于河套平原、宁夏六盘山东麓的泾河水质变浊变差，是春秋战国时期人类剧烈活动影响的结果。在自身和各条支流大量泥沙的冲击下，到了战国后期，黄河开始被称为"浊河"，到了唐朝，"黄河"的名称开始固定下来。

起初，黄河在战国中期，也就是公元前4世纪以前流经河北平原入海，两岸并没有构筑堤防。从公元前4世纪，也就是战国中期开始，各个诸侯国在黄河下游建筑堤防，于是黄河河道逐渐固定。刚开始时，由于黄河下游地区人口稀少，两岸堤坝达到20000多米之宽，因此黄河在下游得以随意游荡，河道的蓄洪能力也较强。但随着下游地区人口的的不断增多，中华先民开始在黄河大堤内的河槽滩涂上进行垦殖，并不断压缩黄河堤坝，这就使得黄河下游的河床日益缩小，加上河身弯曲，使得下游迅速淤积增高，险情迭出。

于是，大自然对人类的报复开始了。

由于黄河中游的森林遭到大规模破坏，加上水土流失下河水泥沙含量过高，到了西汉时期，黄河出现了十次较大的决溢改道。这是黄河大规模泛滥的开始。

鉴于黄河的频繁决溢，东汉时期，公元69—70年，东汉政府动员了几十万军民，在王景的主持下，对黄河下游河道进行了全面整治。此后大约800年间，黄河下游河道出现了相对稳定的局面，没有发生较大改道。

但是人类治理黄河的过程，也在为下一次的灾害埋下隐患。

以汉武帝时期治理黄河为例，当时为了治河，汉武帝下令将黄河流域的河南淇县的大规模竹林砍伐，"下淇园之竹为楗"，"斩淇园之竹木塞决河"。到了东汉光武帝时期，汉军为了讨伐叛军，更是"伐淇园之竹为矢百余万……转以给军"。在治河和战争等人类活动的大规模破坏下，到了南北朝的北魏时期，河南淇县的大规模竹林已经消失。对此，北魏地理学家郦道元在《水经注》中感慨地说："今通望淇川，无复此物。"

尽管在春秋战国、秦汉时期，黄河流域的原始森林植被就遭到了大规模破坏，并在西汉和东汉初期造成了大规模洪涝灾害，但历史进入魏晋南北朝以后，由于北方游牧民族的大规模南下，并将黄河流域的大量耕地改为牧场，这就使得黄河流域的植被部分得到了恢复。随着水土流失的改善，黄河在称为乱世的魏晋南北朝时期，却出现了长期安流的局面。

但随着魏晋南北朝时期中国气候的转寒、变干，黄河流域的森林植被已经不可能恢复到战国以前的状况。

3

历史进入隋唐、五代和两宋后，中华先民的脚步再度北上西进。

在魏晋南北朝时期，由于北方游牧民族的南下，中国的农牧交界线一度南迁到黄河流域，随着隋、唐帝国的相继崛起，中原的农业民族再度北上西进，并将中国的农牧交界线再次挺进到了阴山一带。仅仅唐宪宗元和年间（806—820年），唐朝就在河套平原屯田达8800多顷，随后又在陕北、银川平原开设屯田，致使黄河中游的森林再次遭到大规模破坏。

在这种生态破坏的背景下，唐朝官员又开始流行在腰带上别一种犀牛带銙，这更是给江淮流域和广大南方地区的犀牛带来了灭顶之灾。中唐以后，中国广大南方地区已经很难见到犀牛。东南亚地区的国家在向大唐帝国进献贡物时，甚至将犀牛这一原本在中国广泛分布的大型动物当成了珍禽异兽进献。

著名诗人白居易（772—846年）曾经在《驯犀——感为政之难终也》诗中写道：

> 驯犀驯犀通天犀，躯貌骇人角骇鸡。
> 海蛮闻有明天子，驱犀乘传来万里。
> 一朝得谒大明宫，欢呼拜舞自论功。

由于不适应气候变化，这只原本生活在热带东南亚地区、被进贡到关中地区的犀牛，在几年后的唐德宗贞元年间（785—805年）死于长安的一个寒冬。

到了唐宣宗时期（846—859年），当时人在渠州（今四川渠县、大竹等地）捕捉到了一只犀牛。这只犀牛被特地送到了长安进贡。考虑到先前皇宫中的犀牛无法适应关中地区的气候、被冻死等先例，"虑伤物性"的唐宣宗后来下令将它"复放于渠州之野"。

犀牛在中华大地的日趋珍贵、潜藏的背景，是唐朝时期中国北方地区生态环境的日趋恶化。

以关中地区为例，隋唐定都长安带来的结果，就是到了盛唐时期，整个关中地区"高山绝壑，耒耜亦满……田尽而地"，森林遭到大规模破坏。唐玄宗时期，整个长安城周围，已经没有巨木可以供应采伐，以致伐木工人要从陕西长途跋涉到岚州（今山西省岚县北）、胜州（今内蒙古自治区准格尔旗东北）等地，才能取得营建宫室所用的巨木。

对此，唐朝诗人杜牧在讽刺秦朝的《阿房宫赋》中，指古也是话今地揭露出："蜀山兀，阿房出。"

4

在森林资源锐减的同时，关中地区的水资源也日益枯竭。昔日关中地区"八水绕长安"的生态环境逐渐消失，唐代末期，泾水、渭水、灞水等河流水流量越来越小，龙首渠、清明渠等人工渠道也相继干涸，到了北宋，"八水"中的滈水，水流量更是小到了可以蹚水过河的地步。

据统计，从唐宋开始，关中地区有关水清、涸竭、断流的记载共22次。其中，清代康熙二十二年（1683年）至雍正六年（1728年）的45年间，作为滋润长安重要的河流——渭河及其支流，有记载的断流，更是达六次之多。

水土流失越发严重，使得关中地区的自然灾害频率增大：有雨则洪水泛滥，无雨则干旱成灾。自唐朝武德七年（624年）至开元二十九年（741年）的100多年里，长安周边的京畿地区，共发生了20起大型自然灾害。其中有10次旱灾、7次水灾，以及3次蝗灾。

陕西省气象局根据史料记载进行统计发现，从公元前2世纪的秦朝开始，关中地区的水灾和旱灾，随着时间的推移越来越频繁，其中唐朝中期的公元8世纪，竟然发生了37次旱灾，平均每2.7年就发生一次。

而关中地区这种频发的自然灾害，也使得长安城，逐步进入一个生态崩溃的大环境。

唐朝中期以后，长安城周边关于"关中饥馑""关中旱涝相继""蝗灾，飞天蔽日""饥荒严重，路游饿殍，人相食"的记载越来越多。在此情况下，在先秦时期就因沃野千里而拥有"天府之国"美誉的关中平原，到唐朝中后期时，已经变成了"地迫而贫，土瘠民贫"的穷困之地。

大规模砍伐森林加剧水土流失，造成黄河含沙量日益增大，淤塞航道行船困难，这就使得从江淮地区向关中地区供应物资的漕运日益艰难。唐德宗贞元二年（786年），由于向长安运输粮食的漕运道路被藩镇阻隔，整个长安城陷入缺粮境地，以致禁军发生骚动。这时，刚好有3万斛米运到了长安周边，唐德宗听说后，几乎流下眼泪跟太子说："米已至陕，吾父子得生矣。"

但是，关中地区的生态恶化已经积重难返。

公元 907 年，军阀朱温在篡唐建立后梁后，将国都向东迁徙到了更加靠近江淮流域的洛阳和开封，此后，五代的后梁、后唐、后晋、后汉、后周的国都都是洛阳或开封。而中国首都从西向东迁徙的重要背景之一，正是关中地区生态环境的恶化。

进入两宋以后，由于北宋先后与西夏对峙，南宋又与金国对峙，关中地区作为战争前线受到了重大影响。当时，长安周边"畜产荡尽……十室九空"，最终沦落成为"壤地瘠薄""土旷人稀"的"恶地"。

后来，南宋时人李献甫在《长安行》中写下了那个业已衰落不堪的长安和关中平原：

> 长安大道无行人，黄尘不起生荆棘。
> 高山有峰不复险，大河有浪亦已平。

5

在关中地区生态急转直下之前，中国西部的陇右、河套平原、河西走廊生态也逐渐恶化。

历史记载，西汉时期，内蒙古阴山一带、河西走廊等地区还遍布着大规模的森林，然而到了三国时期，在长期的干旱和人为开垦等因素影响下，这些地方已经到处都是戈壁沙漠了。

以甘肃天水、陇西一带为例，西汉时期，那里"山多林木，民以板为室屋"。然而三四百年后，到了曹魏景元四年（263 年），当司马昭率军西征羌人时，灵州（今宁夏灵武县）等地已经是"北临沙漠"，而广大河套地区则从原来的水草丰美之地，变成了遍布戈壁沙漠之地了。

以乌兰布和沙漠为例，那里原本是位处今内蒙古河套平原西部的黄河冲积平原上的一片草原。在汉代魏晋南北朝以前，那里甚至还存在过一个大湖屠申泽。秦汉时期，中央政府为了抵御匈奴入侵，在河套平原大规模屯垦，东汉以后，由于匈奴南下，这些屯垦区陆续荒废，由于原来的草原植被遭到破坏，这就使得乌兰布和地区被耕作过的表土逐渐成为流沙，最终蔓延成为今天的乌兰布和沙漠。公元 10 世纪末，宋朝使节王延德出使高昌（今吐鲁番）途经乌兰布和地区，就看到这片原来的草原，已经"沙深三尺，马不能行，行者皆乘橐驼"。

在黄河中上游和中游地区的森林和草原、生态遭到大规模破坏的背景下，中国的政治、经济中心最终逐渐从黄河中上游和中游地区的关中、陇右、河套、河西地区，一路向东迁徙到了黄河下游地区。

而失去了中上游的森林和草原涵养，两岸水土流失日益加剧的黄河，在从东汉初期至隋朝大体平静约800年后，开始向中华先民发出了怒吼咆哮。

据统计，在两汉 400 多年间，黄河只决溢了 9 次，平均每 40 年 1 次；而在唐代290年的历史中，黄河共决溢24次，平均每12年1次，频率大大提高。

随着中国经济重心的逐渐南迁，北宋的首都也东迁到了黄河下游的开封，以便就近接收江淮地区的财赋。但黄河水土流失的严重，使得黄河下游地区的开封河段逐渐形成了地上悬河，比沿岸的村庄高出数米之多。从北宋中期的1048年开始，黄河中下游在几十年内频繁决口，每隔两三年就有一次大决口，每三四十年就发生一次大改道。这使得开封的生态环境日益遭受严峻考验。

在黄河自然的频繁决溢之外，在 1127 年、1232 年和 1234 年，南宋军队和蒙古军队又先后三次扒开了黄河大堤作为战争武器。而黄河在频繁决堤之后，还导致泛滥地区土壤沙化和盐碱化，这更加深刻地恶化了黄河下游的生态环境。

在此情况下，随着1127年靖康之变后北宋的灭亡，中国的政治中心在沿着黄河流域的长安—洛阳—开封等地，从西向东摆动迁徙两千多年后，以南宋立都临安（杭州）和元朝建都大都（北京）为标志，开始了此后1000年的南北波动。中国政治中心的西—东和南—北变迁，其背后，无疑是黄河流域和北方生态环境的日益恶化所冲击使然。

6

作为人类破坏生态环境的报应，天灾也在生态环境最为脆弱的黄土高原地区，率先撕开了口子。

明朝最后一任皇帝崇祯时期（1628-1644 年），在明末小冰期的气候灾害冲击下，17 年间全国共爆发了 14 次特大干旱，以致各地"饿殍遍野""人相食"的记载不绝于书。

崇祯二年（1629 年），籍贯陕北延安府的明朝官员马懋才在《备陈大饥疏》中，向崇祯皇帝专门陈述了陕北的天灾和饥荒情况。马懋才在上疏中讲了陕北地区"人相食"的惨状后说，当地百姓中，那些不甘饿死的人，开始铤而走险，相聚为盗。即便被官府抓获了，也不后悔，并且公开表示："死于饥与死于盗等耳！与其坐而饥死，何若为盗而死，犹得为饱鬼也。"

在此情况下，崇祯元年（1628 年），高迎祥首先率众在陕北起事。当时，明朝的正规军早期面对起义之众还能保持优势，但每当剿匪胜利在望，寒冷及其连带的饥荒，就会把陕西、河南等生态脆弱地区更多无路可走的百姓，推向起义军的阵容，形成"野火烧不尽"之势。

在 17 年间 14 次大旱灾的接连暴击下，原本生态环境就脆弱的北方，最终形成了起义烽火燎原的局势。到了 1644 年，李自成的农民军攻入北京，迫使崇祯皇帝上吊自尽，明朝灭亡。

考究这场明末的大规模干旱，北方地区本就脆弱的生态环境，在持续整整 17 年的重灾袭击下，陕北、河南等黄河流域社会物质基础的崩溃，无疑是酿就大规模起义的环境因素。

就在明朝灭亡前两年，1642 年，广州城外突然出现了一只老虎。而距离上一次广州城出现老虎，已经是 100 多年前的 1471 年的事了。或许是感触到了某种朝代哀亡的气氛，或许是国之将亡，其人也哀，在最终捕获到这只老虎后，广州城的居民却将这只老虎放生了。

没有人提到这次广州官民释放老虎的缘由，但或许冥冥之中，他们感受到了某种来自天意的力量，正如公元前 540 年，郑国名相子产所说："山川之神，则水旱疠疫之灾，于是乎崇之。日月星辰之神，则雪霜风雨之不时，于是乎崇之。"

在剧烈的天灾和国难中，乱世中的人们突然有了感悟，他们在面对大自然时流露出了脆弱、无力与敬畏感。

7

随着北方气候和生态环境的演化，在犀牛之后，大象在中国也开始不断南撤。

河南安阳殷墟中，曾经出土了大量大象的遗骨。甲骨文也记载商王在太行山南侧，曾经一次就捕获 7 只野象。但是随着西周时期黄河流域进入寒冷期，大象在黄河流域逐渐消失。南北朝以后，大象在淮南、江北地区逐渐消失，活动基本处于长江以南地区。

1127 年靖康之变后，中国人口继魏晋南北朝、安史之乱以后再次掀起了大规模的南迁浪潮，在此背景下，公元 931 年的五代十国时期，浙江衢州还有捕象的记载，但这已经接近大象分布的北界了。此后，中国大象分布的北界，进一步退却到了浙江温州、福建、广东等地。

当时，随着南方人口的迅速扩张，浙江等地的生态环境也遭受了大规模破坏。宋代时，浙江的会稽山区已经是"有山无木"。湖北竹山县到了乾隆年间更是"山尽开垦，物无所藏"。江西等地原本偏僻的武宁山谷地带，也是"遍乡开垦，万山童秃"。靠近南岭山脉的湖南桂东县，则是"生齿日繁，谋生者众，深山高陵种植杂粮，几无隙地"。

随着北方移民的不断南下，加上人口爆炸，长江以南各省几乎全部开垦。而逐渐南撤的大象，与人类的冲突也日益加剧。

早在北宋时期，文人彭乘就在《墨客挥犀》中记载道："（福建）漳州漳浦县地连（广东）潮阳，素多象，往往十数为群，然不为害。惟独象遇之逐人，踩践至骨肉摩碎乃止。盖独象乃众象中最犷悍者，不为群象所容，故遇之则害人。"

南宋理学家朱熹（1130—1200 年）在担任福建漳州知府时，由于人类垦殖日益侵入到了大象的领土，因此象群经常出来踩蹋庄稼报复人类。为此，朱熹特地写了《劝农文》，鼓励乡民捕杀野象："本州管内荒田颇多，盖缘官司有表寄之扰，象兽有踏食之患。是致人户不敢开垦……本州又已出榜劝谕人户杀象兽，约束官司不得追取牙齿蹄角。今更别立赏钱三十贯，如有人户杀得象者前来请赏，即时支给。"

在农民挺进、政府出资鼓励的捕杀下，到了宋元之际，大象在福建地区最终消失。

大象在浙江、福建等地消失的背后，则是中国人口的不断膨胀。

西汉平帝元始二年（公元 2 年），中国人口统计为 5959 万人；唐玄宗天宝十四载（755 年），人口统计为 5291 万人，考虑到人口逃逸等问题，人口学家估算当时中国人口已达 8000 万人；到了南宋光宗绍熙四年（1193年），南宋加上金国、西夏、大理等国，人口学家预测当时中国人口已破 1亿人。人口学家预测，经历宋末和元末的战乱后恢复，到了明朝末期，中国的实际人口也已突破了 1 亿。雍正元年（1723 年），清朝开始普遍推行"摊丁入亩"，正式取消实行了两千多年之久的人头税。此后，中国人口迅速爆炸，乾隆五十七年（1792 年）突破 3 亿，道光十四年（1834 年）更是突破 4 亿。

在中国人口大爆炸的背景下，到了 19 世纪初，残存在南方广东东莞地区的野象也唱响了最后的哀歌。当时，野象在广东东莞地区"每秋有群象食田禾"，乡民们开始持续捕杀野象。此后，广东有关野象的记载也最终消失，大象继续撤退到广西、云南，并最终仅残存于云南与缅甸等地边境地区。

而中国犀牛则在云南地区一直挣扎到了 20 世纪。据统计，在中国犀牛最后的岁月里，仅仅 1900 年至 1910 年，由云南等地官方、民间共同捕杀然后上供的犀牛角，就达到了 300 多支。1922 年，中国境内最后一头小独角犀（爪哇犀）被杀。至此，再也未见中国犀牛被捕杀的记录，与之随带的，则是犀牛这个物种在中国的最终灭绝。

历经 5000 年的文明开垦，中华先民从北向南步步挺进，最终将犀牛和大象逐渐逼入绝境。而在中国生态环境从北向南逐步恶化的过程中，华南虎等大型动物也步犀牛后尘最终灭绝。

在这场中华大地历时 5000 年的人与自然、人与动物相处的史诗旅程中，我们被气候、生态、灾荒、瘟疫、战争和人力等各种力量所裹挟，但时至今日，我们仍然不懂得大自然，不懂得敬畏。

宇宙星辰、山川日月、飞鸟鸣虫，我们，何去何从？

灾害与政治：历史进程中的蝗虫

在连续多年蝗灾之后，西晋永嘉四年（310年）五月，北方地区的幽（州）、并（州）、司（州）、冀（州）、秦（州）、雍（州）等广大地区再次"大蝗"。蝗虫不仅将沿途所过草木啃噬一空，而且连牛和马的毛发都全部吃光。

当时，在经历连续十六年的八王之乱（291—306年）后，整个西晋内部动荡，经济残破，士卒疲敝。而在北方，自从东汉末年以来"连年旱、蝗，赤地数千里，草木尽枯，人畜饥疫，死耗太半"的南匈奴人，也在间隔暴发、持续上百年之久的大规模旱灾、蝗灾之下，被迫不断南迁。

1

东汉初期，匈奴由于内部混乱分裂为南北两部，其中南匈奴归依东汉，南迁进入今天的山西北部等地，开始与汉人杂居。匈奴南迁的历史背景，则是东汉正处于历史气候上的温暖期。而暖热气候所催生的旱灾和蝗灾，使得整个东汉（25—220年）195年间共暴发了38次蝗灾，平均每5年就暴发一次。

旱灾、蝗灾相继而来，对于游牧部落无疑是具有摧毁性的。在旱蝗相继的历史背景下，早在汉灵帝熹平六年（177年），由于"夏四月，大旱，七州蝗"，游牧部落鲜卑人就不断南下"寇三边"。

旱灾与蝗灾推动着北方的游牧民族不断南下，而司马家族掌政的西晋，却仍然不断奴役境内的南匈奴等游牧部族。在这种情况下，永兴元年（304年），南匈奴贵族刘渊以"晋人无道、奴隶役我"的名义正式起兵，建立刘汉政权，揭开了永嘉之乱的序幕。

晋怀帝永嘉三年（309年），南匈奴两次进攻洛阳，均被西晋击退，但在连年的旱灾之后，永嘉四年（310年），广大北方再次暴发旱灾和蝗灾，在"牛马毛"都被蝗虫啃光，大规模饥荒、瘟疫蔓延的背景下，整个西晋社会进入到了崩溃的前夜；随后永嘉五年（311年），南匈奴军队于宁平城之战（今河南郸城）中全歼了晋朝最后的十万主力军，由于缺乏粮食，南匈奴军队甚至将部分晋人屠杀后直接吃掉"并食之"。

在这种残酷的蝗灾、人吃人和游牧民族攻杀下，西晋进入了总崩溃的前夜，宁平城之战后，南匈奴又趁势第三次进攻洛阳，最终破城俘虏晋怀帝，"杀王公士民三万余人"。

面对西晋首都洛阳沦陷的局面，整个西晋残留北方的军队"加亢旱灾蝗，士卒衰弱"，已经无力抵抗南匈奴的攻击。到了建兴四年（316年），北方再次暴发了大蝗灾，"夏四月，时大蝗，中山、常山尤甚。六月，河朔大蝗……并（州）冀（州）尤甚"，"河东平阳大蝗，民饿殍者十（之）五六"。

在大规模旱灾蝗灾连续侵袭的背景下，建兴四年（316年），南匈奴的刘曜攻破长安，俘虏晋愍帝，西晋灭亡，掀开了此后持续200多年的地狱乱世。

而在大历史隐藏的背景下，蝗虫与蝗灾，无疑是导致魏晋南北朝以及此后历朝历代大动荡的一个隐性因素。没有人注意到，那一只只小小的蝗虫，即将给中国历史带来的震撼冲击。

2

蝗虫，在全球共有10个亚种，其中在中国主要有东亚飞蝗、亚洲飞蝗和西藏飞蝗三个亚种，而中国北方主要出现的，则是东亚飞蝗。早在商代的甲骨文中，就出现了对于蝗灾的占卜，中国古文对于蝗虫也称为螽，又叫蝗螽，以其善飞，也称飞蝗，俗称麻札、马札、蚂蚱。

根据《左传》记载，春秋时代共294年间（公元前770年—前476年），仅鲁国就发生了16次蝗灾，例如公元前594年秋天，鲁国"螽。冬，蝝生。饥"。由于蝗灾导致的饥荒，在春秋时代就开始层出不穷，即使在短暂的秦朝（公元前221—前206年），蝗灾也经常侵袭中华帝国，"十月庚寅，蝗虫从东方来，蔽天"。

在中国历史上，水灾、旱灾、蝗灾并称为三大自然灾害，而在水、旱灾害之后，蝗灾经常相继而来。灾害学上，也把这种像"水旱蝗灾"一样时间上前后相继、因果关联而相继发生的灾害现象称作自然灾害链，简称灾害链。

根据著名昆虫学家邹树文统计，自公元前 722 年至公元 1908 年的2630 年间，中国有史记载的蝗灾共达 455 次，其中每 5.7 年就暴发一次。

对于这种蝗灾造成的巨大灾害，明代的徐光启在《农政全书》中就说，蝗灾的危害甚至比水灾旱灾还要残酷："凶饥之因有三：曰水、曰旱、曰蝗。地有高低，雨泽有偏被；水旱为灾，尚多幸免之处，惟旱极而蝗，数千里间草木皆尽，或牛马毛幡帜皆尽，其害尤惨过于水旱也。"

由于蝗虫喜欢生活在暖干气候，这就使得处于东亚季风影响下的黄河中下游、长江以北的江淮流域成为中国历代蝗灾的高发区。

以黄河流域为例，由于黄河中下游经常暴发洪灾，而黄河中下游所处的黄淮海平原地区又属于冲击平原，土壤主要为冲积壤土和细砂土，水灾后水不易积存，加上水灾后经常暴发旱灾，有适宜的温度和湿度，就这有利于蝗虫的生长；而蝗虫有迁飞的特性，整个黄淮海平原地形平坦，少山地阻挡，使得蝗灾发生后蝗虫更容易迁飞，受灾区域更容易扩大。

另外，作为中国最早开展农业的区域，黄河中下游地区自古农业发达，种植的作物以小麦为主，河滩又适合芦苇等植物生长，这些都是蝗虫喜爱的植物，种种条件组合在一起，使得中国北方的黄淮海平原等地最终成为蝗灾的高发区，而其中又以山东、河南、河北、山西、陕西一带的蝗灾最为高发。

在结束魏晋南北朝的大乱世后，中国的历史气候告别冰期，再次进入到了隋唐时期的暖热气候，在这种情况下，蝗灾再次进入了高发阶段，其中整个唐朝共 289 年间（618—907 年），就暴发了 42 次蝗灾，平均每 8.9年就暴发一次。

唐太宗贞观二年（628 年），唐朝陕西地区暴发了大规模的旱灾和蝗灾，为此李世民特地在长安皇宫中举行法事"禳蝗"，在祝文中李世民向上天祈祷说："人以谷为命，百姓有过，在予一人。但当食我，无害百姓。"

说完，李世民直接就抓了一只蝗虫吃掉，尽管史书对此称李世民吃下蝗虫后，"是岁蝗不为灾"，但事实上，从贞观二年到贞观四年（628—630年）整整三年间，整个唐帝国都处于严重的蝗灾袭扰下，此后，小蝗灾每隔几年，大蝗灾每隔几十年就暴发一次，蝗虫贯穿了整个唐朝的历史。

3

蝗灾为何频繁发生？对此，在缺乏科学的解释下，古人开始尝试将其解释为天谴。

汉武帝时期，关于"蝗大起""蝗从东方飞至敦煌"的记载不绝于书，也就是在这时候，提倡"天人感应"的儒生董仲舒就将其视为上苍的谴告："国家将有失道之败，而天乃先出灾害以谴告之；不知自省，又出怪异以警惧之；尚不知变，而伤败乃至。"

董仲舒之后，关于蝗灾乃是"天谴"的说法，开始在中华帝国的知识界和民间广为流传，各个社会阶层甚至将蝗虫敬拜为神虫或虫王，认为蝗虫不是人力可以战胜的，统治者应该"修德禳灾"，到了唐玄宗开元三年至四年（715—716年），唐帝国再次暴发了大规模蝗灾，当时有人主张应该灭蝗，但宰相卢怀慎却认为，蝗是天灾，大规模瘗埋会"杀虫太多，有伤和气"。连后来的大诗人白居易都天真地写诗说：

捕蝗捕蝗竟何利，徒使饥人重劳费。
一虫虽死百虫来，岂将人力竞天灾。

当时，民间普遍建立有八蜡庙和虫王庙祭祀蝗神。在山东大蝗的情况下，民众甚至"或于田旁焚香膜拜设祭而不敢杀"。面对这种从上到下的迂腐习气，另外一位宰相姚崇发怒了，他说："庸儒执文，不识通变！"

姚崇说，如果蝗灾不除，势必导致"苗稼总尽，人至相食"，为此，他坚决向唐玄宗请求灭蝗。他说，如果因为"救人杀虫，因缘致祸"，那么我姚崇就请求独自承受上苍的惩罚。在姚崇的力请下，唐玄宗最终下令灭蝗，连年的蝗灾带来了恶劣影响，灭蝗工作取得成功，从而为开元盛世的到来奠定了基础。

但总结唐朝的蝗灾治理可以发现，在国家清平乃至盛世之际，姚崇主张灭蝗遭遇到了传统势力和各个阶层的强力阻挠在古代科技落后的情况下，以唐玄宗时期的国力基础，当时的灭蝗也只是能做到"不至大饥"的程度。一旦国家动荡，或是陷入像西晋末期的乱世之中，则蝗灾也将加速一个王朝的灭亡。

而唐朝，同样也在蝗灾中，走向了末日。

安史之乱（755—763年）后，唐朝的蝗灾开始明显加剧，其中公元783—785年连续三年大蝗，836—841年连续六年大蝗，862—869年连续八年大蝗，875—878年连续四年大蝗，就在这种藩镇割据、政治治理失控、蝗灾四起的背景下，唐朝咸通九年（868年），由于唐朝政府财政拮据、压制士兵长期服役，长期在桂林戍守的徐州、泗州兵八百人因为超过役期不能返乡，随后发动兵变，并拥护庞勋为首领北归，这支叛变的军队在抵达淮北地区时，刚好碰上江淮流域连续多年蝗灾，加上当时再次水灾，"人人思乱，及庞勋反，附者六七万"。

由于水旱蝗灾并起，无数失去生存依托的灾民纷纷投靠庞勋的部队，使得庞勋的军队迅速扩张到了20万人，尽管遭遇唐朝和各路藩镇的强力镇压最终失败，但庞勋领导的桂林戍卒起义，也在蝗灾的助力下迅速扩散。

庞勋失败后，唐朝境内的蝗灾继续蔓延，到了乾符二年（875年），唐朝境内的蝗灾更是"自东而西，蔽日，所过赤地"，面对这种遍布整个帝国北部的大蝗灾，唐朝的官僚群体却忽悠唐僖宗说，蝗虫全部自己绝食，"皆抱荆棘而死"了，为此，当时几位宰相还向唐僖宗祝贺说这是上苍有灵。

面对当时大规模旱灾和蝗灾蔓延的局势，当时有百姓向唐朝的陕州观察使崔荛哭诉旱灾、蝗灾影响之巨，没想到崔荛却指着官署里的树叶说："此尚有叶，何旱之有？"然后将请求赈灾的百姓暴打一顿了事。

在这种大规模旱灾、蝗灾相继侵袭，唐朝整个官僚集团却从上到下不闻不问的情况下，"州县不以实闻，上下相蒙，百姓流殍，无所控诉"。唐帝国内部，人民开始"相聚为盗，所在蜂起"。

就在蝗灾肆虐的乾符二年（875年），王仙芝在蝗灾最为严重的濮州（今山东郓城）领导发起了一场为时三年之久的大规模农民起义，王仙芝在878年被杀后，他的余部又继续投靠黄巢。而黄巢大规模起事的这一年（乾符五年，公元878年），正是唐僖宗时期蝗灾最为严重的一年，对此，唐京西都统郑畋在其讨伐黄巢的檄文中就写道："近岁螟蝗作害，旱暵延灾，因令无赖之徒，遽起乱常。虽加讨逐，犹肆猖狂。"明确指出蝗灾正是直接激发王仙芝、黄巢起事的重大背景。

黄巢起兵后，由于他的军队多为灾荒流民，因此他的军队采取流动作战的方式，先后流窜进攻今天的山东、河南、安徽、浙江、江西、福建、广东、广西、湖南、湖北、陕西等广大地区，几乎纵贯了中国南北，此后一直到884年，黄巢之乱才被镇压下去，但唐王朝为此已彻底伤了根基。

黄巢之乱被平定后，蝗灾继续在唐朝内部肆虐，到了光启二年（886年），位处今天湖北、河南一带的地区更是发生大蝗灾，以致"米斗钱三千"，同年，荆、襄地区"人相食"。在这种残酷的自然灾害和民变的接连打击下，公元907年，原本为黄巢部将、后来投降唐朝的朱温兵变逼迫唐哀帝李柷禅位，唐朝最终在蝗灾等多重因素的交错打击下走向灭亡。

4

唐朝灭亡以后，蝗灾也以一种更加密集的方式，在中华大地上频繁暴发。

据邓云特《中国救荒史》统计，整个秦汉时期，蝗灾平均8.8年暴发一次，唐代为8.5年，两宋为3.5年，元代为1.6年，明、清两代均为2.8年。

北宋大中祥符九年（1016年），宋真宗有一天正在开封皇宫中吃饭，突然密密麻麻、遮天蔽日的蝗虫甚至飞过整座皇宫，以致天色为之变暗。

对于从唐代以后蝗灾越来越密集的原因，生物学家指出，从整体来说，中国古代的蝗灾基本都是北重南轻，但随着安史之乱以后南方的开发加快，南方地区的蝗灾也逐渐增多，从而在总数上增加了蝗灾的暴发密度。

例如江南地区在唐代以后开始出现稻麦复种技术，靖康之变（1127年）以后，随着宋室和大量北方民众的南迁，南宋政府为了解决大量北人南迁者的饮食需要，开始在广大南方地区鼓励推广种植小麦。以蝗虫的习性来说，蝗虫怕水，所以在水稻田中难以生长，但是在旱地的麦田里，一旦遇到旱灾则容易暴发。

到了明清时期，随着豆类、油菜、荞麦、粟等农作物在南方的广泛推广，尤其是地理大发现以后，从美洲引入的玉米、甘薯等作物，加快了江南山区旱地的的开发，这就为蝗虫的产卵和孵化、暴发提供了广泛的农业基础。

在蝗灾肆虐的背景下，南宋民众甚至将南宋初期的抗金名将刘琦推崇为驱蝗神。刘琦曾经在江淮地区一带治理蝗灾有功，后来在宋理宗时，南宋官方将刘琦封为"扬威侯天曹猛将之神"。此后，江淮民众开始广泛设立刘猛将军庙，而刘猛将军庙的分布，也反映了蝗灾在南宋时期开始在南方的频繁出现。

尽管在两宋时期蝗灾更加密集暴发，但两宋的灭蝗行动和财政支持，也使得蝗灾在宋代能得到大体控制，其中宋孝宗更是在淳熙九年（1182年）颁布了中国历史上第一部捕蝗法，并出资鼓励民众灭蝗，对于捕蝗和灭蝗不力的官员还要追责。

如同前面所述，西晋和唐朝的灭亡，也与当时的朝政紊乱、对于水旱蝗灾等自然灾害的无力处理或处理不力有重大关系，而这种自然灾害的冲击，也使得西晋和唐朝受到了后面的外族入侵和农民起义等更加严重的暴击，从而加速了朝代的灭亡。在这方面，元朝再次重蹈了历史的覆辙。

据史书记载，元朝从中统三年（1262年，当时南宋还未灭亡），到至正二十五年（1365年）共103年间，共有66年发生蝗灾，其中每1.56年就暴发一次蝗灾，频率之密，也使得百姓长期处于艰难困苦之中。

就在元朝灭亡前九年的至正十九年（1359年），当时元朝内部从南到北更是有数十个州县同时发生蝗灾，史书记载，当时到处"皆蝗，食禾稼草木俱尽，所至蔽日，碍人马不能行，填坑堑皆盈。饥民扑蝗以为食，或曝干而积之，又罄则人相食"。

尽管蝗灾已经到了导致百姓"人相食"的地步，但信仰"天命主义"的元朝统治阶层却放任蝗灾不管不顾，与此前汉人持大概相同的"天谴说"，认为蝗灾是上天对逆民的惩罚。而元顺帝除了颁布下罪己诏，企图祈求上苍"消灾避难"外，基本没有什么救灾举措，这就使得各地更加烽烟四起，最终导致明军于 1368 年攻克大都（北京），蒙古人最终仓惶北遁，元朝由此灭亡。

5

而明朝最后的灭亡，也与蝗灾息息相关。

在明朝总共 276 年历史中（1368—1644 年），有记录的蝗灾共 71 次，平均每 3.8 年爆发一次，尽管从总数上看，明朝蝗灾的暴发密度似乎比元朝略低，但是引人注目的是，明代的蝗灾很突出的特点，就是连年暴发。其中延续三年及以上的蝗灾共计有 23 次，占蝗灾暴发总数 32.39%，将近三分之一。

明朝末年，有关蝗灾连年暴发的记录更是频繁，其中万历四十三年（1615年）至万历四十七年（1619 年），崇祯十年（1637 年）至崇祯十四年（1641年），暴发了两次连续五年以上的特大蝗灾。连年频发的蝗灾，即将成为压垮大明帝国的最后一根稻草。

在蝗灾连年暴发的背后，则是明朝末代皇帝崇祯执政的 17 年间（1628—1644 年），大明帝国内部连续发生了 14 次特大干旱，以致各地"饿殍遍野""人相食"的记载不绝于书。农民起义首先在环境生态最为脆弱、受灾最为严重的陕北地区爆发，当时陕北地区的百姓普遍观点就是："死于饥与死于盗等耳！与其坐而饥死，何若为盗而死，犹得为饱鬼也！"

农民起义在蝗灾最为严重的陕北首先暴发后，先是高迎祥在 1636 年被明军名将孙传庭所杀。到了 1637 年，李自成也被洪承畴、孙传庭统率的明军击溃，以致李自成只能带着刘宗敏等残部 17 人，躲到陕西东南的商洛山中逃生。由于明军强悍，以致李自成一度在山中娶妻生子，想着逃亡度日。

但历史和蝗灾再次给了李自成机会。

1640 年，千年一遇的大旱灾和大蝗灾袭击了整个大明帝国，以致帝国北部从东到西到处饿殍遍野，"两畿、山东、河南、山陕旱、蝗，人相食"。侥幸不死的李自成又趁着明军主力进入四川追缴张献忠之际，趁机进入河南募兵。由于当时整个中原地区到处是千年奇旱和蝗虫啃噬，生计无着的老百姓于是蜂拥跟着李自成起事，"远近饥民荷锄而往，应之者如流水，日夜不绝，一呼百万，而其势燎原不可扑"，从而使得三年前只剩下 17 人逃亡的李自成得以迅速东山再起。

在手下文人的谋划下，李自成提出了"均田免赋"和"迎闯王，不纳粮"等口号，并在攻陷洛阳等地后开仓赈灾，迅速赢得了民心。

与此同时，在明末小冰期的袭击下，北方的女真（满人）为了度过荒年，也不断南下进攻明朝以掳掠人口、土地和财宝，在内外双重夹击下，加上明王朝内部的水旱蝗灾又引发了更大规模的饥荒和瘟疫，这就使得明朝在内外交困中，逐渐走上了灭亡之路。

到了明朝灭亡这一年（1644 年），史书记载，蝗灾继续在中原大地上肆虐："河南飞蝗食民间小儿。每一阵来，如猛雨毒箭，环抱人而蚕食之，顷刻皮肉俱尽。"

在蝗灾猛烈到蝗虫无以为食、开始吃人的时候，崇祯皇帝走上了煤山，抛出了结束他生命的绳索。一部浩瀚的中国蝗灾史，至此也达到了巅峰。

而蝗起蝗落之间写着的，分明是帝国兴衰之路。

· ·
·

第八章

地理与格局

· ·
·

山河故人，莫失莫忘

论考试大省，必须有它的名字

历史上有个叫王定保的人。他是南昌人，在公元 900 年，即唐朝灭亡前的第七个年头，考中了进士，随后到南方去做官。

时值唐朝末世，王定保一路碰到数起农民起义，只好跑到广州避难，在节度使刘隐门下做幕客。

刘隐死后，他的弟弟称帝，建立南汉国，成为五代十国中"十国"之一。王定保时来运转，一路高升，做到宰相（同平章事），可谓位极人臣。

晚年，王定保潜心写作，写下了著名的《唐摭言》。其中关于唐代科举情况的记载尤其详细，是后世研究科举的必读书目。在书中，这名唐代进士出身的南汉国宰相，美美地感慨一句：

缙绅虽位极人臣，不由进士者，终不为美。

此后，帝国的高官们，如果不是进士出身，不仅自己觉得人生有缺憾，别人看他也会觉得少了点什么。就像现在的官员，做到了一定级别，也想拿个博士文凭。这种社会心理，原来是有历史传统的。

已故史学大家何炳棣称，科举是帝国成功的阶梯，是阶层流动的通道。

当做官越来越注重出身的时候，考中进士，逐渐成为当上高官的必要条件。

这个时候，"你是哪里人"这件先天注定的事，就变得很重要了。

一个人的命运，当然要靠自我奋斗，但也要考虑历史的进程。你要在对的时候，生在对的地方，人生的路，可能也会越走越宽。

1

科举制度开始于隋朝，被唐朝继承并发扬光大。

不像宋代以后有"科举名录"一样的档案簿，唐代没有科举及第的完整名单。

在目前已知的极不完整的数据中，唐代籍贯可知的科举及第者有648人。其中，关内道159人，河南道151人，河北道132人，进士人数位居前三。

唐代考科举最牛的地方，都是典型的北方中原地区，主要包括现在的陕西、河南、河北、山东这几个省份。这几个地方，产生了接近全国70%的进士。

你要是穿越过去，千万别傻盯着东南沿海或长江流域一带。记住那时候的政治、经济、文化中心都在北方黄河流域一带。

唐朝很长一段时间内，实行双首都制：西京长安和神都洛阳。这两个地方，正是最出科举人才的关内道和河南道的核心。原因无他，举国科举的政策照顾和教育资源，都集中在那里。

长安所在的京兆府选送的举子，前十名被称为"等第"，坐等及第。据王定保说，十人中最后被安排中科举的，至少七八人。

如果哪一年礼部不给面子，多让其中几个落榜，京兆尹（首都市长）就要发飙，给礼部写文书抗议，让考官好好解释为什么要让首都的考生落榜，这到底是什么意思！

这种权力优势，是外地州府不可能有的。

洛阳则主要得益于武则天统治时期。当时，武则天将洛阳当作实际首都，在洛阳、长安分别开考，录取进士，而洛阳的录取名额竟是长安的三倍。

一直到安史之乱后十余年，776年，洛阳的科举才被停掉。但已为洛阳乃至河南道的举子，提供了诸多便利。

唐代的科举公平性不如人意，基本是政治本位决定录取名额。

唐文宗太和二年（828年），礼部侍郎崔郾被任命为科举主考官。

一堆官员跑到崔郾家，向他推荐自己的门生。大名士吴武陵拿着《阿房宫赋》，向崔郾力荐杜牧："此人不当状元，谁能当？"

崔郾面露难色，说今年的状元名额早被预定了，只能给杜牧安排个第五名。

有背景，很重要。

2

到了晚唐，王定保出生的江南道（包括今浙江、福建、江西、湖南，以及江苏、安徽、湖北之长江以南、四川东南部等地）在科举上开始冒头。

原因是，安史之乱后，北方中原地区战乱频繁，传统的经济发达地区饱受摧残，人口日益向南方迁徙。这样此消彼长，南方就开始崛起，无论经济还是教育，水平都上了一个台阶。

韩愈曾说，大唐的财赋来源，十分之九来自江南。

如果王定保早生个一两百年，估计进士的头衔就一辈子跟他无缘了，只能感叹自己，官做得再大，"终不为美"。

所以说，人生的成功，还是很得道于天时、地理、人和。

跟唐朝科举爱开后门、政策照顾明显等做法不同，宋朝科举一开始就讲究公平，考卷不仅要糊名，还要专人誊录，避免考官认字迹打分。

科举真正成为平民阶层上升的通道，始于宋朝。

宋太宗在位期间，宰相李昉的儿子李宗谔、参知政事吕蒙正的堂弟吕蒙亨、盐铁使王明的儿子王扶均，这三个人在同一届科举中都考中了进士。

殿试时，宋太宗发现了他们的名字，直接拍板说："势家不宜与孤寒竞进。"意思是，你们这些官二代，就别跟寒门子弟抢了。

于是，这三个人的名次全让给了寒门子弟。

没背景，比有背景还重要。

统计显示，整个宋代，布衣出身的进士占了一半以上。

但是，宋朝科举有新的问题：南方人太能考了，导致北方人心理很不平衡，双方为此吵闹不休。

最著名的一次，是山西人司马光和江西人欧阳修为科举录取方法是否公平大吵了一架。

司马光说，北方有的路（相当于现在的省）几十年来竟然连一个考上进士的人都没有，可见全国一张卷统一录取这种做法看似公平，实则太不公平，应该按照人口比例给各路分配名额，逐路录取。

欧阳修很不认同司马光的说法，他争论说，科举都是匿名考试，中榜后才知道籍贯，这么公平的制度去哪里找？北方进士少，只能说明北方人书没读好，说明不了其他问题。国家考试选进士，一定要在全国范围内把最好的人才选出来，而不要搞成地区间的"分猪肉"。

双方的理论，各有道理。

但最终决定政策走向的，是政治斗争的胜利者。

在同为江西人的王安石主持变法期间，科举沿袭了全国统一录取的做法；到王安石变法失败后，司马光上位，就开始试行"分省录取"。

即便如此，整个北宋期间，南方人将九成进士收入囊中，北方进士仅占10%左右。南宋时期，因为北方基本沦陷，95%以上的进士都来自南方地区。

从具体省份来看，福建、浙江、江西三省的进士人数高居全国前三。

根据《福建通志》记载，宋代福建进士共7043名，排名全国第一。这个数字是什么概念？

两宋共有进士28933名（有籍贯者），算下来，福建一省就占了全国的四分之一左右。而且，比位居第二的浙江，整整多了2000多名进士，形势不是小好，是一片大好。

时人不无夸张地说："龙门一半在闽川。"福建人绝对是当时全国最能考的。

何炳棣分析说，两宋时期，尤其是南宋，比较南面的省份受益于远离宋金边界，免受战争侵扰，经济与文化也更加稳定发展。浙江、江西和福建，因此崛起。

在12、13世纪，由于早熟稻的推广、海上贸易的繁荣以及如朱熹那样的大学者的移入，福建一下子成为文化先进的省份。

3

三十年河东，三十年河西，谁家祖上没阔过？

但北方人不得不面对一个残酷的史实：唐代以后，在科举之路上，最阔的永远是南方省份。

风水轮流转，只是转到南方哪个省的问题。

元代常被称为文化的荒漠，不过，史学家发现，江西当时是全国书院最多的省份。这些书院为江西保留了无数的读书种子。

江西在宋代，其实文化已很昌盛，人才辈出。唐宋八大家中，宋代占六位，其中三位是江西人：欧阳修、王安石和曾巩。换句话说，11 世纪的中国，执文坛牛耳的有两个：一个是苏轼他们家，另一个就是江西人。

在科举上，宋代的江西，排名仅次于福建和浙江，稳居前三。

明朝开国后的前 100 年，江西凭借这些文化积累迅速崛起，并超越闽浙两省，成为全国最能考的省份。

尤其是赣江中游的吉安府，在明初 100 年间产生了 426 个进士，以及 33 个巍科人物（特指会试第一名和殿试前四名）。这两个数据，分别占全国同一时期的 1/12 和 1/4。

在 1400 年和 1404 年连续两次科举殿试中，共有一甲进士 6 名，吉安人包办了 5 名。真的是全国科举看江西，江西科举看吉安。

整个明代的科举，可以分三段看：前面 100 年，最能考的是江西人；中间 100 多年，浙江人发力，比江西人还能考；最后四五十年，江苏逐渐取代浙江。

综合下来，明代全部 24800 多名进士中，产生进士最多的三个省份是：浙江 3697 人，江西 3114 人，江苏 2977 人。

有来自福建的朋友问了：两宋最能考的福建人，这时去哪了？

明代福建以 2374 名进士，排全国第四。总数是比前三名省份弱一些，但不是弱在考试能力，而是弱在人口总数。

明代福建的人口仅有 170 多万，比起动辄五六百万人口的浙江、江西、江苏，显然吃了大亏。所以，如果按人均进士数计算，福建人依然是全国最牛的。这个省每万人平均拥有进士 13.26 人，是浙江的两倍，江西的 2.85 倍，堪称一骑绝尘，无人能敌。

对于整个帝国而言，老问题又来了：人才都出自东南，其他地方的人还有什么奔头？

早在明初，朱元璋就意识到这个问题。这名开国皇帝是南方人，这逼迫他必须向北方士子释放更大的诚意，从而凝聚整个帝国。

洪武三十年（1397年）三月，会试放榜，考上的51名进士全部是南方人，无一北方人。

北方士子群情激愤，高喊有黑幕，联名向朝廷状告主考官刘三吾，说刘三吾是南方人，所以偏心。

这件事惊动了皇帝。

为了有效收买北方人心，朱元璋诛杀了新科状元，并亲自出题阅卷，增补了61个进士。这61人，全部是北方人。

此后，明朝的科举制度迎来重大改革。

大约从1425年起，明朝会试开始试行"南北卷"制度，针对南北方分别录取进士，比例为"南六北四"，即南方占60%，北方占40%。

后来，又增加了中卷，把全国划分为南、北、中三个区域，分别录取进士。比例为南卷55%、北卷35%、中卷10%。

这项改革影响深远，直到康熙五十一年（1712年）实行分省录取制度，"南北卷"制度才最终被废除。

4

明代历时两百多年未能破解的南北人才失衡问题，到清代，总算得到了较为妥善的解决。

1712年，已经做了51年皇帝的康熙，突然意识到"南北卷"制度虽然可以相对调和南北方的人才结构，但无法解决省份之间的人才比例问题。

他说，我观察这些年来的进士录取名单，有的省进士很多，有的省进士很少，这不科学，以后干脆"按省取中"好了。

所谓"按省取中"，原型来自北宋司马光的"逐路取士"，跟我们现在高考制度中的分省录取基本一致。

简单来说，就是按照每个省的大小、人口多寡，分配每个省的举人名额。比如，浙江、江西都分到了94名，以后这两个省每届录取举人就都是94人，再由这 94 人去参加国考（会试），按一定的比例录取进士。

这种录取方式，对文化欠发达省份是一个极大的利好。

举个极端的例子，在实施分省录取制度前，甘肃连一个进士都没有，实施后，甘肃一共出了 200 多名进士。

但对科举大省则不是好事。分省录取最大限度地把考试竞争压缩到了省内，你一个省中举名额就那么多，考生都很强的话，竞争肯定就很激烈了。

不过，经过这轮制度调整，清代进士的南北分布，相比明代均衡多了。

在清代总计 26800 多名进士中，排名前四的省份及其中举人数，分别如下：江苏 2933 人，浙江 2803 人，河北 2707 人，山东 2249 人。

两个南方省，两个北方省，是不是比明代前四都是南方省看起来舒服一点？

因为进士名额基本都是按省分配，这个时候单凭一个省的进士数来判定这个省的人能不能考，已经不太准确。

更为准确的数据，要看巍科人物的分布。

从理论上讲，殿试的名次是中举者完全自由竞争后分出高下的，这才能代表全国的水平。

清代产生巍科人物 539 人，排名前四的省份及其人数，分别如下：江苏 169 人，浙江 125 人，安徽 41 人，河北 38 人。

可以看出，无论是进士人数，还是巍科人物，江苏人都是当之无愧的全国"考霸"。

早在清初，翰林院里几个文人闲聊，大家谈起家乡的土特产，说来说去无非山珍海味、象牙犀角。轮到苏州人汪琬，他慢吞吞地说："苏州特产状元。"举座瞠目结舌。

后来的历史证明，汪琬真没吹牛，清代 114 个状元中，有 24 个苏州人，占比超过 1/5。

江苏和浙江，这两个最典型的江南省份，清代一共出了 69 个状元（江苏 49 个，浙江 20 个），占了全国的一半多。这对于全国，尤其是北方，形成了智商上的降维打击。

有时候连皇帝都看不下去，要出手干预，平衡一下。

1750 年的殿试，内推第一名是江苏人赵翼，第二名是浙江人胡高望，第三名是陕西人王杰。乾隆一看，问左右：国朝至今，陕西出过状元吗？大臣们说，还没有。

乾隆说，从今天开始就有。

说完，把王杰从第三名调到第一名。在乾隆看来，江苏、浙江的状元已经够多了。

苏浙两省为什么能在最后一个科举朝代独占鳌头？

说起来，科举在清代已经进入了拼资本的阶段——拼经济资本，拼文化资本。经济发达的江南地区，有能力搞文化建设，形成良好的教育氛围。

就单个家庭而言，也相对更有钱让孩子多读书，多买书，多请名师。再不济也有家族互助组织帮忙，上义学，送路费。

学者沈登苗说，"在科举时代，有否真正的资格应试，主要取决于父、祖辈的经济条件；能否在场屋中胜出，大多靠的是本人的禀赋与后天的努力。实力——经济实力与自身智力决定人们在科举道路上能走多远"。

事实证明，阶层流动的大门，越到帝国晚期，关得越紧。

宋代超过一半进士出身平民，明代这一数据减至47%，清代继续下降至37%。到了晚清，进士基本被官宦子弟垄断了。

5

帝制时代，科举实行了1200多年。每个时代，最能考的人都来自不同省份——唐代：陕西人；宋代：福建人；明代：浙江人；清代：江苏人。

唐宋之际，进士人数有一个南北易位的过程，此后，北方人再也没撼动南方人在科举上的优势。

历史上考试最强的南方三省，恰好集中于东南沿海，且随着时间推移，有一个由南往北越来越强的过程。

就历史进程而言，除了个人努力，每个时代，科举的终极决定力量也不一样。

唐代：陕西人胜出，主要靠地理区位＋政治优势；宋代：福建人胜出，主要是赶上北方普遍沦陷＋科举平民时代到来；明清两代：浙江人和江苏人胜出，主要靠经济资本 + 文化资本。

可见，影响科举的主要因素中，政治因素有一个由强到弱的过程，与此相反，经济因素则有一个由弱到强的过程。

最后闲扯几句。

江西科举在宋明两代，尤其是明初的 100 年，有过闪耀全国的表现。这得益于北方士人南迁，江西靠近水路和相对中央的位置，对他们形成了吸引力，成为其最早的落脚点。

江西由此成为南方最早跨入文化发达省份的一个。

文化南传，由此兴盛。

福建科举在明清之际的相对没落，跟郑成功长期割据东南沿海，与清政府对抗，导致福建战乱、人口内迁、贸易中断有关。

等到清军完成征服，东南的贸易中心已南移到了广州。在拼资本的时代，经济比不上江浙的福建，科举能力自然也就退化了。

科举时代最后的赢家——江苏和浙江两省在经济与文化上的绝对优势地位，延续至今。

长三角迄今仍是中国相当有活力的经济圈，而这个区域的城市化水平、高等教育水平、经济辐射能力，均有目共睹。

一项关于中国两院院士籍贯分布的统计显示，1955 年至 2017 年，江苏籍院士共 463 人，浙江籍院士共 395 人，远远高出其他省份（第三名，山东籍院士仅 157 人）。

从某种程度上讲，这是长三角地区自明代以来重视科举、发展教育的当代福报。

为什么说"再苦不能苦孩子，再穷不能穷教育"，这或许就是最好的答案了！

中国的"侠气"大省，如今深藏不露

想想看，如果你身边有一个河北朋友，他／她是不是这个样子的：对朋友很好，讲义气，但有时有点狡黠；做人大气，喜欢武术，但学习也不会差，有学霸潜质；通常为人老实厚道，但被逼上绝路就会突然爆发……

很多对立甚至矛盾的品格，都可以在一个河北人的身上找到，而且往往统一得恰到好处，并不突兀。

你不会因此而觉得这个人很做作，相反，你会觉得他／她特别真实，特别可爱，值得深交。

心理学家荣格提出过"集体无意识"的概念，一个种族或群体在不同的文化环境中，积累起无意识的深层结构，千百年沉淀下来，无形中提供了思维、行为的预先模式。

我们要了解一个河北人的"双面性"，就要穿越历史的时空，去聆听遥远的回响：燕赵大地的"集体无意识"，到底是怎样形成的？

1

如同齐鲁之于山东，三晋之于山西，吴越之于江浙，荆楚之于两湖，河北的古称是"燕赵"。

不仅是一个个地理名词的沿用，春秋战国实际上塑造了我们的文化与人格，影响至今，形成了集体无意识。

而燕赵文化，给予河北一地的识别度是最高的。一提燕赵，必想到"慷慨悲歌"，这正是独属于河北人的精神结构。

河北的地理范围，大致以燕山、太行山、黄河、渤海四面为界。今天的人们很难理解这片地域在历史上面临的情境。用史书的说法，这片地域是"地边胡，数被寇"，抵在农牧分界线的最前沿，时常要面临农耕与游牧两种文明的冲突和战争。

这种冲突和战争，贯穿着河北的整个历史进程。最早可以追溯到炎黄之战，传说中游牧的黄帝族与农耕的炎帝族曾在阪泉之野（可能位于今河北涿鹿县东南）大战。一直延续到了清入主中原，作为政治的象征，康熙在承德建了避暑山庄和木兰围场，文明的冲突才以君临天下的融合姿态，展示给世人。

春秋战国时期，现在的河北地域主要有燕、赵两国。此外，还有一个神秘的中山国，据说是狄人建立的王国，很顽强，两次被灭，又两次复国。最终被赵武灵王主政时期的赵国所灭，归入赵国领土。

燕和赵，在当时并非我们所想象的一体化，实际上两国的分野和差异还比较明显。

燕国的历史比赵国早得多，当赵国从三家分晋中突围出来立国之时，燕国已经至少存在了 600 年。但燕国在整个西周和春秋几乎默默无闻，始终处于一种逼仄、局促、卑弱的境地，由此形成后人所说的"苦寒文化"。

等到燕国开始逆袭，时间已进入战国中后期。燕昭王在位时，招贤纳士，吊死问孤，与百姓同甘共苦。经过 28 年的韬光养晦，燕国国力大增。

战国乱世，任何形式的卧薪尝胆，都是为了扩张或复仇。燕昭王最终任命原中山国人乐毅为上将军，借助五国之兵，合力攻打齐国——为了报当年齐国破燕之仇。齐国大败，几乎亡国，燕国由此让天下震动，刮目相看。

但燕昭王死后，燕国迅速走下坡路。再次被历史铭记，已经是亡国前夕，燕太子丹和荆轲的出场了。

当秦赵战事结束以后，秦军兵临易水，燕国危在旦夕。燕太子丹想到的救国之策，是刺杀秦王。由此，他物色到了荆轲。接下来的故事，我们很熟悉了，"风萧萧兮易水寒，壮士一去兮不复还"，既是燕国的一曲挽歌，也是燕人的精神底色。

赵国源于三家分晋，国家重心从晋阳（今山西太原）移到邯郸（今河北邯郸），从以山西为主体到以河北为主体，经过了一个相对较长的时段。

赵国位于四战之地，周边都是强邻，既面临诸侯国之间的兼并战争，还面临游牧民族的冲击。神奇的中山国，甚至嵌入赵国的腹心。

赵武灵王在位时，为了解除国家的威胁进行了轰轰烈烈的胡服骑射改革。在夷夏之防观念十分浓重的时代，能够主动向游牧民族学习，其魄力可想而知。这次改革不仅改变了赵国的命运，也开启了燕赵大地在与游牧民族对抗同时的另一扇窗户——民族融合。

经过改革，赵武灵王灭掉了中山国，消除了心腹之患。中山国当时是仅次于战国七雄的强国，从此却消弭于历史之中。

赵国最强大之时，是统一中国的大热门。时人说，东方诸国均以赵国马首是瞻，而西方秦国最畏惧的也是赵国。

赵国在崛起狂飙的进程中，始终以开放、包容、进取和尚武为国民精神，由此构建起赵人好气任侠的文化性格。赵人的豪侠和刚烈，在整个战国无出其右。即便是女性，亦不让须眉。战国初期，赵襄子宴请姐夫代王，席间暗杀了代王，并兴兵吞并代国。赵襄子的姐姐听闻消息，哭声震天，随后磨笄自刺而死。

与燕国的苦寒文化相比，赵国的民风偏享受类型，追求富贵，放荡冶游。在司马迁《史记》中，赵国都城邯郸冶铁业发达，出现了行业巨富，商业繁华一时。赵国女子则以美色闻名各诸侯国，"设形容，揳鸣琴，揄长袂，蹑利屣，目挑心招，出不远千里，不择老少者，奔富厚也"。

佳人和奇士的组合，成为赵人任侠勇武的两个方面。

燕赵的文化性格差异，经过秦始皇的疆域大一统和汉武帝的思想大一统两个时期，逐渐形成一个整体，在历史上被统一标识为慷慨悲歌的历史情结。

2

当历史进入大一统时期，燕赵慷慨悲歌背后的任侠勇武精神，就面临着二元断裂的结构：来自燕赵大地的游侠与刺客，游走在法律规训之外，进一步是正义的担当，但更进一步则可能背负违法犯禁的骂名。

在司马迁《史记》的讲述中，侠是一种行为模式，或者说做人的准则，与武艺高低没有关系。著名的荆轲刺秦故事中，我们知道荆轲行刺失败了，但没有人否认他是一个伟大的侠，时人只是惋惜荆轲平时不习刺剑之术。

任务执行失败而不影响其名声的案例，燕赵大地还发生过另一起。

在赵氏说服韩、魏两家倒戈，三家联手灭掉智氏家族、瓜分晋国之后，赵襄子漆智伯的头作为酒器。晋国人豫让原本是智伯的门客，被尊为国士。智氏被灭族后，豫让立志杀赵襄子，为智伯复仇。

他一次化装为犯人，混入赵国宫室打扫厕所，伺机刺杀；另一次以漆涂身，装成癞疮，吞下火炭，自哑嗓音，潜伏在赵襄子要经过的桥下，进行刺杀。但两次刺杀都失败了。

豫让遂恳请赵襄子把衣服脱下来，让他象征性地刺穿，以完成复仇的心愿。赵襄子满足了他的要求。在拔剑连刺赵襄子的衣服三次后，豫让伏剑自杀。

在这个故事中，士为知己者死，豫让之名千古流传。

但恐怕也只有在赵国，在这片推崇复仇与任侠精神的土地上，遇见了赵襄子这样的人物，才能成全豫让的名声。在两次被刺杀之后，赵襄子竟然会为豫让的执着而感动流泪，并称他为"义人"。

因为，知恩图报的侠客文化，本身就是燕赵大地推崇的基本精神。

根据历史学者的分析，燕赵大地的生存环境相对艰苦，而这种相对恶劣的生态环境，除了使当地民众易于养成一种抗拒来自自然威胁的心态和能力之外，也易于形成一种滴水之恩当涌泉相报的价值认同。

西汉刘向《说苑》记载了一个"桑下饿人"的故事，说的是赵国先祖、晋国卿大夫赵盾有一次赶路，看见一棵桑树下有个饿倒在地的人，赵盾停下车，让人给他喂食，还给了他肉干和钱财。两年后，晋灵公想杀赵盾，中间杀出一个人，让赵盾先走，并自报家门说自己就是当年饿倒在桑树下的那个人。说完，返身与追兵搏斗而死，赵盾由此得以活命。

在这种得一饭则活、失一饭则死的艰苦环境中，人们常常为报一饭之恩而不惜舍弃生命，进而形成了任侠尚义的民风。

不过，这种只图报恩、不问是非的风气，也很容易被扭曲。特别是当社会的价值体系崩溃之后，会激发暴戾和违法行为。这并不符合大一统时代的秩序规训。在汉武帝以后，几乎没有一个当权者会像赵襄子那样，去推崇一个谋刺自己的侠客义士。

只是，源于燕赵大地的任侠之风还根深蒂固地塑造着河北人的双面性，至今犹然。

当代诗人芒克曾追忆他在白洋淀的知青生活，说那个地方民风强悍，"这些人物中少不了也包括草莽英雄和打家劫舍的贼人一类，但大都还算是保家卫国和杀富济贫的好汉"。

3

燕赵大地的神奇之处还在于，她养育出来的侠客与好汉并不是简单的武人，像我们所理解的四肢发达、头脑简单那种。她的土壤可以培育出儒与侠、文与武高度契合的君子。

战国法家代表人物韩非子出于迎合君主集权的需要，把威胁君主集权国家的五种势力称为"五蠹"。首当其冲的两种势力就是"儒"和"侠"，"儒以文乱法，侠以武犯禁"。但这两种势力（或者说品性），恰恰是燕赵地域有别于其他地方的基因。

战国末期赵国人荀子在儒家思想的形成过程中，属于一个特立独行的人物：在孔子已经构建了"知天命"的重要性之后，荀子却破天荒地主张人定胜天；在孟子的性善论流行之时，荀子却主张性恶论……

荀子的思想不同于当时儒家的道德理想主义，他重构了一个社会批判的观念体系，因而被后世称为"儒家中的游侠"。

荀子是燕赵任侠文化熏陶出来的大儒，而他的思想也反哺了此后两千多年的燕赵大地。

后世的邵雍、孙奇逢、颜元等燕赵儒林人物，大多在精神气质上继承了荀子侠客式的勇气和独立，"上不依附君主，中不苟同士林，下不媚俗民众，沉静而勇敢地阐述、践行着自己独特的思想和行为准则"。

荀子以后，儒学的传承在燕赵几乎未曾中断。即便是在魏晋南北朝时期，当时的玄学、佛学大兴，儒学最为式微，但在燕赵，儒学却依然兴盛。史书记载说，燕赵一带"士务经学，不崇佛老"。长期生活在燕赵的颜之推在《颜氏家训》中告诫子孙，千万不能放弃读圣贤书。

虽然南北朝乱世，北方由异族统治，但燕赵的学统一直通过世家豪族进行传承，并进而影响了外来统治者，使其被逐步同化。

从汉武帝开始，历朝历代基本都扼杀了侠客的生存空间。但在燕赵，豪侠作为一种精神逐渐与士人阶层合流，从而形成独特的圣贤—豪侠人格。

往上追溯，燕赵士人的这种人格气质，可以追溯到战国时的赵国名相蔺相如。在完璧归赵、渑池会盟等经典历史事件中，面对强邻秦国，这名赵国外交官不按常理出牌，而是以死相逼——不是要与玉璧共碎，就是要在五步之内血溅秦王。但是，当赵国大将廉颇羞辱他的时候，蔺相如为了国家利益，又能忍辱负重。大丈夫能屈能伸，莫过于此。

梁启超在《中国之武士道》一书中，赞叹蔺相如相赵折秦的豪侠行为，称他既是圣贤，又是豪杰。

圣贤豪杰合二为一的人格，在燕赵人看来才是完美的人格。清初直隶（今河北）蠡县人、颜李学派集大成者李塨就直接说："圣贤英雄，原是一人，绝非后世迂阔腐儒所得假冒！"

晚清名臣曾国藩做过直隶总督，对燕赵士人有过直接的接触和观察。在《劝学篇示直隶士子》中，他说："前史称燕赵慷慨悲歌，敢于急人之难，盖有豪侠之风。余观直隶先正，若杨忠愍（杨继盛）、赵忠毅（赵南星）、鹿忠节（鹿善继）、孙征君（孙奇逢）诸贤，其后所诣各殊，其初皆于豪侠为近。即今日士林，亦多刚而不摇，质而好义，犹有豪侠之遗。"

曾国藩认为，"慷慨悲歌"属于一方民性，尚未入于圣人之道，但与圣人之道也相距不远，加以改造，就可以入于圣人之道。

4

实际上，燕赵文化性格在漫长的历史中逐步积淀成型，但并非一成不变。特别是在元代以后，燕赵境内的北京一跃而成为大一统王朝的都城，由此开启了帝都文化对燕赵文化的反向渗透。

北京之外的古燕赵文化圈，基本上是元明清三代京畿重地的核心区域。

到了清代，这里更是全国唯一的直隶省，地位独一无二。

然而，直隶的重要性不代表资源的倾斜和照顾，而意味着付出、牺牲与悲情。

当帝国的都城位于长安—洛阳—开封一线时，燕赵大地直接抵在农耕与游牧的交界前沿，成为战略要地，人民的生活难以得到保障，负担和压力也比其他地方大。

而当帝国的都城位于北京时，这里成了天子脚下之地，又必须承担起为帝都服务的职能，疏解帝国自然灾害，承受政治博弈影响。这里的人们在王朝秩序的规训下，渐渐收敛起任侠尚义之气，民风一点点平淡下去。隐忍负重、老实忠厚的性格，由此渐居上风，一段时间内成为直隶人的主要文化性格。

但隐忍老实犹如显性基因，刻于表面；任侠尚义犹如隐性基因，深藏其内。

只有当变异发生，河北人隐藏的品格才会流露出来——从燕赵时代传承下来的战斗精神才能得以彰显。这就是历经数百年在天子脚下经受皇权规训，但每逢变乱之时，河北人的气魄和伟力总能在历史上留下浓墨重彩的一笔的原因。

> 秋色冷并刀，一派酸风卷怒涛。并马三河年少客，粗豪，皂栎林中醉射雕。
> 残酒忆荆高，燕赵悲歌事未消。忆昨车声寒易水，今朝，慷慨还过豫让桥。
>
> ——陈维崧《南乡子·邢州道上作》

当朝廷出了大奸臣，河北就出了"硬汉"杨继盛；当朝代更替、江山易手，河北就出了传奇义士孙奇逢；当维新事业受阻，河北就出了大刀王五；当时代在探索新路，河北就出了李大钊；当国家遭遇入侵，河北就出了喜峰口长城抗战，出了狼牙山五壮士，出了骨头越打越硬的英雄……

燕赵多慷慨悲歌之士，历经两千多年的时光，你以为豪侠—圣贤已经成为历史的化石，殊不知它却化作一股侠气，潜藏成了河北人的精神底色：一种在外力冲击下就能随时爆发的集体无意识。

如今，人们喜欢调侃广东一个省像三个省，却不知河北一个省像一个国，堪称中国历史的缩小版，从古至今的文明都镌刻在这片土地上。

在中国的传统观念中，一直存在着农耕文明和游牧文明的对峙，这两种文化，仿若有着天然的圈层壁垒。但事实上，任何两种事物之间，都没有鲜明的分界线，哪怕是长城，也不是一道文明意义上的分界线（长城内外，两种文明的交汇与冲突时有发生）。河北一直徘徊在这条线上，是两种文明的角力场，也是两种文明互相消化的胃。

现在的河北，北部的承德和张家口部分地区，仍有浓厚的游牧文明气息。坝上草原、木兰围场和避暑山庄，昭示着历史上文明之间的整合。

而河北中部、南部，则是中原农耕文明最经典的组成部分。邯郸更是举国罕见的两千多年来未曾改名的城市，这或许也是文化稳定性的一个隐喻。

近代以后，海洋文明兴起，河北又站立在了外来文明冲击和吸纳的第一线。秦皇岛、唐山和沧州，均位于环渤海地区，从秦皇东巡、魏武挥鞭到近代工业崛起、海上航运兴盛，历史与现实总在某些时刻光影交错。

> 邯郸城南游侠子，自矜生长邯郸里。
> 千场纵博家仍富，几度报仇身不死。
> 宅中歌笑日纷纷，门外车马常如云。
> 未知肝胆向谁是，令人却忆平原君。
> 君不见今人交态薄，黄金用尽还疏索。
> 以兹感激辞旧游，更于时事无所求。
> 且与少年饮美酒，往来射猎西山头。
>
> ——高适《邯郸少年行》

如果你的身边有一个河北朋友，请珍惜他：从历史的经验来看，升平年月，他一定是深藏不露，即便负重前行，也隐忍无言；但到了危难时刻，他也一定会恢复慷慨悲歌的历史心性，彰显出豪侠圣贤的精神底色，挺身而出，震动天下。

这个省份：有着无法磨灭的辉煌过往

1930年，美国人预判中国的下一任总统是一个山西人。

当年5月出版的《时代》周刊封面，是"山西王"阎锡山的照片。美国人评论他是一名"和平军阀"。

但几个月后，中原大战以浙江人蒋介石的胜利告终，以阎锡山为首的反蒋联盟遁逃。阎锡山的总统预期，变成黄粱一梦。只是不管时局如何变幻，他依然紧紧控制着山西一省的地盘。

从1911年底太原起义爆发，28岁的革命青年被推举为山西都督起，直到1949年败走台湾为止，在波诡云谲的民国政局中，阎锡山竟然独霸山西长达38年。

任凭各种军阀势力旋起旋灭，民国总统轮换如走马灯一般，只有阎锡山做成了混乱年代的"不倒翁"。而他治下的山西，因为实行"保境安民"政策，少动荡而有秩序，一度成为全国瞩目的"模范省"。

阎锡山能把民国山西省经营成半独立状态，主要得益于该省的独特地理环境。

在地图上看整个山西，西面，黄河撞上吕梁山后转头南下，形成秦、晋两省的天然分界线；黄河出壶口，下龙门，在武侠迷心中颇有知名度的风陵渡口左拐向东流，于山西南面形成晋、豫两省的大致界线；东面，则有"天下之脊"太行山构成全省的屏障。

这种以山河天险为保护圈层的地形，被专门称为"表里山河"。《左传》中有言："战而捷，必得诸侯。若其不捷，表里山河，必无害也。"这是晋国大夫子犯劝晋文公跟楚国干架的一句话，你尽管跟他们开打好了，不用害怕，哪怕打输了，退回咱们这山河相间的家乡便是了。言外之意，我们这半封闭的地理环境，易守难攻，楚国人打不进来。

一句简单的说辞，却成为漫长历史长河中，山西人独立而自傲的底气来源，直至两千多年后的阎锡山时代依然如此。

山河环抱之间，山西的"母亲河"汾河自北而南贯穿全省，冲刷出省内中部一片片细长的平原和盆地。

山西人就世世代代生活在这里！

1

网上有一句话颇为流行：四十年看深圳，百年看上海，千年看北京，三千年看陕西，五千年看山西。

这说的是中国文明的发达次序和生成链条。在这个链条中，山西处于最顶端。虽然念起来朗朗上口，但因为涉及华夏文明起源地的争议，很多人对此类似是而非的概括并不认同。

考古学界普遍认同，华夏文明是多点生发、融合铸就的，呈满天星斗状，并不源于一时一地。即便是传统的"中原中心说"，执此观念者也常常为了这个"中心"到底是河洛（今属河南）、关中（今属陕西）抑或河东（今属山西）而争议不休。在确凿的考古证据出现之前，这样的争议肯定还会一直延续下去。

站在客观的角度，我们说，河东地区（山西西南部，今运城、临汾一带）是华夏文明的发源地之一，这是没有问题的。根据古史记载，传说中上古时代的三位圣王——尧舜禹分别建都汾河下游的平阳（今临汾）、蒲坂（今运城永济）、安邑（今运城夏县）。

今天临汾市襄汾县一带的陶寺遗址，被一些考古学家考证为4500年前的尧都；陶寺文明约500年后，华夏文明的核心才跨过黄河来到河南，诞生了二里头文化。由此证明，汾河下游的河东地区是中原文明的起点。

若真是如此，那只能说，老天对山西的恩赐特别厚重——人口和文明最早在河东聚集，不是因为别的，仅仅因为那里有一处天然的盐池。

现代人对于盐的获取太过容易，已经无法理解这种生活必需品在古代的稀缺程度。人类历史有很长的时段，人们都在四处寻找和争夺盐，以至于在国家形态出现后，盐业顺理成章就成为国家垄断的产业。

河东乃至整个山西的文明起点，便源于天然形成的运城盐湖——世界三大硫酸钠型内陆盐湖之一。

在历史传说中，中国最早的战争就是黄帝、炎帝、蚩尤三大部落为了争夺这里的食盐资源而进行的。尧舜禹三代定都于此附近，也是为了方便获取和保护盐池。

运城这座城市，便是因"盐运之城"而得名。

西汉史学家司马迁写《史记》，指出三河（河东、河南、河内三郡）是"天下之中"，"土地小狭，民人众"。可见，依托盐池之利，秦汉时期的河东仍为中国最发达的三大地区之一。这里的人也由于擅长经商而闻名，这一名声，到了明清崛起的晋商商帮而达至巅峰。

公元195年，东汉末年，落魄的汉献帝逃到了河东。河东太守拿出粮食，才让可怜的皇帝饱餐了一顿。

当时，袁绍和曹操的谋臣都看到了人在河东的汉献帝身上的价值，分别提议自己的主公迎奉皇帝到各自的地盘上。财大气粗的袁绍"不从"，而实力偏弱的曹操则迎汉献帝定都于许昌，从此打出"挟天子以令不臣"的名号，取得巨大的政治优势，实现了逆袭。河东则以背景式的嵌入，悄悄改变了中国历史的进程。

类似影响历史进程的时刻，河东没少参与，或以其地介入历史，或以其人创造历史。

从汉到唐，河东地区藏龙卧虎。史载，名臣宿将多出于河东。单以西汉来说，周亚夫、卫青、霍去病、霍光……这些超一线人物，都是河东人。

神奇的河东裴氏家族，从汉末到五代，整整兴盛了八百年。用史书上的话说，叫"自秦汉以来，历六朝而兴，至隋唐而盛极，五代以后，余芳而存"。仅唐朝290年，河东裴氏就走出了17个宰相，《新唐书·宰相世系表》中，将河东裴氏列在了第一位。

到了明朝，山西有两样"东西"最出名——移民和商帮，深刻改写了帝国历史。而山西移民和晋商，最具代表性的出处还是河东地区。

元末明初，山西因半封闭的地理环境而受战乱影响有限，继续保持了经济和人口的优势。当时山西有人口逾 400 万，相当于河南、河北两省的总和。在此情况下，从洪武到永乐年间，朝廷为了恢复其他省份的经济和人口，推行大规模的"移民垦荒"政策。50 年时间内，山西被强制性往外移民 18 次，迁出人口逾百万。

这是一段带着血泪的移民史。临汾下属的洪洞县，作为山西向外移民的一个重要中转站，日后连带着大槐树的形象，成为移民及其后代的集体记忆。

走出去的山西人，遍布北京、河北、山东、河南、安徽、江苏、湖北等 18 个省。这些移民的后代，又继续辗转迁徙南方各地，乃至港澳台和海外，数百年来，早已遍布世界各地。

如今，从寻根问祖的意义上来说，大半个中国的人都可能来自山西。而洪洞县则成为中华民族移民记忆中的原乡。

明朝晋商的崛起，同样源于山西人口膨胀后出现的人地比矛盾。

地少人多，逼得农民要脱离土地，另寻活路。恰好明朝实行"开中法"，鼓励商人运输粮食到"九边"重镇解决边塞军士的后勤问题，朝廷则以盐引回报这些商人。得到盐引后，商人们可到指定的盐场和地区贩盐，由此进入国家专营的、暴利的盐业市场。

"九边"重镇包括大同、太原等镇，山西人近水楼台，遂捷足先登，成为开中法最早的受益者。

不过，考察当时晋商最密集的地区，并不是更靠近边镇的山西中部或北部，而是位于山西南部的平阳（今临汾）、泽州（今晋城）和潞安（今长治）等地。晚明人王士性《广志绎》里说："平阳泽潞，豪商大贾甲天下，非数十万不称富。"

晋商为什么大量来自山西南部呢？

其实道理很简单，因为山西的盐产区运城就在山西南部啊。

所以说，从传说中的炎黄到历史中的明清，在漫长的历史时期里，运城盐湖之于山西的意义，就像是近代以后煤炭之于山西的意义。资源对山西的馈赠与影响，如出一辙。

到了清代，晋商的商业帝国已经很庞大了，不再局限于盐业，而是扩展到茶马互市、金银铜铁、绸缎布匹、皮货药材，甚至操控了金融领域；贸易范围也不局限于国内，而是开拓了蒙古、俄罗斯、日本、新加坡等"国际贸易"路线。特别是带有银行属性的票号的崛起，使得山西被誉为"中国的华尔街"。

当然，这一切的繁华之后，如今仅剩下商业故事和深宅大院供人们缅怀而已。一群财大气粗的商人，盛极而衰的宿命，像极了山西的历史曲线。

2

如果说晋南的运城、临汾书写了一部华夏文明史，那么，晋北的大同、忻州、朔州则蕴藏着一部民族融合史。

闻名于世的雁门关（今属忻州市代县），是中原农耕文明抵御草原游牧民族的第一道屏障。雁门关之外，大同盆地门户大开，这里是两种文明相互攻伐和客观融合的最前线。

以辽阔的草原作为背景来看，山西的历史意义就如同海洋时代广东的意义。而晋北直接抵在农耕文明与游牧文明冲突融合的第一线，尤其是大同，其地位可类比于海洋时代的广州。

在秦汉帝国横空出世的同时，在北方草原上，雄才大略的冒顿单于也快速建立起南起阴山、北抵贝加尔湖、东达辽河、西逾葱岭的强大匈奴帝国。

汉匈冲突，是秦汉时期外战的主线。

汉高祖刘邦曾亲率大军北上欲破匈奴，却在山西遭遇"白登之围"，只能屈辱求和。白登山，今名马铺山，位于大同城东约5公里处。

汉武帝登基后，首先在山西擂响出击匈奴的战鼓，改和亲为战争，演绎了卫青、霍去病北伐匈奴的悲壮史诗。

秦汉帝国衰落后，中原笼罩于分裂的阴霾之下，直到西晋完成短暂的统一。这一时期，文明冲突的主线融入了统一与分裂的暗线，而这条暗线的起点与终点，均在山西。

公元4世纪初，山西境内的匈奴酋长刘渊率先造西晋的反。刘渊死后，他的儿子刘聪先后攻克洛阳和长安，两度俘虏西晋皇帝，灭了西晋，由此拉开长达 100 多年的五胡十六国各据一方的大幕。

乱世始于山西，也止于山西。

结束黄河流域乱战局面的，也是一个以山西为根据地的少数民族——鲜卑拓跋部。趁着中原大乱，鲜卑拓跋部从内蒙古向南扩张，占领雁北地区（山西北部），建立代国，后被前秦所灭。前秦瓦解后，386 年拓跋部复建代国，改国号为魏，史称北魏。

398 年，北魏迁都平城（今大同）。历经数十年的征战，到 439 年，北魏终于统一了黄河流域，为持续 100 多年的五胡十六国割据历史画上了句号。

在北魏孝文帝迁都洛阳之前，平城无疑是北魏的中心，也是整个北方的中心。

到了五代时期，山西再次演绎少数民族建国称霸的传奇。这一次是沙陀族，只是中心从大同南移到了太原而已。

明代为了抵御蒙古，设九边重镇，大同是其中最繁华的一个。明人谢肇淛在《五杂俎》中说："九边如大同，其繁华富庶不下江南。"这时的大同还以美女如云出名，"大同婆娘"号称九边"三绝"之一。而大同繁华的原因，在于它的位置，平时屯有重兵，刺激了消费。与蒙古修好的年代，则一变而成为边境贸易的重镇。

清代以后，帝国北疆大大北推之后，大同也就失去了交会融合的地位，日趋没落。

大同的起落兴衰，实际上也是山西的一个缩影。

从华夏文明的源头，一路蜕变为边关重镇，整个山西在历史长河中不断被边缘化。然而，如我在前面所说，一旦抛开传统的中原中心观，那么，山西在长达两千年的农耕—游牧文明交融历史中，扮演了无可替代的桥头堡角色。

美国汉学家白鲁恂曾说过："中国不是一个民族国家体系内的国族。中国是一个伪装成国家的文明。"这句话的意思是说，用"国家"概念来理解中国显得太狭隘了，中国的本质是一种文明类型，具有无限的柔韧性、伸展性和连续性，其同化能力，更是古今无敌。当与中国同步生发的世界其他古文明都消失无痕的时候，只有中国这一文明类型好好地存续到现在。山西无疑是这种文明类型的一个极佳切入口。

是的，山西就是中华民族构建与形成的一个大熔炉。

3

作为表里山河的中心，太原堪称是一个缩小版的山西。这座城市的地形和命运，本身就是山西的写照。

地处山西核心地带的太原，山河围城，易守难攻，退可自给自足，独霸一方，进可出兵四方，称霸中国。历史上进退成败的案例，在这里反复上演。

第一个发现太原价值的人，叫赵鞅。赵鞅的名字知道的人不多，但说起他的祖父恐怕就如雷贯耳了——"赵氏孤儿"赵武。

赵氏家族的振兴，赵鞅起了非常重要的作用。作为晋国的大政治家，他一眼相中太原，遂命人在晋水之北筑起坚城，取名晋阳。赵鞅临终前告诫子孙，晋阳将是家族足以凭恃的资本。

赵鞅死后20多年，晋国"四大家族"内讧，智伯联合韩、魏，三家攻赵，赵鞅的儿子赵无恤死守晋阳城。三家围晋阳，一年多都打不下来，足见太原的地形之优越。

公元前453年，智伯决定引晋水围灌晋阳城，赵无恤赶紧派人潜出游说韩、魏，陈述"唇亡齿寒"的道理。由此，韩、魏两家倒戈，与赵结盟。智伯被杀，晋阳解围，赵、韩、魏"三家分晋"。

"三家分晋"是中国历史上具有划时代意义的事件，标志着春秋以来诸侯争霸终结，七雄兼并的战国时代从此拉开大幕。而太原则是这一事件中，静默无声的见证者。

战国七雄，山西有其三。赵、魏、韩三晋的首都，初期都设在山西，赵国自然也定都晋阳长达70多年。中期以后，三晋才分别迁都前往河北、河南的平原地区。

太原自古是兵家必争之地。前面讲到北朝的中心城市是大同，后来，大同的地位被太原取代。534年左右，北魏宫廷政变，两大权臣家族——高欢和宇文泰分别建立东、西魏。其中，东魏建都邺城，但真正的政治中心并不在邺城，而在晋阳。高欢常驻晋阳，遥控东魏朝政。继起的北齐，六个皇帝有五个或即位或崩亡于晋阳。可见，"别都"晋阳才是这一时期的政治军事核心所在。

隋唐300年，太原以其重要的地缘区位，一直是全国仅次于长安和洛阳的第三政治中心。隋末，太原留守李渊趁机起兵太原，南下龙门渡河，入关中建立大唐。太原因此成为大唐的龙兴之地。

武则天是并州文水（今山西文水）人。她执政后，将太原升格为国之北都。有学者认为，武则天出于家乡情结，通过设置北都的方式来提升家乡的地位。

到了天宝元年（742年），唐玄宗将北都进一步升格为北京。

这都是太原历史上最为高光的时刻。

但太原影响历史进程的方式还不止于此。如同整个山西是历史上不安分的地方，战乱分裂年代，山西一定会冒头，左右大局。太原正是这种山河特性的写照。

唐朝中期以后，沙陀族进入山西。代北沙陀军是当时最为雄劲的部队。凭借这支劲旅，沙陀人在中原所向披靡。五代时期，有三个朝代——后唐、后晋和后汉，都是以太原为根据地的沙陀人建立的。这三个朝代建立的路径也几乎一模一样，开国者都是前朝的太原留守、河东节度使，以山西为根据地侵夺黄河流域，从而演出改朝换代的剧本。

这一时期的山西，处在古代中国政治地缘的黄金时期，太原俨然是中原皇室的龙兴福地。

北宋立国后，赵匡胤、赵光义两任皇帝数次亲征，派大军攻打自后周以来割据山西的北汉政权，每每兵临晋阳城下，却都以失败告终。甚至用残酷的办法，水灌晋阳，晋阳城依旧岿然不动。

晋阳成为北宋统一大业中最后的堡垒，直到979年才被拿下。北汉（951—979年）奇迹般地整整存在了28年，这让读历史的人隐约看到千年后阎锡山独霸山西的身影。

鉴于隋唐五代以来，太原出过太多真龙天子，虽然赵光义最终攻破晋阳城，但午夜梦回难免被这座名副其实的"龙城"所惊醒。

有这样一个传说：赵光义找高人算了一卦，高人说太原一地就是一条蟠龙，系舟山是"龙角"，龙山、天龙山为"龙尾"，太原处在蟠龙的中心，凝聚了王者之气，所以真龙天子常常出现在这里。赵光义又恐又怒，遂下令火烧晋阳城。烧完，还不放心，又下旨引汾河水淹没了晋阳城废墟。他要彻底断掉晋阳城的王气。

毁掉晋阳城后，赵光义下令在其地东北 40 里处重建太原城，在新城大量修建丁字大街，以示钉住龙脉，防止再次从这里诞生真龙天子。

果然，宋朝之后，太原再也没有孕育出新的王朝。

金元时期，山西也不再以军事武力著称，而是变成了经济文化中心。据统计，在已弄清姓名的 61 位金代状元中，查明籍贯的有 46 名，其中，山西省有 17 名，约占 46 名的 37%。元曲是可与汉赋、唐诗、宋词媲美的"一代之文学"，在元曲四大家中，山西籍就有关汉卿、白朴、郑光祖三人。

当农耕文明与游牧文明融合之时，山西无需承担边防重镇的功能，经济文化就迎来爆发期。而当中原战乱、民族冲突之时，山西的政治军事功能就会被放大，变成了举足轻重的战地。

历史无法选择，不然山西人会钟意什么样的历史时期呢？

4

数据显示，2019 年，山西全省的 GDP 总额约为 17026 亿元，在全国省市自治区排名第 21 位，排名远低于相邻的河南、河北、陕西等省。

17026 亿元是什么概念？仅仅相当于中国城市 GDP 十强榜排名第 7 位的成都一座城市的体量。举全省之力，却连一座新一线城市都赶不上。这就是山西的现实。

很多人写文章反问"山西怎么了"，却不知道这种现状的形成，很大程度上不是源于"山西怎么了"。

计划经济时代，"家里有矿"的山西是整个中国工业发展的引擎。大量山西浅层优质煤炭的发现与开采，为 20 世纪后半叶新中国的重工业发展做出了难以磨灭的贡献。数十年来，一辆辆卡车、一列列火车满载山西的煤支援了支援了全国 28 个省市自治区的建设。

然而，山西煤炭由于市场和计划错位，造成的经济损失至少在万亿元以上。山西给全国工业输送能源的同时，留下的却是煤炭重化工业基地的泥沼地以及"一煤独大"的产业困局。中东地区石油王国、德国鲁尔区等资源密集型地区，都以富庶闻名。只有坐拥巨大煤海的山西，30多年发展居然落后于绝大多数省份，在相当长一段时间内，人均收入都是全国倒数一二。山西有煤，这毫无疑问是国家之福，但对山西来说是福是祸却很难说。

十年前，全国人民将豪掷万金的山西煤老板形象错误地搭配在所有山西人身上，全然忘记了这些煤老板的背后站着无数穷苦而绝望的山西人。聚光灯之外，无尽的黑暗才是一部分山西人的日常。

山西顶着"家里有矿""家底最厚"的名头，底色却是悲凉的。这是一种悲情英雄主义，付出了，贡献了，伟大了，但所有的牺牲、伤口、苦痛，唯有自己默默舔舐。

有什么样的地方，就有什么样的人。这种悲情英雄主义，千百年间，一直缠绕着山西，缠绕着山西人。

半封闭的地理环境中，逼迫山西人必须走出去，才能成就更大的天地。他们有一种天然的逆反于地理条件的心性，即与封闭环境形成反差的个性——勇敢、大胆、出格、决绝。为了理想，愿意去赌。

历史上的赵氏孤儿，中国唯一的女皇帝武则天，被逼出来的晋商权贵……乃至如今一些从山西走出来的商人，还有前些年颇受争议的曾任大同、太原市长的耿彦波，均以为梦想窒息的勇力和赌博式的理念著称。

在中国传统所强调的道与术之间，山西人或许不拘泥于道，而重视术的运用：为了一个高尚的理想，可以采取相应的手段，哪怕自己粉身碎骨在所不惜。但吊诡的是，这群表面现实的人，最终却不自觉成为殉道者。

山西和山西人"因煤而兴，因煤而衰"的往事，亦难逃此宿命。

能源转型，梦想泯灭，英雄末路。这都是山西的悲情之处，像极了这个省遍地的历史文物，昭示着数千年的耀眼时光，只是更加烘托出当下的凉薄。

民间流传一句话："地下文物看陕西，地上文物看山西。"据说，一个懂行的学者，在山西乡下上个厕所，随手一摸墙体就能发现一座古建筑。山西的全国重点文物保护单位数量，排名全国第一。元代以前的木结构建筑，占了全国的八成左右。值得称奇的是，山西的古建筑还大量保留了原装的壁画和雕塑，千年时光，凝固其间。

在山西，有现存世界最高的木塔。当年，看到应县木塔后，建筑史学家梁思成给妻子林徽因写信说："这塔真是个独一无二的伟大作品。不见此塔，不知木构的可能性到了什么程度。我佩服极了，佩服建造这塔的时代，和那时代里不知名的大建筑师、不知名的匠人。"

在山西，有中国现存最早的木结构建筑南禅寺大殿，其始建年代不可考，但重修是在公元 782 年，距今 1200 多年。

在山西，有现存最著名的唐代木结构建筑佛光寺东大殿，被誉为"中国第一国宝"。

在山西，有中国现存最早的戏台金代二郎庙戏台，已经 800 多岁了。

在山西，有最典型的宋代建筑晋祠，它是集中国古代祭祀建筑、园林、雕塑、壁画、碑刻艺术于一体的唯一而珍贵的历史文化遗产。圣母殿是晋祠主殿，重修于 1102 年，是国内现存最典型的宋代建筑。

在山西，有可与敦煌壁画媲美的永乐宫壁画。

在山西，有与洛阳龙门石窟齐名的云冈石窟。

在山西，有"中国古代城市的活样本"平遥古城。

在山西，你很容易邂逅千年的时光，遇见全国乃至全世界"绝版"的历史遗存。历史的气脉，游走在山河城乡之间，寂寥无声，却从未走远。

耀眼与悲情，之于山西，如同硬币的两面。

笔者也衷心希望山西能走出现实困局。

山河故人，莫失莫忘！

中国的疆域是如何变迁的？

公元 1210 年正月，85 岁的南宋诗人陆游一病不起。临终前，他给儿子们写了一首遗诗：

死去元知万事空，但悲不见九州同。

王师北定中原日，家祭无忘告乃翁。

"人死了，一了百了，但我还是会心痛，痛心看不到国家统一。如果有一天，朝廷军队收复了中原失地，家祭的时候，千万别忘了告诉我，你们的老父亲。"

陆游的出生，赶上了北宋的末世。他两岁时，女真族建立的金国灭了北宋，饮马淮河。终其一生，陆游都是一个坚定的主战派，爱国情绪融入了他的整个生命。但是，在他生前死后，南宋均无力"北定中原"，告慰一颗沸腾的爱国心。

然而，包括陆游在内的几乎所有南宋人都以北宋的疆域作为大一统的目标，但事实上，无论是与宋之前的唐朝，还是与宋之后的元朝相比，宋朝都不算是一个大一统的王朝。

整个宋朝都不能算统一时期。我们知道，北宋时，西北有西夏，北方有辽国，至少是三国对峙的情况；南宋时，则是宋金南北对峙。所以，历史学家把唐朝灭亡到元朝建立中间这段时间（公元 10—13 世纪），即五代十国、宋辽金时期，这大约 400 年，称为中国的第二个"南北朝"。

究竟中国大一统的历史进程是怎样的呢？

1

说出来你可能不信，根据史书记载，"禹之时天下万国，至于汤而三千余国"，周初分封，"凡一千八百国，布列于五千里内"。意思是说，夏商周三代，如今的中原地区一带，小邦林立，最多时有"万国"（数字肯定有夸张），后来慢慢吞并、兼并、合并，但到西周，还分出了1800个小国。可能现在一个县的规模，就是当时的一个国。

到春秋时代，灭国的数量越来越多，频率越来越快。据统计，楚灭掉43国，晋灭掉34国，秦灭掉23国，这三家是春秋灭国数量排行榜的前三。其他诸如，齐灭10国，鲁灭9国，宋灭7国等，还有很多。大家不约而同走上兼并崛起的同一条道路。进入战国时代，就剩下我们熟知的战国七雄，以及十几个小国了。

照这个趋势看，秦灭六国，完成统一大业，既是必然的，又是偶然的。统一是必然，由谁来统一则是偶然。

历史学家研究发现，春秋战国时候的人，已经有大一统的思想。而这种思想主要源于残酷的生存环境。

公元前651年，在春秋第一霸主齐桓公召集的葵丘之会上，参会的诸侯国达成一条盟约，叫"无曲防，无遏籴"。什么意思呢？就是各诸侯国约定，不得修建有碍邻国的水利工程（比如不能以邻为壑，把洪水排泄到邻国去），不得在天灾时人为阻碍粮食的流通（因为国家小，一受灾可能就需要"进口"粮食）。

中国自古就是一个自然灾害频发的国家。历史学家黄仁宇统计，在2117年间，官方有记录的水灾1621次、旱灾1392次。尤其是中华文明的发源地，黄河流域时而润泽大地，时而泛滥成灾。治水，一直就是古代中国的重大现实问题。

葵丘之会的盟约，相当于想建立一个欧盟，共同应对当时的公共议题。但毕竟不是一个国家，自我利益至上，盟约很快遭到破坏。领土大一些的国家，还好一点，可以在自己的国家内实现资源调配，降低风险。领土小的国家，就真的很渴望形成统一的大国，共同治水和抵御天灾。

梁惠王曾问孟子，天下要怎样才能安定呢？孟子的回答，像干脆面一样干脆："定于一。"就是要大一统，天下才能安定。这是很有见地的一种观点，在当时的影响也很大。许多国君加入领导统一的行列，都想做"秦始皇"。

美国历史学家魏特夫，有一个著名的"治水理论"，说水利工程是中国古代农业生产最重要的一环，但要兴建、管理和维护水利工程，需要一个高效、集权、统一的政府来实施。因此，是治水和抵御灾害的共同需要，促使古代中国从诸侯林立走向了大一统。

2

如果要笔者说出对中国统一大业和疆域形成影响最大的朝代，笔者会选择秦汉、隋唐和元清这三组六个朝代。具体来说，秦、隋、元均完成了中国分裂时期的统一大业，按帝国分期的话，这三个朝代分别是第一、第二、第三帝国的开端。而汉、唐、清三朝，则是各自所处帝国时代开疆拓土，实现疆域最大化的朝代。

秦始皇在中国历史上第一次完成大一统，虽然有前面所说的那么多时代大趋势的助攻，但这临门一脚射得漂亮，拿个最佳射手，实至名归。不仅如此，他还通过构建一系列制度，打造一系列工程，让统一成为中国历史的常态。

中央集权制的确立和郡县制的推行，使中央对地方的控制力大大加强。后来对中国统一做出贡献的历朝历代，都沿着秦朝确定的制度进行了有益的创新。比如隋朝开创的科举制，元代创立的行省制，都有利于国家巩固统一。

秦朝统一后，为了维持中央集权的局面，采取了"车同轨，书同文，行同伦"的政策。这些政策的重要性，可以这么解释一下：战国时代，各诸侯国的文化差异不会比现在的欧洲小，车轨、衣冠、法律、语言、文字等都不一样。秦朝将这些统一后，很大程度上消弭了地区间的沟通障碍，到汉武帝时推行独尊儒术的措施，进一步减少列国时期形成的文化差异，从而在中国内部塑造出共同的文化心理。所以，梁启超说，中国自"秦汉以降，以统一为常轨，而分裂为变态"。

此外，秦始皇修驰道，凿灵渠，加强地区间的交通和联系，从而促进统一。后来的隋朝开凿大运河，元朝修建全国性驿道系统，道理一样。这些全国性的交通工程，把各个看似独立的经济区粘合在一起。

史学家许倬云有个论断，他说："中国经济体系，一旦编制成形，可以扩张，却难以裂解。如果分成几个地区性的网络，仍会回到整体大网。因此，中国历史上，国家分裂时，经济的重新整合常早于政权。"

当然，囿于当时的历史条件，秦朝统一的疆域大约仅相当于今天中国领土面积的三分之一多一点。大约在汉武帝、汉宣帝时期，中华第一帝国的统一疆域才达到极盛。汉朝的极盛年代，不仅拥有秦朝全部疆域，而且扩展到朝鲜半岛北部和越南的大部分。凡是当时适合农业生产的地方，汉朝几乎都建立了行政机构。与今天中国的领土相比，除了青藏高原、蒙古高原和东北大部分，汉朝都有了。历史学家葛剑雄说，中国的主体民族称为"汉人"，就是因为汉朝对中国历史极其重要，它奠定了中国统一疆域的基础。

3

西汉大一统的局面，在此后的中国历史中，成为所有王朝比附和参照的对象。每一个统治者，觉得最能夸耀于世、名垂青史的政绩，肯定有一条，就是自己统治的疆域能够超越前代。

但有些时代，统一与分裂，非人力所能控制。

秦汉以后，中国大概 2000 年的历史中，仍有两次漫长的分裂时期，各有 400 年左右时间。这就是中国的两次"南北朝"。第一次，从公元 189 年，董卓入长安，东汉政权瓦解开始，至公元 589 年，隋文帝平陈，重建大一统王朝为止，整整四个世纪，除了中间西晋大约 20 年的短暂统一（从 280 年西晋灭吴到 301 年八王之乱爆发），中国都处于四分五裂的状态中。第二次，就是我在文章开头提到的五代十国、宋辽金时期，公元 10—13 世纪，恰好也是四个世纪左右的分裂、对峙期。

为什么在大一统的思想和实践都很成熟的情况下，仍然会出现分裂？我在前面引用许倬云的话，说经济的一体化会早于政权的大一统。反过来，如果出现分裂局面的反复，一定也是经济先出现问题。就中国古代来说，决定经济好坏的关键要素是人地比——人口与土地的比例。侯家驹在《中国经济史》中强调，中国两千年来都处于治乱循环，其关键因子主要是人地比例。

一般王朝初期经过战乱后，人口损失严重，地广人稀，劳动力的边际产量较大，这时，从事盗匪、起义等暴力行为的成本也较大，导致从事生产的人口多，从事暴力活动的人口少。政府进行暴力镇压的支出就少，税收相应减轻，因而出现良好的政局。随着时间推移，人口数量增加，人地比减小，边际产量相应减少，越来越多人会铤而走险，从事暴力活动。这进一步增加了政府的防暴开支，加重民众税收。累积到一定程度，中央集权政府财政破产，王朝分裂的局面由此产生。这个过程，一个小周期就是一次改朝换代，一个大周期则是上面提到的两个 400 年。

当然，导致人地比减少，除了人口增加、土地兼并等常规因素外，气候变迁也是一个重要原因。在农业社会，平均气温下降一两度，就足以摧毁整个社会的生产基础，极大地削弱国家的经济实力，连锁产生各种社会问题。最典型的例子，是历史上几次游牧民族的南侵，均与全球气候变冷有关。气候变冷，使得游牧与农耕的分界线南移，压缩了中原可耕地面积，激化人地比，从而引起上面所说的中央集团财政崩溃，王朝陷入分裂。

而且，由气候变冷促发的战争与疆域分裂在全球都是一样的。公元 1 世纪以后，东方的大汉帝国和西方的罗马帝国，都受到各自边疆游牧民族的南下侵袭，这之后，两个帝国均无法应对而崩溃，疆域陷入分裂期。所不同的是，罗马帝国辉煌的文明，随着帝国灭亡而消失，欧洲进入漫长的长达千年的黑暗中世纪，直到文艺复兴时期，罗马文明才重新影响欧洲历史；而中国在历经 400 年的分裂与动乱后，由隋朝再次完成大一统，从而保持了文明的延续。

在这个意义上，隋朝对于中国历史、文明与疆域的正面影响，怎么估量都不为过。但因为隋朝短命，很多人看不起，或认识不到这个流星朝代的重要性。实际上，隋朝是中华第二帝国的缔造者，中国成长为有别于分裂式欧洲的统一性帝国，隋朝上承秦汉，下启大唐，功不可没。

在我看来，隋朝两个皇帝都很有作为。隋文帝在政治、军事上完成了中国的统一，但这种统一是相对机械和脆弱的，如前所述，真正有机和牢固的统一是经济上的统一。这时，隋炀帝修大运河的奇想和魄力，就能印证他的雄才大略。大运河的修筑，不但沟通了南北，而且深刻影响了之后一千多年中国的政治、经济、地理格局。全汉昇的《唐宋帝国与运河》有一段话说得很精辟："我国第二次大一统帝国出现时的客观形势，和第一次大一统时有些不同。当第一次大一统的时候，全国军事政治和经济的重心全在北方，问题比较简单。可是到了第二次大一统帝国出现的时候，军事政治重心虽然仍在北方，经济重心却已迁移到南方去了。因此，和第二次大一统帝国出现的同一时间，便发生了一个新的问题，即如何把这已经南移的经济重心和尚留在北方的军事政治重心联系起来，以便这个伟大的政治机构能够运用灵活，尽量发挥它的作用。能够满足这种需要的交通线，是那沟通南北的运河。"

4

陆游是一个悲情的人。终其一生，整个时代都未能走出第二次"南北朝"，他也未能看到祖国大一统的那一天。而且，他的子孙，肯定也无法履行他的临终叮嘱——"王师北定中原日，家祭无忘告乃翁"。因为，平定中原、统一中国的军队，不是来自他奉为正统的南宋，而是来自"野蛮"的蒙古人。他的南宋，同样灭于蒙古人的铁蹄下。

我很理解陆游的痛苦，还有那些在南宋亡国时拼死抗争的英雄的痛苦。但我们对英雄精神的推崇，和对历史的认识应该区分开来。从中国统一的脉络来看，宋朝从来就不是一个大一统的朝代。不仅现在的史学家这样认为，当时人就已经这样认为。

1234 年，蒙古人灭掉金朝后，一群汉族文人聚集在一起，讨论将来怎么给金朝写国史。跟我们传统认为汉人一定敌视辽、金政权的认识不一样，这些汉族士人生活在金朝政权下，对辽、金两朝都很有感情。讨论的过程中，一个名叫修端的汉人说，宋朝从来没有完成真正的"大一统"，对唐朝以后的历史，以"南北朝"的框架来认识才比较符合历史实际。修端强调，按照历史实际情况来说，金朝平辽克宋，占有中原三分之二，坐受四方朝贡百年有余，南宋对金称臣，已经把天下共主的位置让给了金朝，所以"自建炎之后，中国非宋所有"，应以金朝为《北史》，宋为《南宋史》。后来元朝修前朝史，接纳了这个观点，《宋史》《辽史》《金史》三史并立，说明这三朝都是正统，而不是狭隘地仅把宋朝当作正统。

这一点很重要，因为元朝本身不是汉人建立的政权，所以它有需要，也有意识去推行这样一种观念："正统"是天下公器，不是某一个族群所私有，无论哪一个民族，只要它奉行中国的政治、社会、伦理价值与秩序，就是中国历史上的"正统"王朝。

而宋、明这两个汉人建立的王朝，仍然坚持"华夷之辨"的正统论。这种狭隘的大汉族正统论，在当今显然是过时的。我们一直说中国是一个统一的多民族国家，而这一定位的形成要仰赖元、清两个朝代的贡献。

与世界上所有文明古国经过一轮兴衰就全部覆灭不同，中国是唯一延续了数千年文明、历经多轮兴衰仍不致断裂的文明古国。为什么中华文明如此特别而幸运？

我们以往单方面强调，这是中华文明的包容性和涵化作用使然，不管征服者是谁，我都能把你同化了。但还忽略了历史上进入中原的征服者，他们本身也认同中国的大一统观念，并愿意加入对正统性的争夺，而不是我一来就另起炉灶，把中华文明消灭掉。

公元24年，更始帝刘玄派人出使匈奴，要匈奴向其称臣。匈奴单于不仅拒绝了，还说汉匈本为兄弟，当年匈奴内乱，汉宣帝助我们平乱，所以匈奴称臣尊汉；如今汉亦大乱，匈奴出兵助汉打王莽，所以轮到你们称臣尊匈。可见，从匈奴人开始，边疆游牧民族就有进入中原争夺正统的观念。后来的所谓"五胡乱华"，也是各民族加入争正统的序列，跟乱不乱华其实关系不大。匈奴人刘渊直接假托刘氏后裔，建立汉政权，氐人苻坚出兵百万，发动淝水之战，以及后来北魏孝文帝的一系列汉化改革，都是意欲争正统，统一全中国。

如果我们的历史叙述能够跳脱汉民族视角，从多民族统一中国的角度重新切入，就会发现，少数民族进入中国的历史，与汉民族政权出击边疆统一中国的历史，根本就是硬币的两面，是一体的。

德国著名汉学家傅海波有一段话说得很到位，他说："10至13世纪创建征服王朝的民族，无论契丹、女真还是蒙古，都不是新来者或局外人。他们很久以来就是中国体系的一部分，在建立一个帝国的前后，其政治上、文化上的成熟都达到了相当的程度；他们也绝对不是纯粹的游牧民，不是所谓的游牧帝国，他们从事混合经济，进行大规模的贸易活动，本身都是多种族、多语言的联盟，其中汉人是重要的组成。"

5

按照傅海波的观点，明清易代也应当理解成中国体系内部的改朝换代，而不是外来者对中国的征服。否则，我们现行的多民族政策就无法解释历史上的这一幕。

现在网络上有很多人觉得隋朝是耻辱，更喜欢明朝，但我们如果真正对历史感兴趣，就要学会客观分辨明、清的历史贡献，不要人云亦云，或者抱着强烈的民族情绪去代入这段历史。单从对中国大一统疆域的贡献来看，明朝远不如清朝。

明朝皇帝很得意本朝的疆域，自视为大一统王朝的极盛期。但因为缺失了对北部草原地区和西域的有效管辖，这个大一统王朝明显名不副实。相反，清朝不仅在明朝的基础上实现了更大范围内的大一统，而且在统治方式、统治理念等诸多方面都有了进一步的发展。

开疆拓土方面，在南方，康熙二十二年（1683年），清兵入台，郑克塽降，清朝设置台湾府，隶属福建省。在北方，康熙先后三次与噶尔丹部激战，噶尔丹兵败自杀，内外蒙古完全统一于清朝。此外，康熙二十八年（1689年），清与俄国订立了《中俄尼布楚条约》，确定了中俄东段的边界。雍正五年（1727年），进一步明确了中俄中段边界线。在西北，经过康熙、雍正、乾隆三朝的不断征伐，清朝最终于乾隆二十二年（1757年）平定了准噶尔部，巩固了对天山北路蒙古等族聚居地的统治。两年后，清平定了大小和卓的叛乱，最终统一了天山南北。在西藏地区，康熙五十九年（1720年），清军入藏，结束了和硕特及准噶尔等蒙古势力统治西藏的历史，正式将西藏纳入清朝版图。全盛时期，清朝陆地总面积1300多万平方公里。在全国设置了18个省，盛京（奉天）、吉林、黑龙江、伊犁、乌里雅苏台5个将军辖区，以及驻藏大臣、西宁办事大臣和蒙古的盟旗。

统治方式方面，清朝根据边疆地区各民族原有的社会组织机构，设置了不同的行政管理体系。在东北地区，实行军府制度下的旗、民分治。在蒙古地区，实施盟旗制度，对蒙古诸部分散编制，分而治之，并通过封授爵职、政治联姻、朝贡互市和藏传佛教等，加强满蒙之间的关系。在新疆地区，设伊犁将军统辖天山南北，并推行军府制度为主，郡县制、盟旗制和伯克制为补充的统治制度。在西藏地区，通过设置驻藏大臣，颁布《钦定西藏章程》，创立"金瓶掣签"制度，实行政教合一的统治，强化了中央政府对西藏的管理。在西南地区，一开始沿袭明代的土司制度，利用地方民族上层实施间接统治；雍正时期起，实施"改土归流"，用流官取代土司，纳入中央王朝的直接统治之下。清朝中央政府直接控制的版图，超越了历史上的任何一个王朝。

正因为清朝不是汉人建立的政权，统治者很在意统治的合法性问题，严厉反对"华夷之辨"，主张"天下一统""华夷一家"。雍正写《大义觉迷录》，其中就批判"华夷"观念不利于民族和睦。也正是在清朝，长城才真正失去了屏蔽农耕与游牧族群交流的功能，加速了边疆、内地"一体化"的历史进程。清朝统治者观念的变化，以及边疆统治的经验，最终促成了大一统中国疆域的形成。

如今，历史学家界定中国的历史疆域，基本都是以极盛时期的清朝疆域为标准。很难想象，如果没有清朝，我们这个统一多民族国家的形成会推迟到什么时候。

1840年以后，随着世界局势的变化，清朝被拖入割地赔款的境地。这是晚清史沦为痛史，清朝最终被黑的主要原因。但平心而论，中外对战落败的结局，是中西两种历史模式在近代相遇的一个结果，不因统治者是不是清朝而改变。而清朝在应对这个沦丧的过程中，确实也做了一些有效的努力。在保卫边疆方面，最典型的做法就是允许人口迁徙，极大地加强了边疆民族与汉族融合的广度和深度。

据统计，从清初到道光朝中叶，中国内地大量移民进入边疆地区。关外东北地区至少有移民 150 万人，蒙古地区约计移民 100 万人，新疆地区约计迁入 50 万人，云南、广西合计约迁入 200 万至 300 万人，台湾约迁入 150 万人。至鸦片战争前后，内地共有 700 万—800 万人迁移到边疆各地、海岛。

这么大规模的移民，意义重大。正如葛剑雄所说，到 1931 年"九一八"事变的时候，日本侵略者面对的是我们在东北的 3000 万同胞，只能扶植了一个傀儡，建立了伪"满洲国"。要是东北还是没有人或者人口稀少，会是什么结果？台湾也一样，在 1895 年日本侵占前十年，大批移民迁入台湾，确保了台湾在日本殖民 50 年后，仍能平安回归中国。

时来天地皆同力，运去英雄不自由。希望大家可以更冷静地评价一个朝代的功与过。而我们最终的目标，是实现中国的大一统，这归根到底是对历史的交代。

参考文献

1. 杜春和等：《北洋军阀史料选辑》，中国社会科学出版社1981年版。

2. 刘学琦等：《周恩来风范词典》，中国工人出版社1991年版。

3. 王兆春：《中国火器史》，军事科学出版社1991年版。

4. 赵尔巽：《清史稿》，中华书局1998年版。

5. 唐德刚：《晚清七十年》，岳麓书社1999年版。

6. 齐涛：《中国古代经济史》，山东大学出版社1999年版。

7. 陈碧笙：《郑成功历史研究》，九州出版社2000年版。

8. 梁启超：《李鸿章传》，百花文艺出版社2000年版。

9. 谭松林：《中国秘密社会》，福建人民出版社2002年版。

10. 赵元任：《赵元任全集》，商务印书馆2002年版。

11. 刘向：《列女传》，江苏古籍出版社2003年版。

12. 赵忠心：《中国神童》，中国法制出版社2003年版。

13. 庞乃明：《明代中国人的欧洲观》，天津人民出版社2006年版。

14. 行龙：《山西何以失去曾经的重要地位》，山西教育出版社2011年版。

15. 邓小南等：《中国妇女史读本》，北京大学出版社2011年版。

16. 钱穆：《国史大纲》，商务印书馆2013年版。

17. 惠伊深：《我眼中的末代皇帝：爱新觉罗·溥杰夫人口述史》，北京联合出版公司2016年版。

18. 郑云飞：《中国历史上的蝗灾分析》，《中国农史》1990年第4期。

19. 王理嘉：《从官话到国语和普通话——现代汉民族共同语的形成及发展》，《语文建设》1996年第6期。

20. 邓小泉：《唐代科举人才区域分布的教育因素》，《南都学坛（人文社会科学学报）》2004年第4期。

21. 颜世安：《战国西汉时代的游侠》（上、下），《江淮文史》2014年第4、5期。

22. 陈宝良：《中国古代镖局的起源及其兴盛》，《西南大学学报（社会科学版）》2014年第5期。

23. [美]孔飞力：《中华帝国晚期的叛乱及其敌人》，谢亮生等译，中国社会科学出版社1990年版。

24. [美]安乐博：《中国海盗的黄金时代：1520—1810》，王绍祥译，《东南学术》2002年第1期。

25. [瑞士]荣格：《原型与集体无意识》，徐德林译，国际文化出版公司2011年版。

26. [英]伊懋可：《大象的退却：一部中国环境史》，梅雪芹等译，江苏人民出版社2014年版。

27. [美]狄·约翰等：《气候改变历史》，王笑然译，金城出版社2014年版。

图书在版编目（CIP）数据

历史的暗线 / 艾公子著. -- 北京 : 东方出版社，
2022.4
ISBN 978-7-5207-2526-2

Ⅰ.①历… Ⅱ.①艾… Ⅲ.①中国历史 – 通俗读物
Ⅳ.①K209

中国版本图书馆CIP数据核字(2022)第021346号

历史的暗线
LISHI DE ANXIAN

作　　者：艾公子
责任编辑：张洪雪
出　　版：东方出版社
发　　行：人民东方出版传媒有限公司
地　　址：北京市西城区北三环中路6号
邮政编码：100120
印　　刷：北京中科印刷有限公司
版　　次：2022年4月第1版
印　　次：2022年9月北京第2次印刷
开　　本：710毫米×1000毫米　1/16
印　　张：21.25
字　　数：327千字
书　　号：ISBN 978-7-5207-2526-2
定　　价：59.80元
发行电话：（010）85924663 85924644 85924641